Teamführung
Leadership-Modul für Führungsfachleute

Rita-Maria Züger

4., überarbeitete Auflage 2018

Teamführung
Leadership-Modul für Führungsfachleute
Rita-Maria Züger

Grafisches Konzept und Realisation, Korrektorat: Mediengestaltung, Compendio Bildungsmedien AG, Zürich
Illustrationen: Oliver Lüde, Winterthur
Druck: Edubook AG, Merenschwand
Coverbild: © Damian Davies/gettyimages

Redaktion und didaktische Bearbeitung: Rita-Maria Züger

Artikelnummer: 16272	Artikelnummer E-Book: E-16491
ISBN: 978-3-7155-7768-5	ISBN E-Book: 978-3-7155-7836-1
Auflage: 4., überarbeitete Auflage 2018	Code E-Book: SVFE 009
Ausgabe: U1058	
Sprache: DE	
Code: SVF 009	

Alle Rechte, insbesondere die Übersetzung in fremde Sprachen, vorbehalten. Der Inhalt des vorliegenden Buchs ist nach dem Urheberrechtsgesetz eine geistige Schöpfung und damit geschützt.

Die Nutzung des Inhalts für den Unterricht ist nach Gesetz an strenge Regeln gebunden. Aus veröffentlichten Lehrmitteln dürfen bloss Ausschnitte, nicht aber ganze Kapitel oder gar das ganze Buch fotokopiert, digital gespeichert in internen Netzwerken der Schule für den Unterricht in der Klasse als Information und Dokumentation verwendet werden. Die Weitergabe von Ausschnitten an Dritte ausserhalb dieses Kreises ist untersagt, verletzt Rechte der Urheber und Urheberinnen sowie des Verlags und wird geahndet.

Die ganze oder teilweise Weitergabe des Werks ausserhalb des Unterrichts in fotokopierter, digital gespeicherter oder anderer Form ohne schriftliche Einwilligung von Compendio Bildungsmedien AG ist untersagt.

Copyright © 2005, Compendio Bildungsmedien AG, Zürich

Die Printausgabe dieses Buchs ist klimaneutral in der Schweiz gedruckt worden. Die Druckerei Edubook AG hat sich einer Klimaprüfung unterzogen, die primär die Vermeidung und Reduzierung des CO_2-Ausstosses verfolgt. Verbleibende Emissionen kompensiert das Unternehmen durch den Erwerb von CO_2-Zertifikaten eines Schweizer Klimaschutzprojekts.
Mehr zum Umweltbekenntnis von Compendio Bildungsmedien finden Sie unter: www.compendio.ch/Umwelt

Das Zertifikat für Qualitätsmanagement nach ISO 9001:2015 ist für Kunden und Partner von Compendio Bildungsmedien ein unabhängiger Nachweis für Kompetenz und Leistungsfähigkeit des Unternehmens. Mehr dazu: www.compendio.ch/ISO

Inhaltsverzeichnis

		Zur Reihe «Management / Leadership für Führungsfachleute»	5
		Vorwort	6
Teil A		**Führungskompetenz**	**7**
		Einstieg	8
	1	**Grundlagen der Führung**	**9**
	1.1	Was heisst «führen»?	9
	1.2	Indirekte Führung	10
	1.3	Direkte Führung	14
		Zusammenfassung	16
		Repetitionsfragen	17
		Praxisaufgaben	17
	2	**Anforderungen an die Führungsperson**	**18**
	2.1	Menschenbild	18
	2.2	Werte	21
	2.3	Führungskompetenz	24
		Zusammenfassung	26
		Repetitionsfragen	27
		Praxisaufgaben	27
	3	**Persönlicher Führungsstil**	**28**
	3.1	Führungsstil und Führungsverhalten	28
	3.2	Autoritärer oder kooperativer Führungsstil	29
	3.3	Kontinuum-Modell nach Tannenbaum / Schmidt	29
	3.4	Managerial Grid nach Blake / Mouton	30
	3.5	Reifegradmodell nach Hersey / Blanchard	32
	3.6	Transaktionale Führung	34
	3.7	Transformationale Führung	34
		Zusammenfassung	35
		Repetitionsfragen	35
		Praxisaufgaben	36
	4	**Führungsfunktionen**	**37**
	4.1	Planen	38
	4.2	Entscheiden	40
	4.3	Umsetzen	44
	4.4	Kontrollieren	46
		Zusammenfassung	49
		Repetitionsfragen	50
		Praxisaufgaben	50
Teil B		**Mitarbeiterführung**	**51**
		Einstieg	52
	5	**Motivieren**	**53**
	5.1	Motivationsmodell nach Maslow	53
	5.2	Zwei-Faktoren-Theorie nach Herzberg	54
	5.3	Leistungsmotivation	55
	5.4	Motivationsdynamik	56
	5.5	Demotivation	58
	5.6	Motivationsinstrumente nutzen	59
		Zusammenfassung	61
		Repetitionsfragen	62
		Praxisaufgaben	62
	6	**Führen durch Zielvereinbarung (MbO)**	**64**
	6.1	Schlüsselelemente des MbO	64
	6.2	Zielvereinbarungsprozess gemäss MbO	66
	6.3	Eindeutige Ziele formulieren	68
		Zusammenfassung	69
		Repetitionsfragen	70
		Praxisaufgaben	70

7	**Delegieren**	**71**
7.1	Delegierbare und nicht delegierbare Aufgaben	71
7.2	Konsequent delegieren	72
7.3	Delegationsgespräch führen	73
7.4	Rückdelegation verhindern	74
	Zusammenfassung	75
	Repetitionsfragen	76
	Praxisaufgaben	76
8	**Mitarbeitende beurteilen**	**77**
8.1	Beurteilungsformen	77
8.2	Beurteilungsgespräche führen	79
8.3	Anerkennung und Kritik	82
8.4	Beurteilungsfehlern vorbeugen	83
	Zusammenfassung	84
	Repetitionsfragen	85
	Praxisaufgaben	85
9	**Coaching**	**86**
9.1	Formen des Coachings	86
9.2	Coachinggespräche führen	88
	Zusammenfassung	90
	Repetitionsfragen	90
	Praxisaufgaben	90

Teil C		**Teamführung und Teamentwicklung**	**91**
		Einstieg	92
	10	**Teamarbeit gestalten und fördern**	**93**
	10.1	Merkmale einer Gruppe	93
	10.2	Erfolgsfaktoren der Teamarbeit	95
	10.3	Für produktive Arbeitsbedingungen sorgen	98
	10.4	Wir-Gefühl stärken	100
		Zusammenfassung	104
		Repetitionsfragen	104
		Praxisaufgaben	105
	11	**Gruppendynamik und Gruppenrollen**	**106**
	11.1	Gruppendynamik	106
	11.2	Gruppenrollen	109
	11.3	Soziodynamische Rangstruktur nach Schindler	110
	11.4	Riemann-Thomann-Kreuz	111
	11.5	Verhaltensorientierte Rollenfunktionen nach Brocher	114
	11.6	Teamrollenmodell nach Belbin	115
		Zusammenfassung	116
		Repetitionsfragen	117
	12	**Dezentrale Teams führen**	**118**
	12.1	Herausforderungen dezentraler Teamarbeit	118
	12.2	Führungsaufgaben	121
		Zusammenfassung	123
		Repetitionsfragen	123
	13	**Sitzungen moderieren**	**124**
	13.1	Notwendigkeit von Sitzungen prüfen	124
	13.2	Sitzung vorbereiten	125
	13.3	Sitzung durchführen	131
	13.4	Konstruktives Sitzungsklima	134
	13.5	Moderationstechniken einsetzen	137
	13.6	Sitzung nachbearbeiten	139
		Zusammenfassung	140
		Repetitionsfragen	141
		Praxisaufgaben	141
Teil D		**Anhang**	**143**
		Antworten zu den Repetitionsfragen	144
		Stichwortverzeichnis	150

Zur Reihe
«Management / Leadership für Führungsfachleute»

Diese Reihe ist einem ganzheitlichen Führungsverständnis verpflichtet und umfasst die beiden Kompetenzfelder «Management» und «Leadership»:

- **Management:** Die Führungsperson übernimmt eine Lenkungs- und Steuerungsaufgabe im Rahmen des Führungsprozesses, wofür sie nützliche Führungsinstrumente und -methoden professionell einsetzt.
- **Leadership:** Die Führungsperson übernimmt eine Gestaltungs- und Entwicklungsaufgabe für die zwischenmenschlichen Beziehungen und für die Teamkultur in ihrem Wirkungskreis aufgrund einer bewussten Wahrnehmung der eigenen Person, des Gegenübers und der sachlichen Gegebenheiten.

Die Reihe besteht aus zwölf Lehrmitteln und orientiert sich an den ab 2013 gültigen Lernzielen und Inhalten der Modulbeschreibungen der Schweizerischen Vereinigung für Führungsausbildung (SVF).

Die Lehrmittel richten sich an alle Personen, die sich in den Bereichen Management und Leadership weiterbilden wollen, unabhängig davon, ob sie einen Modulabschluss oder den Fachausweis «Führungsfachfrau / Führungsfachmann» erreichen möchten.

Die Titel der Reihe heissen:

Management für Führungsfachleute	Leadership für Führungsfachleute
Betriebswirtschaft I	Selbstkenntnis
Betriebswirtschaft II	Selbstmanagement
Rechnungswesen	Teamführung
Personalmanagement	Kommunikation und Präsentation
Prozessmanagement	Schriftliche Kommunikation
Projektmanagement	Konfliktmanagement

Alle Lehrmittel dieser Reihe folgen dem bewährten didaktischen Konzept von Compendio Bildungsmedien:

- Klar strukturierte, gut verständliche Texte mit zahlreichen grafischen Darstellungen erleichtern die Wissensaufnahme.
- Beispiele schaffen Verständnis und gewährleisten den Praxisbezug.
- Zusammenfassungen und Repetitionsfragen mit Antworten dienen der Repetition und ermöglichen die Selbstkontrolle der Lernfortschritte. In den Leadership-Modulen gibt es ausserdem Praxisaufgaben für den Lerntransfer.

Zürich, im Sommer 2013

Rita-Maria Züger, Projektleitung

Vorwort

Das vorliegende Lehrmittel vermittelt Ihnen grundlegende Fragen und Zusammenhänge der Teamführung. Es soll Sie darin unterstützen, Ihre praktischen Erfahrungen mit theoretischem Wissen zu verbinden und nützliche Erkenntnisse für Ihre berufliche Tätigkeit zu gewinnen.

Inhalt und Aufbau dieses Lehrmittels

Das vorliegende Lehrmittel gliedert sich in vier Teile:

- **Teil A** behandelt grundlegende Aspekte der Führungskompetenz: die Zusammenhänge zwischen der indirekten und direkten Führung, die Anforderungen an eine Führungsperson, der persönliche Führungsstil und die aufgabenbezogenen Führungsfunktionen.
- **Teil B** geht auf die zentralen Aufgaben in der Mitarbeiterführung ein: auf die Motivation, die Zielvereinbarung, die Delegation, die Beurteilung und das Coaching.
- **Teil C** widmet sich der Teamentwicklung: der Gestaltung und Förderung der Teamarbeit, der Teambildung, den typischen Teamrollen und der Moderation von Teamsitzungen.
- **Teil D** enthält den Anhang mit den kommentierten Antworten zu den Repetitionsfragen und einem Stichwortverzeichnis.

Zur aktuellen Auflage

Diese Ausgabe wurde gegenüber der letzten Ausgabe sprachlich überarbeitet. Ich habe mich besonders bemüht, den Lerntext prägnanter und besser verständlich zu schreiben. Stellenweise habe ich ihn ergänzt (Werte der Generation Z in Kap. 2.2.2 und Details in diversen anderen Kapiteln) und innerhalb der Kapitel neu strukturiert (Kap. 3, 8, 10, 11 und 13).

In eigener Sache

Ich bedanke mich bei Anja H. Förster, Dr., dipl. Erwachsenenbildnerin, SoulCollage Facilitator, Leadership Trainerin und Coach sowie Prüfungsexpertin bei der SVF, für ihre konzeptionelle Mitarbeit bei der letzten Überarbeitung und für ihre fachlich-inhaltlichen Anregungen und Beiträge, insbesondere zum Teil «Teamentwicklung».

Ebenso bedanke ich mich bei Patricia Waser, Coach, Supervisorin und Teamentwicklerin (BSO-anerkannt), Dozentin und Prüfungsexpertin bei der SVF, für das Fachlektorat und für ihre wertvollen Anregungen und Ergänzungen zum Lehrmittel.

Haben Sie Fragen oder Anregungen zu diesem Lehrmittel? Sind Ihnen Tipp- oder Druckfehler aufgefallen? Über unsere E-Mail-Adresse postfach@compendio.ch können Sie uns diese gerne mitteilen.

Ich wünsche Ihnen viel Spass und Erfolg beim Studium dieses Lehrmittels!

Zürich, im Mai 2018

Rita-Maria Züger, Autorin und Redaktorin

Teil A
Führungskompetenz

Einstieg

Vier Teilnehmende eines Führungsseminars diskutieren über ihre Erfahrungen:

Patrizia: «Unsere Geschäftsleitung legt grossen Wert auf ein gutes Arbeitsklima und auf die zwischenmenschlichen Faktoren in der Führung. Ich finde dieses Führungsverständnis vorbildlich und versuche, es in meinem Team genauso vorzuleben …»

Jean: «Du sprichst die positive Seite von Vorbildfunktionen an. Ich erlebe leider die negative, denn mir macht der autoritäre Führungsstil bei uns ziemlich zu schaffen. Wie soll ich denn gegenüber meinem Team glaubwürdig bleiben, wenn meine Bemühungen immer wieder durch Entscheidungen von oben durchkreuzt werden? Das muss sich unbedingt ändern …»

Stella: «Ein Unternehmen wie unseres kann heute nur noch im harten Wettbewerb bestehen, wenn die Mitarbeitenden aller Stufen topmotiviert sind und die Zusammenarbeit optimal funktioniert. Manchmal mache ich mir Sorgen, wie ich die anspruchsvollen Ziele erreichen und zugleich den Bedürfnissen meines Teams gerecht werden kann …»

Miroslav: «Meiner Meinung nach wird viel zu viel über die optimale Führung geredet, tatsächlich aber viel zu wenig dafür getan! Ich mache mir nicht allzu viele Gedanken und vertraue lieber auf mein Gefühl und auf den gesunden Menschenverstand. Grundsätzlich greife ich nur ein, wenn es konkrete Probleme gibt …»

Wohl unbestritten ist, dass eine gute Abstimmung zwischen den Unternehmenszielen und den Mitarbeiterbedürfnissen zum Erfolg nachhaltig beiträgt. Als Führungsperson übernehmen Sie eine Schlüsselfunktion bei der Gestaltung, Lenkung und Entwicklung Ihres Teams und prägen Ihren Verantwortungsbereich durch Ihren persönlichen Führungsstil.

Im ersten Teil dieses Lehrmittels gehen wir auf Grundüberlegungen zu Führungsprozessen im Unternehmen, auf die Führungsfunktionen und auf Führungsstilkonzepte ein:

- Im **Kapitel 1** auf die Grundlagen der Führung, d. h. auf die Elemente der direkten und der indirekten Führung im Unternehmen
- Im **Kapitel 2** auf die Anforderungen an eine Führungsperson, auf ihr Menschenbild, die Werte in der Führung, die Erwartungen an die Führungsrolle und das Kompetenzprofil
- Im **Kapitel 3** auf die bekanntesten Führungsstilmodelle
- Im **Kapitel 4** auf die vier aufgabenbezogenen Führungsfunktionen des Managementkreislaufs: Planen, Entscheiden, Umsetzen und Kontrollieren

1 Grundlagen der Führung

Lernziele	Nach der Bearbeitung dieses Kapitels können Sie … • in eigenen Worten beschreiben, was Führung im Unternehmen bedeutet. • den Unterschied zwischen direkter und indirekter Führung erklären.
Schlüsselbegriffe	Autorität, direkte Führung, Fachkompetenz, Führen, Führungsgrundsätze, Führungstechniken, indirekte Führung, Kohäsionsfunktion, Kultur, Leitbilder, Lokomotivfunktion, Macht, Management-by-Konzepte, Strategie, Struktur, Unternehmenswerte, Unternehmensziele

Führen und Geführtwerden gehören zum Menschen als sozialem Wesen. Lange war man der Auffassung, Mitarbeiterführung diene vor allem dazu, die Vorgaben «von oben» möglichst reibungslos durchzusetzen. Demzufolge wurde die Mitarbeiterführung als Aufgabe der Vorgesetzten verstanden, die Mitarbeitenden entsprechend anzuleiten und sie – auch gegen Widerstände – zu Höchstleistungen zu bewegen.

Mittlerweile hat sich jedoch ein ganzheitlicheres Führungsverständnis durchgesetzt, das die Ziele und Ansprüche des Unternehmens und jene der Mitarbeitenden gleichermassen berücksichtigt. Wir stellen Ihnen in diesem Kapitel einige Eckpfeiler davon vor.

1.1 Was heisst «führen»?

Laut zahlreichen Umfragen setzen Führungskräfte aller Stufen einen Grossteil ihrer Arbeitszeit für die Kommunikation mit ihren Mitarbeitenden ein: für den Informationsaustausch, für das Besprechen von Problemen und Lösungsideen, für Rückmeldungen auf persönliche Leistungen usw. Führen ist immer eine **Interaktion**, d.h. ein Austauschprozess zwischen der Führungsperson und der geführten Person.

Bei der Definition von Führung halten wir uns an die St. Galler Managementlehre:

«Führung stellt eine Managementfunktion dar, die der ziel- und ergebnisorientierten Verhaltensbeeinflussung von Mitarbeiterinnen und Mitarbeitern in und mit einer strukturierten Arbeitssituation dient.»[1]

Demnach setzt sich Führung aus den folgenden fünf Elementen zusammen:

- **Managementfunktion:** Führung ist eine Leitungsfunktion im Unternehmen.
- **Ziel- und ergebnisorientiert:** Führung dient dazu, in einer Gruppe die Ziele und Resultate besser zu erreichen. Sie erfüllt keinen Selbstzweck.
- **Verhaltensbeeinflussung:** Führung bedeutet, auf das Verhalten von Mitmenschen so einzuwirken, dass die gemeinsame Zielerreichung begünstigt wird.
- **Strukturierte Arbeitssituation:** Führung bezieht sich auf eine konkrete Aufgabe oder auf eine bestimmte Arbeitssituation.

Hinweis	Manche Autoren bezeichnen mit «Führung» lediglich den personenbezogenen Teil der Führungssituation, also die Verhaltensbeeinflussung der Mitarbeitenden. Sie grenzen davon das «Management» als sachorientierte Systemsteuerung sowie die «Leitung» als die betriebswirtschaftliche Führung ab.

Die Führung im Unternehmen setzt sich aus der direkten und der indirekten Führung zusammen, die sich gegenseitig beeinflussen und daher gut aufeinander abgestimmt sein müssen. Die indirekte Führung setzt den Rahmen für die direkte Führung.

---

[1] Wunderer, Rolf: Führung und Zusammenarbeit, Köln 2011.

Abb. [1-1] Direkte und indirekte Führung

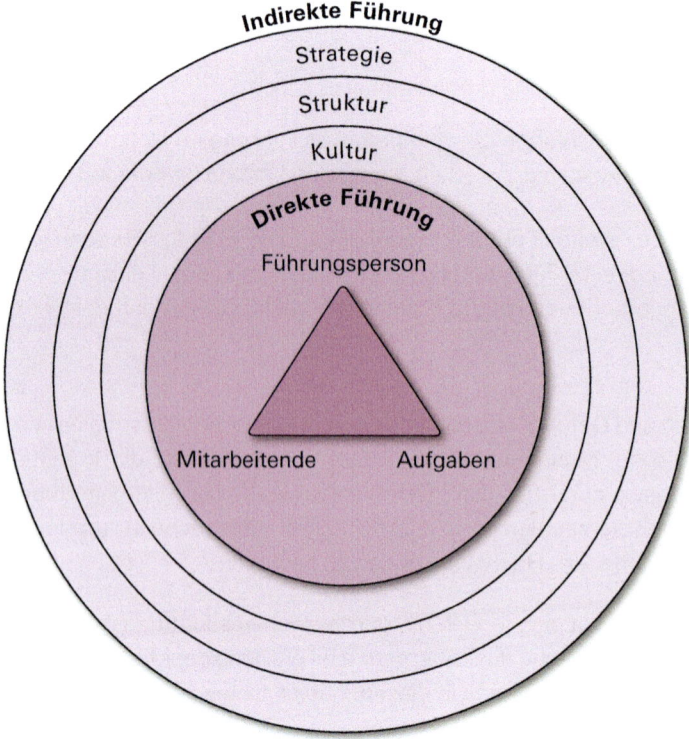

Quelle: Wunderer, Rolf; Bruch, Heike: Führung von Mitarbeitenden, in: R. Dubs und weitere Hrsg.: Einführung in die Managementlehre, Bd. 2, Bern 2009

1.2 Indirekte Führung

Die indirekte Führung legt die **äusseren Rahmenbedingungen** für die direkte Führung fest. Man nennt sie auch die **systemisch-strukturelle Führung** des Unternehmens. Ihre drei Elemente Strategie, Struktur und Kultur werden in der Abb. 1-1 als Ringe um das Dreieck der direkten Führung dargestellt.

Die Strategie, die Struktur und die Kultur des Unternehmens stellen diese Rahmenbedingungen dar. Sie sollen optimale Voraussetzungen für die Erreichung der Unternehmensziele schaffen. Das ist nur möglich, wenn sie ganzheitlich betrachtet und bestmöglich aufeinander abgestimmt werden.

1.2.1 Strategie

Die Strategie gibt die mittel- bis langfristige Ausrichtung des Unternehmens vor, damit es sich im Markt behaupten und demzufolge sein Überleben sichern kann. Sie beantwortet die Frage: **Was** ist zu tun?

Die **Vision** als oberste und langfristige Zielsetzung des Unternehmens liefert die Grundlage für die **strategischen Ziele,** aus denen sich die **operativen Ziele** als Leitlinien für die kurzfristige Ausrichtung ableiten lassen. Diese drei Ebenen bilden eine Zielpyramide, da sie von oben nach unten immer stärker verfeinert werden.

Abb. [1-2]   Unternehmensziele

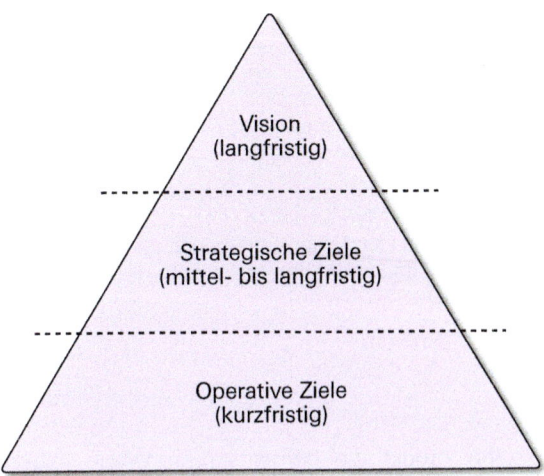

In Abb. 1-3 sind drei Kategorien **strategischer Unternehmensziele** aufgelistet:

- Leistungswirtschaftliche Ziele für die Kundenbeziehungen
- Finanzwirtschaftliche Ziele für die finanzielle Existenzsicherung
- Soziale Ziele für den Umgang mit den Mitarbeitenden und mit der Gesellschaft

Abb. [1-3]   **Strategische Unternehmensziele**

	Ziele	Detailziele
Leistungs-wirtschaftliche Ziele	Produktziele	• Angebotene Produkte und Dienstleistungen • Angestrebtes Qualitätsniveau • Sortimentsgestaltung
	Marktziele	• Absatzmärkte • Marktsegmente (Kundengruppen) • Absatz / Umsatz, Marktanteile
Finanz-wirtschaftliche Ziele	Liquiditätsziele	• Zahlungsbereitschaft • Liquiditätsreserven
	Ertragsziele	• Reingewinn • Cashflow (Mehrwert, Deckungsbeitrag) • Rentabilität (Gewinn-Umsatz-Verhältnis usw.)
	Sicherheitsziele	• Finanzierung • Risikodeckung
Soziale Ziele	Mitarbeiter-bezogene Ziele	• Arbeitsbedingungen • Qualifikation und Förderung • Soziale Sicherheit
	Gesellschafts-bezogene Ziele	• Ökologisches Engagement • Kulturelles und soziales Engagement • Engagement in Politik und Verbänden

1.2.2   Struktur

Die Organisationsstruktur des Unternehmens beantwortet die Frage: **Wie** tun wir es? Um die strategischen Ziele möglichst effektiv und effizient zu erreichen, müssen die unternehmerischen Aufgaben und Zuständigkeiten koordiniert und gebündelt werden:

- Die **Prozessorganisation** fasst die einzelnen Aufgaben zu Arbeitsabläufen (Prozessen) zusammen und regelt somit die Prozessbeziehungen im Unternehmen.
- Die **Aufbauorganisation** regelt die Aufgabenbeziehungen im Unternehmen, indem sie die Aufgaben, Kompetenzen und Verantwortungen den einzelnen Stellen zuweist und die Stellen zu Abteilungen gruppiert.

Die Struktur muss einerseits zur Strategie passen und beeinflusst andererseits die Unternehmenskultur und somit auch die direkten Führungsbeziehungen.

Beispiel

Eine kantonale Verwaltung ist stark hierarchisch organisiert. Es gibt viele Führungsebenen, deren Abläufe, Zuständigkeiten und Befugnisse detailliert geregelt sind. Entsprechend «eng» wird geführt und klein ist der individuelle Handlungsspielraum. Die hierarchischen Strukturen geben aber auch Sicherheit: Jeder weiss genau, was er zu tun hat.

Ein IT-Unternehmen ist bewusst flach organisiert. Nur das Nötigste ist reglementiert. Die wechselnden Projektteams organisieren sich weitestgehend selbst. Dementsprechend gross ist auch der individuelle Handlungsspielraum. Die flache Organisation verlangt von den Mitarbeitenden aber auch viel Flexibilität, Eigenverantwortung und unternehmerisches Denken.

1.2.3 Kultur

Die Unternehmenskultur drückt die gemeinsamen Werte, Überzeugungen, Gebräuche, Umgangsformen und Verhaltensrichtlinien im Unternehmen aus und beantwortet die Frage: **Warum** tun wir es?

A] Merkmale

Die Unternehmenskultur vermittelt einen **Sinn** und bildet damit eine wichtige Grundlage für die **Identifikation** der Mitarbeitenden mit dem Unternehmen. Sie prägt das Arbeitsklima innerhalb des Unternehmens und ebenso das Image (Erscheinungsbild) nach aussen – gegenüber Kunden, Lieferanten, der Öffentlichkeit usw. Kulturentwicklung ist **Führungsaufgabe.** Mit ihrem Führungsstil, ihrem Umgang mit den Mitarbeitenden und anderen Anspruchsgruppen setzt jede Führungsperson die Unternehmenskultur in ihrem Wirkungskreis um. Sie hat auch darin eine Vorbildfunktion.

Typische Ausdrucksformen der Unternehmenskultur sind:

- **Erzählungen / Ereignisse,** z. B. die Familiensage der Firmengründer, spezielle Charakterzüge des Patrons, aussergewöhnliche Ereignisse in der Firmengeschichte
- **Rituale / Zeremonien,** z. B. bei Jubiläen, Beförderungen, Ausbildungsabschlüssen
- **Mitarbeiterveranstaltungen,** z. B. Sportanlässe, Betriebsausflüge, Weihnachtsessen, Willkommens- oder Abschiedsapéro von Mitarbeitenden
- **Gemeinschaftssymbole,** z. B. «Du»-Kultur, gemeinsame Pausen oder Mittagessen, Entspannungs- oder Spielecken
- **Statussymbole,** z. B. Gebäude- oder Innenarchitektur, Firmenautos, Spezialboni
- **Firmenslang,** z. B. Fachwörter, Abkürzungen, Anglizismen (englische Ausdrücke)
- **Corporate Design,** z. B. Firmenlogo, Gestaltung von Website, Briefpapier, Broschüren, Namensschilder, Arbeitskleidung mit Firmenlogo

B] Leitbilder

Leitbilder dokumentieren die kulturellen Grundsätze eines Unternehmens.

Mit prägnanten Aussagen zu den Werten, Verhaltensgrundsätzen bzw. Geschäftsprinzipien und Zielen vermittelt das **Unternehmensleitbild** den Mitarbeitenden, Kunden, Kapitalgebern und der Öffentlichkeit die Leitlinien für das Handeln, denen sich das Unternehmen verpflichtet.

In Abb. 1-4 werden drei Unternehmenswerte kurz vorgestellt, die heute in vielen Unternehmensleitbildern stehen.

Abb. [1-4] Typische Unternehmenswerte

Wert	Beschreibung
Ethik	Unternehmerisches Handeln orientiert sich an zwei Grundsätzen: Es muss gegenüber den Anspruchsgruppen verantwortbar und für das Unternehmen zumutbar sein. Die Beurteilung der Verantwortbarkeit und Zumutbarkeit hängt von ethischen Werten ab. Ethik in der Mitarbeiterführung lässt sich treffend umschreiben mit: «Führe so, wie du selbst gerne geführt werden möchtest!»
Nachhaltigkeit	Nachhaltigkeit bedeutet eine über längere Zeit anhaltende Wirkung. Auf die Führung übertragen, geht es um ein langfristiges Denken und umsichtiges unternehmerisches Handeln. Dies beruht auf Werten wie Glaubwürdigkeit, Rücksichtnahme, Gerechtigkeit, Fairness usw.
Diversity	Soziale Vielfalt (Diversity) ist vor allem als Chance für bessere, innovativere Problemlösungen in der heutigen globalisierten Gesellschaft zu sehen. Ein konstruktiver Umgang basiert auf Offenheit, Wertschätzung und Achtsamkeit im Umgang mit anderen Personen. Merkmale der sozialen Vielfalt sind nebst der Zugehörigkeit zu einer Kultur oder Religion auch die Muttersprache, Hautfarbe, Nationalität, spezifische Kenntnisse, Fähigkeiten und Erfahrungen sowie persönliche Eigenschaften, etwa hinsichtlich Alter, Beeinträchtigungen, Geschlecht oder sexueller Orientierung.

Das **Führungsleitbild** beschreibt die Werte und Verhaltensgrundsätze der **Führung und Zusammenarbeit** im Unternehmen.[1] Meist beziehen diese sich auf folgende Themen:

- Führungsstil, Führungsverhalten
- Regeln der Zusammenarbeit, Teamentwicklung
- Information und Kommunikation, Umgang mit Konflikten
- Beurteilung und Bewertung von Leistungen, Umgang mit Kritik und Fehlern
- Personalentwicklung, Mitbestimmung und -entscheidung

Abb. [1-5] Führungsleitbild (Beispiel)

Führungsgrundsatz	Beschreibung
Vorbild	Als Führungskräfte leben wir vor, was wir von den Mitarbeitenden verlangen, und nehmen damit in fachlicher und in persönlicher Hinsicht eine Vorbildfunktion wahr.
Glaubwürdigkeit	Unsere Handlungen und Verhalten stimmen mit den Worten überein. Wir halten Wort und wirken dadurch integer («walk your talk»).
Anerkennung / Kritik	Wir würdigen spezielle Leistungen der Mitarbeitenden unmittelbar. Wir loben ausdrücklich. Sachliche Kritik äussern wir ausschliesslich direkt und halten uns dabei an das Gebot der Fairness.
Einbezug	Wir informieren offen und beziehen die Mitarbeitenden nach Möglichkeit in die Entscheidungsfindung ein.
Eigenverantwortung	Mitarbeitende aller Stufen schöpfen den individuellen Kompetenzrahmen selbstständig aus und beschaffen sich fehlende Entscheidungsgrundlagen aus eigener Initiative.
Förderung	Wir fördern die Mitarbeitenden umfassend: neben der Fachweiterbildung auch in der Führungs- und Sozialkompetenz.
Fehlerkultur	Wir lernen aus Fehlern. Kreativität und Innovation basieren auf einer gesunden Fehlerkultur.
Konfliktbewältigung	Wir sorgen für eine faire und rasche Behandlung von Konflikten. Lässt sich keine einvernehmliche Lösung treffen, können Betroffene an den nächsthöheren Vorgesetzten gelangen.
Schutz	Wir tragen die Verantwortung für Arbeitssicherheit, Gesundheit und Unversehrtheit der Mitarbeitenden und sorgen für ein gutes Betriebsklima.

---

[1] Man bezeichnet die Grundsätze im Führungsleitbild auch als Führungsphilosophie oder Führungsstrategie.

1.3 Direkte Führung

Bei der direkten Führung geht es um die «**Feinsteuerung**» der Beziehung zwischen Vorgesetzten und Mitarbeitenden bei der Aufgabenerfüllung. Das Dreieck in Abb. 1-1 stellt diese Beziehung dar.

Man nennt die direkte Führung auch die **interaktive Führung,** denn die Zusammenarbeit ist durch die gegenseitige Beeinflussung (Interaktion) zwischen Führungsperson, Mitarbeitenden und Aufgaben geprägt: Die Art, wie eine Führungsperson ihre Führungsaufgaben wahrnimmt, beeinflusst das Verhalten der Mitarbeitenden und folglich auch die Leistungsfähigkeit des Teams. Umgekehrt wirkt sich das Verhalten der Mitarbeitenden – als Einzelperson wie als Team – auf das Verhalten der Führungsperson aus. Ebenso beeinflusst die konkrete Aufgabe (Art, Schwierigkeit, Dringlichkeit usw.) das Verhalten der Mitarbeitenden und der Führungsperson.

An eine **Führungsrolle** im Unternehmen sind bestimmte **Erwartungen** geknüpft. Ihnen gerecht zu werden, ist eine grosse Herausforderung für jede Führungsperson, da sie sich im Spannungsfeld zwischen aufgaben- und mitarbeiterbezogenen Zielen und den damit verbundenen Ansprüchen bewegt und diese in ein ausgewogenes Verhältnis bringen muss.

1.3.1 Lokomotivfunktion der Führungsperson

Von einer Führungsperson wird erwartet, dass sie eine Lokomotivfunktion übernimmt, wenn es um das Erreichen der **aufgabenbezogenen Ziele** geht. Sie denkt und entscheidet unternehmerisch, koordiniert die Aufgabenerfüllung so, dass die Mitarbeitenden optimale Leistungen erbringen und demzufolge auch optimale Ergebnisse erzielen können.

In der Lokomotivfunktion lenkt die Führungsperson die vier typischen Aufgaben gemäss dem Managementkreislauf:

- **Planen,** d.h., vorausschauend handeln, Ziele setzen, Probleme frühzeitig erkennen, Situationen analysieren und nach geeigneten Lösungen suchen.
- **Entscheiden,** d.h., Prioritäten setzen, bestmögliche, verbindliche Entscheidungen treffen und die Umsetzung vorbereiten.
- **Umsetzen,** d.h., Entscheidungen selbst ausführen oder Aufgaben delegieren, klare Aufträge erteilen und deren Umsetzung unterstützen.
- **Kontrollieren,** d.h., die Zielerreichung regelmässig überprüfen, rechtzeitig Korrekturmassnahmen einleiten und Verbesserungsmöglichkeiten ermitteln.

1.3.2 Kohäsionsfunktion der Führungsperson

Kohäsion bedeutet «innerer Zusammenhalt». Von einer Führungsperson wird erwartet, dass sie eine Kohäsionsfunktion übernimmt, wenn es um das Erreichen der **mitarbeiterbezogenen Ziele** geht. Die Führungsperson schafft ein vertrauensvolles, kooperatives Arbeitsklima, in dem sich die Mitarbeitenden entfalten können, und fördert die Zusammenarbeit und den Zusammenhalt im Team.

In der Kohäsionsfunktion übernimmt die Führungsperson mitarbeiter- und teambezogene Gestaltungs- und Entwicklungsaufgaben:

- **Motivieren,** d.h., anspruchsvolle Ziele vereinbaren, verantwortungsvolle Aufgaben delegieren, Mitarbeiterleistungen anerkennen.
- **Fördern,** d.h., die persönliche Entwicklung der einzelnen Mitarbeitenden und die faire, konstruktive Zusammenarbeit im Team aktiv unterstützen.
- **Werte vermitteln,** d.h., Verhaltensgrundsätze und Umgangsformen vorleben, die sie auch von ihren Mitarbeitenden erwartet, offen kommunizieren, Konfliktpotenziale erkennen und Konflikte konstruktiv lösen.

1.3.3 Führungstechniken

Führungstechniken sollen die Umsetzung von Führungsaufgaben unterstützen. Meistens konzentrieren sie sich auf einen bestimmten Führungsaspekt. Aus der Fülle von Führungstechniken sind die «Management-by-Konzepte» aus der amerikanischen Managementlehre besonders bekannt geworden. Abb. 1-6 fasst die bekanntesten Management-by-Konzepte und ihre typischen Anwendungsfelder zusammen.

Abb. [1-6] Management-by-Konzepte (Führungstechniken)

Management by …	Kurzbeschreibung	Anwendungsfelder
Objectives (MbO)	Führung nach Zielvereinbarung, die dem Mitarbeiter einen grösseren Handlungsspielraum bei der Aufgabenerfüllung gewährt als einseitige Zielvorgaben oder Verhaltensregeln.	Alle Unternehmensprozesse
Delegation (MbD)	Führung durch eine möglichst weit gehende Delegation von Aufgaben an die Mitarbeitenden inklusive Entscheidungskompetenzen und Verantwortung. Dadurch soll die Führungsperson entlastet werden zugunsten ihrer eigentlichen Führungsaufgaben.	Alle Unternehmensprozesse
Exception (MbE)	Führung nach dem Prinzip der Ausnahmefälle und der Abweichungskontrolle. Die Mitarbeitenden können so lange selbstständig entscheiden, bis definierte Toleranzgrenzen überschritten werden oder Ausnahmefälle eintreten.	Risikoreiche Prozesse, z. B. in der Pharmaindustrie, IT-Serverzentren
Decision Rules (MbDR)	Führung durch Vorgabe detaillierter Arbeitsanweisungen und Verhaltensregeln zur Zielerreichung. Dadurch soll eine möglichst klare Ausrichtung aller Aktivitäten auf das Unternehmensziel erreicht werden.	Qualitätsprozesse, z. B. nach ISO
Results (MbR)	Führung durch Ergebnisorientierung. Mittels Controlling wird die Erreichung quantitativer Leistungsergebnisse (Umsatz, Deckungsbeitrag, weitere ausgewählte Kennzahlen) laufend überwacht.	Führungspersonen in Profitcentern, Beteiligungsgesellschaften

1.3.4 Einsatz von Macht und Autorität

Die Auseinandersetzung mit der Führungsrolle im Unternehmen dreht sich immer auch um die Macht- und Autoritätsfrage.

Macht bedeutet, andere gezielt beeinflussen zu können. So bietet eine Führungsposition im Unternehmen die Möglichkeit, bestimmte Befugnisse auch gegen den Willen anderer durchzusetzen. Von den in Abb. 1-7 aufgeführten sieben Machtformen sind dies insbesondere die ersten beiden, die Legitimations- und die Sanktionsmacht. Die übrigen Machtformen sind nicht direkt an die Führungsposition gebunden und können daher alle Mitarbeitenden nutzen, um ihren besonderen Einfluss geltend zu machen.

Abb. [1-7] Machtformen

Legitimationsmacht	Auch formelle Macht genannt: Spezielle Entscheidungs- und Anordnungsbefugnisse haben.
Sanktionsmacht	Die Befugnis, andere zu belohnen, aber auch zu bestrafen (Sanktionen) und dadurch Zwang oder Druck auszuüben.
Informationsmacht	Zugang zu wichtigen Informationen haben und die Möglichkeit, diese weiterzugeben oder auch nicht (auch «Wissen ist Macht» genannt).
Expertenmacht	Sich dank Fachkompetenz und Erfahrung bei anderen durchsetzen.
Beziehungsmacht	Seine persönlichen Verbindungen zu einflussreichen Personen nutzen (auch «Vitamin B» genannt).
Referenzmacht	Auch Identifikationsmacht genannt: Einfluss auf andere als Vorbild haben.
Charismatische Macht	Dank der persönlichen Ausstrahlung andere in eine bestimmte (positive oder negative) Richtung beeinflussen.

Autorität ist das **Ansehen** einer Person in ihrem Umfeld. Dieses Ansehen beruht auf irgendeiner Form der **Überlegenheit,** die diese Person ausstrahlt und dank der sie Einfluss auf andere Personen haben kann. Insofern ist Autorität ebenfalls eine Form der Macht und kann in verschiedener Hinsicht erlangt werden:

- **Formelle Autorität:** «Ich bin …» Das Ansehen ist mit meiner Position verbunden, z. B. als Unternehmensleiterin, Vorgesetzter usw. Formelle Autorität ist gleichzusetzen mit Macht.
- **Fachliche Autorität:** «Ich kann …» Meine besonderen fachlichen Kenntnisse, Fähigkeiten und Fertigkeiten werden anerkannt. Andere vertrauen auf meine Expertise. Fachliche Autorität ist gleichzusetzen mit Expertenmacht.
- **Persönliche Autorität:** «Ich wirke als Persönlichkeit …» Andere anerkennen mich, vertrauen mir oder bewundern mich als starke, überzeugende Person. Persönliche Autorität ist gleichzusetzen mit charismatischer Macht.

Die Autorität einer Führungsperson kann sich positiv und negativ auswirken: Positiv und somit auch motivierend sind eine grössere Identifikation, mehr Selbstständigkeit und Autonomie der Mitarbeitenden, negativ und demotivierend sind Angst, Unselbstständigkeit und eine grosse Abhängigkeit der Mitarbeitenden.

Zusammenfassung

Gemäss der St. Galler Managementlehre besteht **Führung** aus den Elementen:

- Managementfunktion (Leitungsfunktion)
- Ziel- und Ergebnisorientierung
- Verhaltensbeeinflussung
- Strukturierte Arbeitssituation

Man unterscheidet zwischen der direkten und der indirekten Führung:

Indirekte Führung	**Rahmenbedingungen** für die Gestaltung der indirekten Führung: • Was: Strategie in Form von strategischen Zielen • Wie: Strukturen der Prozesse und Zuständigkeiten • Warum: Kultur als sinnstiftender Ausdruck der übergeordneten Werte und Verhaltensgrundsätze
Direkte Führung	**Interaktion** zwischen Führungsperson und Mitarbeitenden zur Aufgabenerfüllung: • **Aufgabenbezogene Lokomotivfunktion:** Ziel- und ergebnisorientiert lenken durch Planen, Entscheiden, Umsetzen und Kontrollieren. • **Mitarbeiterbezogene Kohäsionsfunktion:** Ein vertrauensvolles, kooperatives Arbeitsklima gestalten und entwickeln durch Motivieren, Fördern und Wertvermittlung.

Die bekanntesten **Führungstechniken** (Management-by-Konzepte) sind:

- MbO (by Objectives): Führen durch Zielvereinbarung
- MbD (by Delegation): Führen durch konsequente Aufgabendelegation
- MbE (by Exception): Führen durch Ausnahmen und Abweichungskontrolle
- MbDR (by Decision Rules): Führen durch detaillierte Anweisungen und Regeln
- MbR (by Results): Führen durch Ergebnisorientierung

Führung betrifft auch die Macht und Autorität der Führungspersonen:

- **Macht** ist die gezielte Beeinflussung anderer und das Durchsetzungsvermögen von Befugnissen in einer bestimmten Position. Typische Machtformen: Legitimations-, Sanktions-, Informations-, Experten-, Beziehungs-, Referenz- und charismatische Macht.
- **Autorität** ist die Einflussmöglichkeit einer Person, die auf ihrem Ansehen beruht. Typische Autoritätsformen sind die formelle, die fachliche und die persönliche Autorität.

Repetitionsfragen

1 Welche Führungsaktivitäten gehören zur direkten und welche zur indirekten Führung?

Direkte Führung	Indirekte Führung	Führungsaktivitäten
☐	☐	Gestaltung der Arbeitsprozesse im Unternehmen
☐	☐	Mitarbeiterbeurteilungsgespräch
☐	☐	Aufträge an die Mitarbeitenden erteilen
☐	☐	Neudefinition der Produkt-/Marktstrategie der Geschäftseinheit XY
☐	☐	Entwicklung der Teamkultur
☐	☐	Entwicklung der Unternehmenskultur

2 Beschreiben Sie in eigenen Worten, was die Lokomotivfunktion und die Zusammenhaltsfunktion der Führungsrolle bedeutet.

3 Welche Macht- oder Autoritätsform wird in den folgenden Aussagen angesprochen?

A] Die Führungsperson kann einzelne Mitarbeitende mit der Gewährung eines Spezialbonus oder mit einer Beförderung belohnen.

B] Die Mitarbeitenden schätzen ihren Vorgesetzten als vorbildliche und umgängliche Person.

C] Man muss als Führungsperson auch mal alleine entscheiden oder hart durchgreifen.

Praxisaufgaben

1 **Unternehmens-/Führungsleitbild**

Gibt es in Ihrem Unternehmen ein Unternehmens- und / oder ein Führungsleitbild? Nehmen Sie diese Dokumente zur Hand und analysieren Sie die Leitsätze, die sich auf die Mitarbeiterführung beziehen.

- Welchen Leitsatz finden Sie besonders wichtig? Begründen Sie kurz, warum er für Sie so wichtig ist.
- Welcher Leitsatz wird in Ihrem Unternehmen genauso gelebt, wie er geschrieben steht? Zeigen Sie dies anhand eines konkreten Beispiels auf.
- Gibt es Leitsätze, die Ihrer Ansicht nach noch zu wenig konsequent gelebt werden? Machen Sie auch hierzu ein eigenes Beispiel.
- Was müsste im Unternehmen konkret geändert werden, damit diese Leitsätze besser umgesetzt werden? Schlagen Sie dazu mindestens eine Massnahme vor.

2 Anforderungen an die Führungsperson

Lernziele

Nach der Bearbeitung dieses Kapitels können Sie …

- die Auswirkungen des Menschenbilds auf die Führung beschreiben.
- zentrale Werte nennen, die mit Arbeit und Führung verbunden werden.
- typische Erwartungen an eine Führungsperson beschreiben.

Schlüsselbegriffe

Babyboomer, Erwartungen, Führungskompetenz, Generation X, Y und Z, Handlungskompetenz, Kompetenzprofil, Konfliktfähigkeit, Menschenbild, Menschenkenntnis, Methodenkompetenz, Rolle, Selbstkompetenz, Sozialkompetenz, Theorie X, Theorie Y, Wahrnehmung, Werte, Wertewandel

Was wird von einer Führungsperson vor allem erwartet? Welche Eigenschaften muss eine gute Führungsperson mitbringen? Diese Fragen beantwortet Tom Peters in etwa so:[1]

1. **Bescheidenheit:** Eine Führungsperson kann noch so brillant sein, sie hängt immer von anderen ab. Sie muss darum Leute finden, die sich für sie ins Zeug legen und die sie wachsen lässt, bis sie im Idealfall besser werden als sie selbst.
2. **Tempo:** Die Energie für innovative Lösungen einsetzen, nicht für Perfektionismus. Den Mut haben, etwas auszuprobieren, statt zu planen, was man sowieso nicht planen kann.
3. **Nähe zu den Leuten:** Je mehr Macht eine Führungsperson hat, desto isolierter ist sie. Immer weniger Leute sagen ihr ehrlich ihre Meinung, obschon alle vorgeben, es zu tun. Nähe kann die Führungsperson nur in der täglichen Arbeit erreichen, indem sie zu den Leuten geht und ihre Anliegen ernst nimmt.

Die von Tom Peters genannten drei Erfolgsfaktoren der Führung hängen mit der persönlichen Einstellung gegenüber den Mitmenschen und mit Werten eng zusammen, die eine Führungsperson (vor)lebt. In diesem Kapitel gehen wir auf diese Grundlagen der persönlichen Führungskompetenz näher ein sowie auf die Erwartungen an die Führungsrolle und auf einige ausgewählte persönliche Eigenschaften.

2.1 Menschenbild

Das Menschenbild drückt die grundsätzliche **Einstellung gegenüber den Mitmenschen** aus. Sie wird uns seit frühester Kindheit von unseren Bezugspersonen vermittelt, ist durch persönliche **Erfahrungen, Beobachtungen** und **emotionale Erlebnisse** geprägt und ist dementsprechend tief in uns verankert. Unsere Einstellung filtert unsere **Wahrnehmung** von Mitmenschen und Situationen. Neuen Menschen oder Situationen begegnen wir nämlich nicht möglichst offen und unvoreingenommen. Im Gegenteil, vielfach haben wir bereits ein bestimmtes Bild, das wir nun möglichst bestätigt sehen wollen.

Demzufolge steuert unsere Einstellung auch unser **Denken, Fühlen** und **Verhalten.** In alltäglichen Situationen bleibt sie uns meist verborgen. Wenn wir jedoch innerlich stark unter Druck geraten, schaffen wir es oft nicht mehr, uns zu kontrollieren. Dann entladen sich diese unterschwelligen Gefühle in einem Verhalten, das auf andere irritierend wirkt.

---

[1] Quelle: Auszug aus einem Interview im Tages-Anzeiger, Zürich, 1.6.2013. – Tom Peters und Robert Waterman veröffentlichten 1982 mit «In Search of Excellence» eines der meistverkauften Managementbücher. Deutscher Titel: «Auf der Suche nach Spitzenleistungen»

2.1.1 Wahrnehmung von anderen

Von einer Führungsperson wird erwartet, dass sie eine gute **Menschenkenntnis** hat. Darunter versteht man die Fähigkeit, andere Menschen so gut wahrzunehmen, dass man ihre besonderen Eigenschaften, ihre Fähigkeiten und ihr Verhalten rasch und treffend einschätzen kann.

Wahrnehmung heisst, Informationen aus der Umwelt und aus dem Körperinnern in Form von **Reizen** auszuwerten, einzuordnen und zu interpretieren. Dieser **Rekonstruktionsprozess** läuft im Gehirn ab, vereinfacht dargestellt in den vier Schritten gemäss Abb. 2-1:

1. **Wahrnehmung** an sich: Was beobachte ich?
2. **Interpretation** der Wahrnehmung: Was fällt mir auf?
3. **Gefühle:** Was löst dies bei mir emotional aus?
4. **Beurteilung:** Was halte ich davon?

Abb. [2-1]   Rekonstruktionsprozess der Wahrnehmung

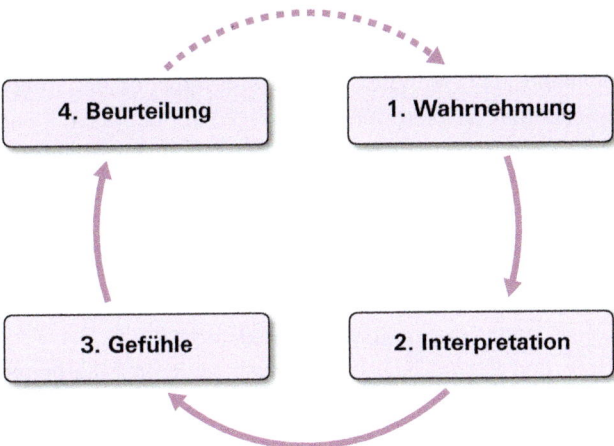

Unsere Beurteilung filtert unsere Wahrnehmung, daher die gestrichelte Linie in Abb. 2-1. Das heisst, unsere Beurteilung ist immer

- **subjektiv:** Was uns auffällt in einer bestimmten Situation bzw. an einer anderen Person, ist bereits **gefiltert**. Aus der Fülle von Informationen haben wir jene herausgepflückt, die uns als **besonders wichtig** erscheinen, und uns dazu ein Bild gemacht. Jemand anders würde sich wahrscheinlich ein anderes Bild machen von derselben Situation oder Person.
- **selektiv:** Wir wählen einen bestimmten **Ausschnitt** aus, weil wir nicht in der Lage sind, alle Aspekte zu erfassen. Nach welchen Kriterien wir diese **Auswahl** treffen, ist uns oft nicht bewusst, doch bestätigen wir damit insgeheim unsere **Erwartungen:** Wir sehen eine andere Person so, wie wir sie sehen wollen.

Durch Erfahrungen eignen wir uns bestimmte **Wahrnehmungsmuster** seit Kindheit an. In vielen Situationen sind sie sehr nützlich. Wenn wir nämlich alle Informationen, die auf uns hereinbrechen, immer von Neuem interpretieren und beurteilen müssten, wären wir schnell überfordert. Gleichzeitig dienen die Wahrnehmungsmuster auch als «Scheuklappen» und passieren uns dadurch typische **Beurteilungsfehler** (s. Kap. 8.4, S. 83).

2.1.2 Theorien X und Y nach McGregor

Welches Menschenbild haben Vorgesetzte von ihren Mitarbeitenden? Was braucht es, dass sich die Mitarbeitenden bei der Arbeit engagieren?

Der Sozialwissenschaftler Douglas McGregor (1906–1964) entwickelte die Theorien X und Y, die idealtypisch zwei entgegengesetzte Menschenbilder beschreiben. Er stellte sie 1960 in einem Aufsatz mit dem Titel «The Human Side of Enterprise» erstmals vor.

Abb. [2-2]   Theorien X und Y nach McGregor

Theorie X	• Der Mensch hat eine angeborene Abneigung gegen die Arbeit und versucht, sie so weit wie möglich zu vermeiden bzw. sich davor zu drücken. • Deshalb müssen die meisten Menschen kontrolliert, geführt und mit Strafandrohung gezwungen werden, einen produktiven Beitrag zur Erreichung der Organisationsziele zu leisten. • Der Mensch möchte gern geführt werden, er möchte Verantwortung vermeiden, hat wenig Ehrgeiz und wünscht vor allem Sicherheit.
Theorie Y	• Wenn der Mensch sich mit den Zielen der Organisation identifiziert, sind externe Kontrollen unnötig; er wird Selbstkontrolle und Eigeninitiative entwickeln. • Die Arbeit ist für den Menschen eine wichtige Quelle der Zufriedenheit; er sieht darin ein wichtiges Feld seiner Selbstverwirklichung. • Die wichtigsten Anreize sind die Befriedigung von Ich-Bedürfnissen und das Streben nach Selbstverwirklichung, nicht die finanziellen Anreize. • Der Mensch sucht Verantwortung. Zudem möchte er seinen Ideenreichtum und seine Kreativität möglichst aktivieren.

2.1.3 Auswirkungen des Menschenbilds auf die Führung

Das Menschenbild der Führungsperson färbt sich auf ihren Umgang mit den Mitarbeitenden ab – und umgekehrt. Es beeinflusst ihr Führungsverhalten und in der Folge auch das Verhalten der Mitarbeitenden. Insofern fühlt sich die Führungsperson in ihrem eigenen Menschenbild bestätigt: «Menschen sind so!» Daraus lässt sich schliessen: Wie kompetent und motiviert die Mitarbeitenden sind, hängt auch vom Menschenbild der Führungsperson ab.

Die Menschenbilder X und Y nach McGregor bewirken eine Dynamik, die einer **sich selbst erfüllenden Prophezeiung** gleichkommt, wie dies Abb. 2-3 veranschaulicht:

- Die **Theorie X** endet in einem negativen **Teufelskreis.** Die Vorgesetzte erlässt **strenge Vorschriften** und **kontrolliert häufig,** weil sie ihren Mitarbeiter als arbeitsunwillig und verantwortungsscheu einstuft. Damit **demotiviert** sie den Mitarbeiter, der sich zwar an die Vorschriften hält, aber keinerlei Sonderanstrengungen unternimmt. – Die Vorgesetzte sieht sich bestätigt: Der Mitarbeiter ist arbeitsunwillig und verantwortungsscheu.
- Die **Theorie Y** entwickelt eine **positive Wirkung.** Der Vorgesetzte ist überzeugt, dass die Mitarbeiterin gern arbeitet und verantwortungsbewusst ist. Deshalb gewährt er ihr viel **Handlungsspielraum** und **Selbstkontrolle.** Die Mitarbeiterin fasst dies als Herausforderung auf und ist **motiviert,** ihr Bestes zu geben. – Der Vorgesetzte sieht sich bestätigt: Diese Mitarbeiterin setzt sich ein und kann Verantwortung übernehmen.

Abb. [2-3]   Dynamik der Menschenbilder (nach McGregor)

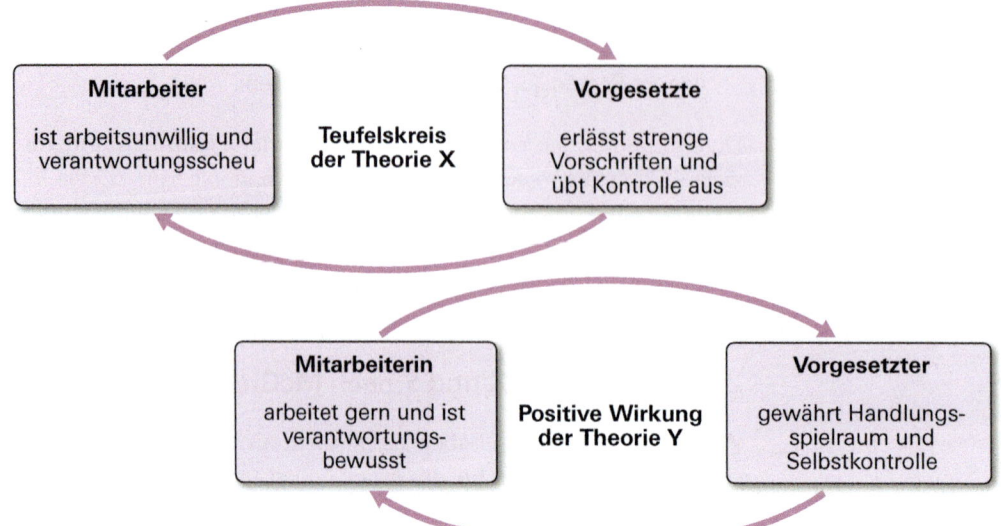

Beispiel

- Der Vorgesetzte X traut seinem Team nicht zu, bestimmte Probleme selbstständig zu lösen. Deshalb weist er seine Mitarbeitenden genauestens an, wie sie am besten vorgehen sollten. Allmählich stellt X fest, dass sich sein Team für jeden kleinsten Schritt bei ihm absichert. Er sieht sich in seiner Einschätzung bestätigt: Sein Team ist nicht fähig, Probleme selbstständig zu lösen.
- Die Vorgesetzte Y ist überzeugt, dass ihr Team bestimmte Probleme besser lösen kann als sie selbst. Deshalb delegiert sie ihm auch anspruchsvolle Aufgaben zur selbstständigen Erledigung. Das Team organisiert sich weitgehend selbst und zeigt überdurchschnittliche Leistungen. Y sieht sich in ihrer Einschätzung bestätigt: Sie kann auf ein kompetentes Team zählen.

2.2 Werte

Werte sind klare Vorstellungen für das Wünschbare, Richtige und Gute. Sie drücken bestimmte Tugenden bzw. Grundhaltungen aus, die uns eine Entscheidungshilfe besonders auch in schwierigen Situationen geben und uns als Leitlinien für das Denken, Fühlen und Handeln dienen. Unser individuelles Bewertungssystem befindet darüber, was «gut / richtig / wertvoll» und was «schlecht / falsch / wertlos» ist, und macht uns sicherer bei der Bewältigung unserer Aufgaben und beim Lösen von Problemen.

Das Umfeld, in dem wir aufwachsen, vermittelt uns die Werte, nach denen wir leben sollten: unsere Erziehung und Ausbildung, aber auch die Kultur, die Religion, die Gesellschaftsschicht und das politische System. Genauso beeinflussen wir mit unseren Werten unser Umfeld. Nicht immer sind uns aber unsere Werte bewusst. Erst im Austausch mit anderen Menschen kristallisieren sie sich heraus, z. B. durch gegenseitige Feedbacks oder im Vergleich mit anderen Kulturen und deren Wertvorstellungen.

2.2.1 Werte in der Führung und Zusammenarbeit

Eine Person, die getreu ihren Werten handelt, ist integer und wirkt auf andere glaubwürdig. Glaubwürdigkeit ist eine der am häufigsten genannten Eigenschaften, die von einer guten Führungsperson erwartet werden. Man verbindet damit weitere Tugenden, wie z. B. Anständigkeit, Ehrlichkeit, Redlichkeit, Seriosität, Vertrauenswürdigkeit und Zuverlässigkeit. In einem Unternehmen oder Team werden aus den gemeinsamen Werten die Erwartungen an das korrekte Verhalten formuliert, beispielsweise an das Führungsverhalten im Führungsleitbild (s. Kap. 1.2.3, S. 12).

Als Loyalität bezeichnet man die Verbundenheit jemand anderem oder einer Institution (z. B. dem Unternehmen) gegenüber. Loyale Menschen vertreten gemeinsame Regeln oder Entscheidungen glaubwürdig nach aussen, sogar dann, wenn sie nicht dem eigenen Standpunkt entsprechen. Zur Loyalität gehören auch Zuverlässigkeit und Treue: Auf loyale Menschen ist Verlass, selbst in kritischen Situationen lassen sie andere nicht im Stich.

Abb. 2-4 zeigt einige Werte, die gemäss Umfragen die Führungspersonen (aus Sicht der Mitarbeitenden) verkörpern sollten bzw. die Mitarbeitenden (aus Sicht der Führungspersonen).

Abb. [2-4] Werte in der Führung und Zusammenarbeit

Führungspersonen zeigen …		Mitarbeitende zeigen …	
• Bescheidenheit	• Optimismus	• Eigeninitiative	• Selbstdisziplin
• Ehrlichkeit	• Seriosität	• Engagement	• Selbstkritik
• Fairness	• Weitsicht	• Flexibilität	• Selbstständigkeit
• Integrität	• Wertschätzung	• Genauigkeit	• Sorgfalt
• Offenheit	• Zuverlässigkeit	• Loyalität	• Zuverlässigkeit

Hinweis Die Wahrnehmung von sich selbst und von anderen Menschen sowie die individuellen Werte und ihren Einfluss auf das Verhalten vertiefen wir im Compendio-Lehrmittel «Selbstkenntnis – Leadership-Modul für Führungsfachleute».

2.2.2 Wertewandel der Generationen

Werte verändern sich im Zeitverlauf. Dieser Wertewandel wird von vielen Menschen bedauert, weil er sie verunsichert: «Man» wusste bisher, woran man sich zu halten hatte. Nun scheint ungewiss, was in Zukunft gelten soll. Bezeichnend dafür ist der oft zitierte Ausspruch: «Früher (d. h. zu unserer Zeit) war vieles besser!»

In den heutigen Arbeitsprozessen treffen vier Generationen in einer unterschiedlichen (Arbeits)lebensphase und mit unterschiedlichen Werten aufeinander:

1. Die Generation der **Babyboomer,** in den 1950er- und frühen 1960er-Jahren geboren, wurde geprägt von den Umwälzungen in der Folge der 1968er-Bewegung und des Kalten Kriegs. Sie hat den Karrierehöhepunkt erreicht oder überschritten und bereitet sich in der letzten Phase ihres Arbeitslebens allmählich auf ihren Rückzug vor.
2. Die **Generation X** der späten 1960er- und der 1970er-Jahre wurde geprägt von der Globalisierung und von der Informationstechnologie (IT). Die Generation X hat auf ihrem Karriereweg den Gipfel bereits erreicht oder steht unmittelbar davor, ihn zu erklimmen. Zusammen mit der Babyboomer-Generation gibt sie vorderhand noch die Werte in der Arbeitswelt vor.
3. Die **Generation Y,** zwischen 1980 und Mitte der 1990er-Jahre geboren, wird auch Millennials, Digital Natives, Generation Facebook oder Net Generation genannt, da sie von der Vernetzung dank dem Internet geprägt ist. Die Generation Y ist mitten auf dem Karriereweg und wird bald die Werte in der Arbeitswelt bestimmen.
4. Die **Generation Z,** ab ca. 1995 geboren, wird auch als Generation «Smartphone» oder «Selfie» bezeichnet. Von klein auf hat sie sich in der virtuellen Social-Media-Welt bewegt und scheint permanent online zu sein. Zum einen ist sie multikulturell, zum anderen stark individualistisch (ichbezogen) geprägt und wirkt trotz ihres jugendlichen Alters abgeklärt. Die Generation Z sammelt erste Erfahrungen in der Arbeitswelt.

Abb. 2-5 zeigt Werte, die im Zusammenhang mit der Arbeit als typisch für diese vier Generationen genannt werden.

Abb. [2-5] **Mit der Arbeit verbundene Werte der Generationen**

Babyboomer (ca. 1950–1965)[1]	• Hohe Dienstleistungs- und Kundenorientierung • Persönliche Gesundheit, Wohlbefinden • Teamgeist, Beziehungsorientierung • Optimismus, Motivation, starker Wille • Persönliche Erfüllung • Prozessorientierung • Mühe mit Feedbacks, anderen Ansichten, Konflikten
Generation X (ca. 1965–1980)	• Globales Denken • Work-Life-Balance (Vereinbarkeit von Berufs- und Privatleben) • Informelle Beziehungen • Eigenverantwortlichkeit, Selbstvertrauen • Individualismus, Unabhängigkeit • Pragmatismus, Anpassungsfähigkeit • Kreativität
Generation Y (ca. 1980–1995)	• Sinnhaftigkeit, Lebensqualität • Soziale Netzwerke • Selbstbewusstsein, Kommunikationsfreude • Spass an der Arbeit, Selbstverwirklichung • Flexibilität, Wahlmöglichkeiten, Sprunghaftigkeit, Multitasking • Sicherheit, Stabilität • Aufmerksamkeit, Feedback, Wertschätzung
Generation Z (ab ca. 1995)	• Gesundheit, Achtsamkeit • Werteorientierte Arbeitskultur • Mitbestimmung • Klare Strukturen und geregelte Arbeitszeiten • Erfolgsorientierung, geringe Loyalität zum Arbeitgeber • Veränderungsfähigkeit, wenig Durchhaltevermögen

[1] Je nach Quelle weichen die Jahrgangszahlen der drei Generationen leicht voneinander ab.

2.2.3 Mit Erwartungen umgehen

Wenn eine Person eine Führungsfunktion ausübt, begibt sie sich in eine Rolle. In dieser Rolle wird von ihr ein ganz bestimmtes, d.h. ein rollenkonformes Verhalten erwartet. Aber auch die Person selbst erwartet von sich ein bestimmtes Verhalten in dieser Führungsrolle.

Menschliche Beziehungen basieren auf Erwartungen. Werden sie nicht erfüllt, entstehen negative Gefühle, wie Enttäuschung, Frustration, Verachtung usw. Vielfach beruhen diese angeblich nicht erfüllten Erwartungen aber auf einem Missverständnis, wie es auch der folgende Dialog zeigt: «Aber du weisst doch ganz genau, was ich von dir erwarte!» – «Nein, nicht wirklich. Warum hast du mir nicht gesagt, was du möchtest? Das hätte mir sehr geholfen!»

Erwartungen werden nämlich oft nicht offen ausgesprochen. Man geht davon aus, dass der andere «selbstverständlich» weiss, worauf es ankommt. Laut Mitarbeiterbefragungen werden auch bei vielen Vorgesetzten solche klar formulierten Erwartungen vermisst. Dahinter verbirgt sich möglicherweise die Angst, sich bei den Mitarbeitenden unbeliebt zu machen. Unausgesprochene Erwartungen gelten jedoch als eine Hauptursache der Demotivation. Wer nicht weiss, was von ihm konkret erwartet wird, fühlt sich unsicher in seinen Erfolgsaussichten. Deshalb braucht es auch in Arbeitsbeziehungen einen regelmässigen Austausch über die gegenseitigen Erwartungen. Diesen Austausch zu initiieren, ist eine wichtige Führungsaufgabe.

In Abb. 2-6 werden die vier Arten von Erwartungen, die menschliche Beziehungen prägen, anhand von Beispielen aus der Zusammenarbeit vorgestellt.

Abb. [2-6] **Vier Arten von Erwartungen**

	Beschreibung	Beispiel aus der Zusammenarbeit
Kommunizierte Erwartungen	Sind formuliert, den Betreffenden mitgeteilt und bekannt.	Kommunizierte Vorgaben, Zielvereinbarungen, Verhaltensregeln, Qualitätsansprüche usw.
Unausgesprochene Erwartungen	Werden als selbstverständlich vorausgesetzt, ohne dass sie den Betreffenden je kommuniziert wurden.	Viele Führungspersonen sind enttäuscht, dass ihre Mitarbeitenden zu wenig unternehmerisch denken. Sie übersehen dabei, dass sie nie klar ausgesprochen haben, was genau sie damit meinen.
Uneingestandene Erwartungen	Sind uns bewusst, bestimmen die eigene Befindlichkeit und unser Verhalten, sind uns jedoch unangenehm oder peinlich.	Viele Mitarbeitende streiten ab, dass sie regelmässig gelobt werden wollen: «Ist nicht nötig, ich weiss schon selbst, was ich kann!» Trotzdem leiden sie unter der mangelnden Anerkennung.
Unbewusste Erwartungen	Bestimmen unser Denken, Handeln und Fühlen, ohne dass wir sie erfassen können.	Viele unbewusste Erwartungen sind bereits in der frühen Kindheit entstanden. Im Führungsprozess helfen vor allem die Feedbacks, diese unbewussten Erwartungshaltungen besser zu erkennen.

Nach: Haberleitner, Elisabeth; Deistler, Elisabeth; Ungvari, Robert: Führen, Fördern, Coachen, München 2009.

Gleichzeitig bergen die vielfältigen Erwartungen an die Führungsrolle einiges Konfliktpotenzial: Die Führungsperson gerät in ein Dilemma, wenn sich diese widersprechen und sie sich trotzdem gezwungen sieht, Stellung zu beziehen. Sie befindet sich in einem Rollenkonflikt, weil diese unterschiedlichen Erwartungen unvereinbar sind und sie ihnen demzufolge nicht gleichzeitig gerecht werden kann.

Beispiel Typische Dilemmas der Führungsrolle sind:
- Distanz (unabhängig, objektiv und sachlich bleiben) – Nähe (Empathie, Sympathie zeigen)
- Bewahrung (Stabilität, Sicherheit geben) – Veränderung (Innovation, Risikobewusstsein vorleben)
- Konkurrenz (Wettbewerb, Konfrontation suchen) – Kooperation (Harmonie, Ausgleich schaffen)
- Spezialist (bei Fachproblemen mitreden können) – Generalist (auf Zusammenhänge achten)
- Selbstorientierung (die eigenen Ziele verfolgen) – Teamorientierung (gemeinsame Ziele anstreben)

2.3 Führungskompetenz

Welche Qualifikationen zeichnen eine Führungsperson idealerweise aus? Welche persönlichen Eigenschaften, Kenntnisse, Fähigkeiten und Fertigkeiten sind ein «Muss» für den Führungserfolg und welche sind wünschenswert, also «nice to have»?

2.3.1 Kompetenzprofil

Die Muss-Qualifikationen werden oft auch als **Schlüsselkompetenzen** bezeichnet. In der Arbeitswelt werden sie vielfach in einem **Kompetenzprofil** (oder Anforderungsprofil) abgebildet. Die einzelnen Kompetenzen fasst man zu Kompetenzarten zusammen, wobei es aber keine einheitliche Zuordnung und keine einheitlichen Begriffe gibt.

Abb. [2-7]   Kompetenzen

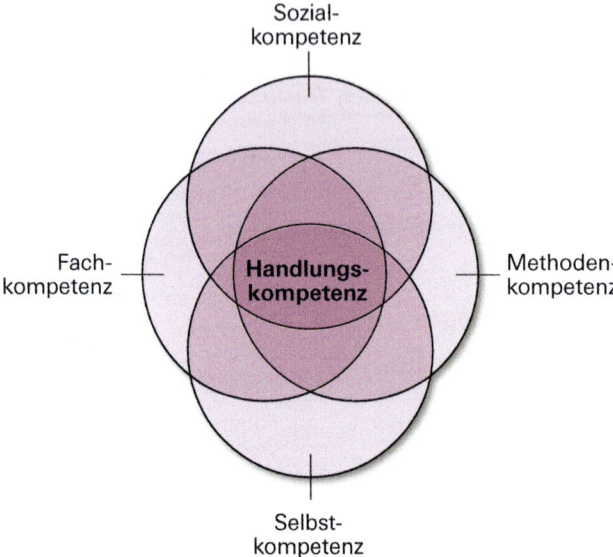

Häufig kommt jedoch eine Viereinteilung in Fach-, Methoden-, Sozial- und Selbstkompetenz vor, deren Kombination die Handlungskompetenz ist:

- **Selbstkompetenz** ist der konstruktive Umgang mit sich selbst. Die Selbstkompetenz wird vielfach auch Persönlichkeits- oder Ich-Kompetenz genannt.
- **Sozialkompetenz** ist der konstruktive situations- und personenbezogene Umgang mit anderen Menschen, die Verständigung und die Beziehungsgestaltung.
- **Methodenkompetenz** sind Fähigkeiten der Selbst- und Arbeitsorganisation.
- **Fachkompetenz** sind fachliche Kenntnisse, Fähigkeiten und Fertigkeiten sowie das fachliche Engagement.
- **Handlungskompetenz** bedeutet, die vier Kompetenzen so miteinander zu verbinden, dass man in einer bestimmten Situation angemessen, d.h. ziel- und verantwortungsbewusst, handeln kann. Demgemäss ist Führungskompetenz eine Form der persönlichen Handlungskompetenz.

Natürlich ist es unmöglich, ein einheitliches Kompetenzprofil für alle Führungspositionen zu definieren, denn die jeweiligen Aufgaben, die Grösse und Zusammensetzung des Teams und das allgemeine Führungsumfeld können sich stark unterscheiden.

Beispiel   Eine Teamleiterin in einer internationalen Grossbank bewegt sich in einem ganz anderen Führungsumfeld als ein Teamleiter in einem lokalen Hilfswerk. Dementsprechend weisen die Kompetenzprofile dieser beiden Führungspositionen wohl teilweise unterschiedliche Kompetenzschwerpunkte aus.

Unabhängig von den situativen Bedingungen verlangt die **Führungskompetenz** ein hohes Mass an Methoden- und Sozialkompetenz. Die Selbstkompetenz ist ein Schlüssel zum Umgang mit anderen und somit auch zur (Weiter)entwicklung der Sozialkompetenz. Aber auch ein gewisses Mass an Fachkompetenz wird bei einer Führungsperson vorausgesetzt, besonders dann, wenn es um Branchenkenntnisse geht oder wenn sie ihre Mitarbeitenden bei der Lösung fachlicher Probleme aktiv unterstützen (coachen) soll.

Nachfolgend beschränken wir uns deshalb auf eine Auswahl jener Aspekte der Selbst-, Sozial- und Methodenkompetenz, die bei Führungspositionen häufig genannt werden.

Abb. [2-8] Kompetenzen einer Führungsperson (Auswahl)

	Eigenschaft	Kurzbeschreibung
Selbstkompetenz	Authentizität	Zu seinen Stärken und Schwächen stehen, echt und natürlich auftreten.
	Eigeninitiative	Aus eigenem Antrieb handeln, selbstständig entscheiden und Lösungsideen entwickeln, sich engagieren und unternehmerisch denken.
	Verantwortungsbereitschaft	Sich selbst ein Urteil bilden und die Folgen von Entscheidungen abschätzen können. Für Entscheidungen und deren Konsequenzen einstehen, auch bei Unverständnis von anderen oder nach Misserfolgen.
	Resilienz	Belastbarkeit und Widerstandsfähigkeit in Drucksituationen zeigen, im Umgang mit Veränderungen, Störungen und emotionalen Spannungen.
	…	…
Sozialkompetenz	Empathie	Einfühlungsvermögen zeigen. An anderen Menschen interessiert sein, sich in ihre Situation oder ihre Probleme hineindenken können. Eine gesunde Distanz wahren, um die Schwierigkeiten anderer nicht zu seinen eigenen zu machen.
	Kommunikationsfähigkeit	Aktiv auf andere zugehen, Kontakt herstellen und Gespräche anstossen. Offen und ehrlich informieren, gleichzeitig einfühlsam und wohlwollend, überzeugend und fair argumentieren. Aufmerksam zuhören, klärende Fragen stellen, offen für die Anliegen anderer sein.
	Kritikfähigkeit	Probleme an- und Kritik so aussprechen, dass diese wertschätzend und für die andere Person akzeptabel und dienlich ist. Auch kritische Rückmeldungen entgegennehmen, andere Sichtweisen akzeptieren.
	Konfliktfähigkeit	Mit Konflikten konstruktiv umgehen. Anzeichen und Ursachen von Konflikten erkennen, unterschiedliche Sichtweisen ansprechen und Lösungen entwickeln, die auf einen Interessenausgleich zielen und in denen niemand als Verlierer zurückbleibt.
	…	…
Methodenkompetenz	Zielorientierung	Sich auf Ziele ausrichten. Ziele formulieren, geeignete Massnahmen zur Zielerreichung entwickeln, Abweichungen rechtzeitig erkennen, Konsequenzen abschätzen und Korrekturmassnahmen einleiten.
	Strategisches Denken und Handeln	Relevante Entwicklungen frühzeitig erkennen, Auswirkungen auf eigenen Bereich einschätzen, nachhaltige Lösungsansätze entwickeln, notwendige Veränderungsprozesse einleiten.
	Problemlösungsfähigkeit	Analytisches und systematisches Denken, logische Schlussfolgerungen aus Problemstellungen ziehen, kreative, angemessene und machbare Lösungsansätze entwickeln, Lösungen umsetzen und auf ihre Wirkung hin kontrollieren.
	Vernetztes Denken	Komplexe Zusammenhänge und deren Einflüsse erkennen und verstehen, Probleme konkretisieren, die Dynamik von Wechselwirkungen und deren Folgen einschätzen, wirksame Lösungsansätze entwickeln.
	…	…

Hinweis Auf weitere Anforderungen an die Selbst-, Sozial- und Methodenkompetenz einer Führungsperson gehen wir in den übrigen Kapiteln dieses Lehrmittels näher ein.

Ausserdem behandeln wir einzelne Anforderungen vertieft in den weiteren Compendio-Lehrmitteln der Reihe «Leadership-Modul für Führungsfachleute»: Selbstkenntnis, Selbstmanagement, Konfliktmanagement, Kommunikation und Präsentation sowie schriftliche Kommunikation.

Zusammenfassung

Als **Menschenbild** bezeichnet man die grundsätzliche Einstellung zu anderen Menschen. Die eigene Wahrnehmung, das Denken, Fühlen und Verhalten werden dadurch stark beeinflusst.

Eine gute **Menschenkenntnis** wird einer Person zugeschrieben, die fähig ist, andere Personen bezüglich Fähigkeiten und Verhalten rasch und treffend einzuschätzen.

Der Rekonstruktionsprozess der **Wahrnehmung** vollzieht sich in vier Schritten: Wahrnehmung von Umwelt- und Körperreizen – Interpretation – ausgelöste Gefühle – Beurteilung. Wahrnehmung ist subjektiv und selektiv. **Wahrnehmungsmuster** entstehen aufgrund von Erfahrungen und verhelfen einerseits zu einer raschen Beurteilung von Situationen oder Personen und führen andererseits zu Beurteilungsfehlern.

Bei den Menschenbildern nach McGregor werden zwei Ausprägungen unterschieden:

- **Theorie X:** Der Mensch hat eine angeborene Abneigung gegen die Arbeit und muss daher kontrolliert und geführt werden.
- **Theorie Y:** Der Mensch will sich in seiner Arbeit verwirklichen, deshalb muss vor allem seine Eigeninitiative und Verantwortungsbereitschaft gefördert werden.

Werte sind klare Vorstellungen von **Tugenden** (Grundhaltungen) eines Menschen. Sie dienen dazu, sich selbst eine Richtlinie zu geben: Was soll ich tun, was lassen? Werte werden durch das Umfeld geprägt und beeinflussen durch das eigene Verhalten auch das Umfeld. **Integrität** ist das wertgetreue Verhalten einer Person, wodurch diese eine hohe **Glaubwürdigkeit** erlangt.

In der heutigen Arbeitswelt treffen drei **Generationen** mit teilweise unterschiedlichen Werten aufeinander, auch jene hinsichtlich der Arbeit:

- **Babyboomer** (ca. 1945–1965), durch Umwälzungen in der Folge der 1968er-Bewegung und des Kalten Kriegs geprägt
- **Generation X** (ca. 1965–1980), durch die Entwicklung der Informations- und Kommunikationstechnologien (ICT) geprägt
- **Generation Y** (ca. 1980–2000), durch die Entwicklung des Internets und die Folgen der Globalisierung geprägt

An jede **Rolle** werden **Erwartungen an ein bestimmtes Verhalten** gestellt. Negative Gefühle aufgrund von nicht erfüllten Erwartungen entstehen oft, weil diese Erwartungen nicht **kommuniziert** werden und daher unklar sind: **unausgesprochen, uneingestanden oder unbewusst.**

In einem **Kompetenzprofil** werden die Schlüsselkompetenzen (Kenntnisse, Fähigkeiten und Fertigkeiten) für die Ausübung einer Tätigkeit zusammengestellt:

- **Selbstkompetenz:** Umgang mit sich selbst (Selbstbild, Einstellungen, Werte, Auftreten)
- **Sozialkompetenz:** Umgang mit Menschen (Denken, Fühlen, Handeln, Verständigung, Beziehungsfähigkeit)
- **Methodenkompetenz:** Selbst- und Arbeitsorganisation (Arbeitsweise, Vorgehenssystematik, Einsatz von Hilfsmitteln)
- **Fachkompetenz:** fachliche Qualifikationen (Kenntnisse, Fähigkeiten, Fertigkeiten)
- **Handlungskompetenz:** situative Problemlösung dank der Verknüpfung der Selbst-, Sozial-, Methoden- und Fachkompetenz

Repetitionsfragen

4 Welches Menschenbild zeigen die folgenden Ergebnisse einer Führungskräftebefragung?

A] Ist zutiefst überzeugt davon, dass der Mensch sein Leben lang dazulernen und sich mit seiner Tätigkeit identifizieren will.

B] Hat die Erfahrung gemacht, dass Vertrauen zwar gut, Kontrolle jedoch besser ist.

C] Führt mit «Zuckerbrot und Peitsche» (Redewendung für die Beeinflussung durch Belohnung und Bestrafung).

5 In den letzten Jahren hat sich das öffentliche Bild von Topmanagern verändert. So werden einige unter ihnen heftig kritisiert, weil sie «Wasser predigen und Wein trinken».

Beschreiben Sie in maximal fünf Sätzen, inwiefern diese Kritik mit Werten zusammenhängt.

6 Welcher Generation werden welche Werte bezüglich der Arbeit zugeschrieben?

A] Spass haben an der Arbeit

B] Teamgeist pflegen

C] Multitasking

D] Individualismus pflegen

7 Um welche Art von Erwartungen handelt es sich bei den folgenden beiden Beschreibungen?

A] Für mich selbst nicht erfassbare Erwartungen

B] Mir zwar bewusste, aber von mir auch als unangenehm empfundene Erwartungen

Praxisaufgaben

1 **Werte in der Führung**

Welche Werte verbinden Sie mit einer guten Führung?

A] Notieren Sie sich möglichst viele Werte.

B] Markieren Sie auf der Werteliste jene fünf Werte, die Ihnen besonders wichtig sind.

C] Reduzieren Sie die ausgewählten Werte auf die wichtigsten drei Werte.

D] Beantworten Sie die folgenden beiden Fragen zu jedem der drei Werte:
  – Wo gelingt es Ihnen im Führungsalltag, diesen Wert zu leben – wo noch zu wenig?
  – Was möchten Sie tun, um diese Werte noch konsequenter zu leben?

3 Persönlicher Führungsstil

Lernziele

Nach der Bearbeitung dieses Kapitels können Sie …

- die bekanntesten Führungsstilmodelle beschreiben.
- Ihren eigenen Führungsstil anhand eines Führungsstilmodells bestimmen.

Schlüsselbegriffe

Aufgabenorientierung, autoritärer Führungsstil, Beziehungsorientierung, Führungsverhalten, Kontinuum-Modell, kooperativer Führungsstil, Laisser-faire, Managerial Grid, Mitarbeiterorientierung, Partizipation, Reifegradmodell, Sachorientierung, transaktionale Führung, transformationale Führung

Führungsqualität zeigt, wer die Führungsfunktionen – Planen, Entscheiden, Umsetzen, Kontrollieren – in seinem Führungsbereich konsequent umsetzt. Dazu gehört aber noch weit mehr: Einer guten Führungskraft gelingt es, die Mitarbeitenden so zu führen, dass sie am gleichen Strang ziehen, überdurchschnittliche Leistungen erbringen und die gemeinsamen Ziele erreichen. Dieser Führungserfolg lässt sich nur im intensiven Austausch mit den Mitarbeitenden erzielen.

3.1 Führungsstil und Führungsverhalten

Zunächst wollen wir dem Unterschied zwischen dem Führungsstil und dem Führungsverhalten nachgehen. Eine mögliche Definition dazu lautet: «Unter einem Führungsstil versteht man eine grundsätzliche Handlungsmaxime des Vorgesetzten. Gegenüber dem in der konkreten Situation stark modifizierbaren Führungsverhalten bleibt der Führungsstil über einen längeren Zeitraum konstant.»[1]

Somit bedeutet:

- **Führungsstil:** Wie führt jemand **grundsätzlich?**
- **Führungsverhalten:** Wie führt jemand **in einer konkreten Situation?**

Beispiel

Miroslav führt ein Softwareentwicklungsteam. Sein persönlicher Führungsstil ist getragen von Offenheit und Wohlwollen gegenüber seinen Mitarbeitenden. Er bemüht sich, die mit den jeweiligen Aufgaben zusammenhängenden Kompetenzen und Verantwortlichkeiten weitestgehend zu delegieren und sein Team optimal zu unterstützen. – Bei Softwareprojekten kann es zu belastenden Stresssituationen kommen, insbesondere dann, wenn wichtige Projektschritte nicht «rund» laufen oder heikle Konflikte mit den Kunden entstehen. In solchen Stressmomenten kann Miroslav auch einmal ein autoritäreres Führungsverhalten zeigen und aktiv eingreifen.

Man ist sich in Theorie und Praxis darin einig, dass es nicht den optimalen Führungsstil gibt. Ausserdem beurteilen Vorgesetzte ihren Führungsstil oft anders als ihre Mitarbeitenden, die wiederum sehr unterschiedlich auf einen bestimmten Führungsstil ansprechen. Deshalb sollen Sie die nachfolgend vorgestellten Führungsstilmodelle vor allem dazu anregen, sich mit den Vor- und Nachteilen Ihres eigenen Führungsstils auseinanderzusetzen.

---

[1] Scholz, Christian: Personalmanagement, München 2000.

3.2 Autoritärer oder kooperativer Führungsstil

Die Unterschiede zwischen dem autoritären und dem kooperativen Führungsstil zeigen sich am Entscheidungsfindungsprozess besonders gut.

Von einem **autoritären Führungsstil** spricht man, wenn die Führungsperson die meisten Entscheidungen allein fällt und diese mittels Anordnungen bei den Mitarbeitenden durchsetzt. Die Führungsperson kontrolliert die Ausführung der Anordnungen und greift nötigenfalls korrigierend ein. Aus diesem Grund wird der autoritäre Führungsstil oft mit «Kommandieren – Kontrollieren – Korrigieren» gleichgesetzt.

Mögliche Ursachen für einen vorwiegend autoritären Führungsstil sind:

- Die Führungsperson ist unsicher, überfordert oder unfähig, kooperativ zu führen.
- Die Führungsperson ist autoritär und machtbewusst.
- Die Führungsperson hat ein eher negatives Menschenbild (Theorie X).
- Die Mitarbeitenden wären mit einem kooperativen Führungsstil überfordert.
- Die Unternehmenskultur und die Strukturen begünstigen einen autoritären Führungsstil.
- Die zu bewältigenden Aufgaben erfordern einen autoritären Führungsstil (z. B. Hilfeleistungen in Notsituationen).

Beim **kooperativen Führungsstil** bezieht die Führungsperson die Mitarbeitenden so konsequent wie möglich in die Entscheidungsfindung ein. Sie nimmt vorwiegend eine Art «Drehscheibenfunktion» ein, kümmert sich um den Interessenausgleich im Team und vertritt es nach aussen. Analog den drei «K» des autoritären Führungsstils bezeichnet man den kooperativen Führungsstil daher auch als «Kommunizieren – Koordinieren – Kooperieren».

Typische Voraussetzungen für einen kooperativen Führungsstil sind:

- Die Unternehmenskultur und die Strukturen fördern den Einbezug der Mitarbeitenden bei Entscheidungsprozessen.
- Alle sind sich bewusst, dass sie die gesetzten Ziele nur gemeinsam erreichen können.
- Die Führungsperson und die Mitarbeitenden zeigen eine grosse persönliche Reife und Selbstständigkeit.

3.3 Kontinuum-Modell nach Tannenbaum / Schmidt

Das Kontinuum-Modell stellten die beiden Professoren Robert Tannenbaum und Warren H. Schmidt an der University of California in Los Angeles im Jahr 1958 vor. Es misst den Führungsstil an einer Einflussgrösse: an der Partizipation (Beteiligung) der Mitarbeitenden in Entscheidungsprozessen. Deshalb wird es auch als **eindimensionales Führungsstilmodell** bezeichnet.

Im Kontinuum-Modell nach Tannenbaum / Schmidt gilt: Je mehr Entscheidungsspielraum der Vorgesetzte hat, desto autoritärer ist der Führungsstil; je mehr Entscheidungsspielraum die Mitarbeitenden haben, desto kooperativer ist der Führungsstil.

Abb. [3-1]   Kontinuum-Modell nach Tannenbaum / Schmidt

Autoritärer Führungsstil — **Kooperativer Führungsstil**

Entscheidungsspielraum des Vorgesetzten

Entscheidungsspielraum der Gruppe

Autoritär | Patriarchalisch | Konsultativ | Kooperativ | Partizipativ | Delegativ | Demokratisch

Abb. 3-2 liefert eine Kurzbeschreibung der sieben Führungsstile im Kontinuum-Modell.

Abb. [3-2] **Sieben Führungsstile im Kontinuum-Modell**

Autoritär	Die Führungsperson entscheidet ohne Konsultation der Mitarbeitenden.
Patriarchalisch	Die Führungsperson entscheidet; sie ist aber bestrebt, die Mitarbeitenden von ihren Entscheidungen zu überzeugen, bevor sie Anordnungen trifft. Sie «verkauft» ihre Entscheidungen, die Mitarbeitenden können Rückfragen stellen.
Konsultativ	Die Führungsperson entscheidet; sie gestattet jedoch Fragen zu den Entscheidungen, um durch deren Beantwortung eine bessere Akzeptanz der Entscheidungen zu erreichen.
Kooperativ	Die Führungsperson informiert die Mitarbeitenden über die beabsichtigten Entscheidungen. Die Mitarbeitenden haben die Möglichkeit, ihre Meinung zu äussern, bevor die Führungsperson die endgültige Entscheidung trifft.
Partizipativ	Die Führungsperson entscheidet aufgrund der von den Mitarbeitenden erarbeiteten Lösungsvorschläge und Empfehlungen.
Delegativ	Die Führungsperson zeigt das Problem auf und legt den Entscheidungsspielraum fest. Die Entscheidung überträgt sie den Mitarbeitenden.
Demokratisch	Die Führungsperson koordiniert lediglich nach innen und nach aussen. Die Mitarbeitenden entscheiden autonom.

3.4 Managerial Grid nach Blake / Mouton

Eines der bekanntesten Führungsstilmodelle, das **Managerial Grid (Verhaltensgitter),** stammt von den amerikanischen Psychologen Robert R. Blake und Jane S. Mouton, die es 1964 erstmals vorstellten.

Als **zweidimensionales Führungsstilmodell** bezieht es die Mitarbeiter- und die Aufgabenorientierung ein, die auch für die **Beziehungs-** und die **Sachebene** in der Führung stehen:

- **Mitarbeiterorientierung** (concern for people):
    - Die Person steht im Mittelpunkt des Interesses.
    - Die Führungsperson richtet sich an den persönlichen Wünschen, Anliegen, Sorgen usw. der Mitarbeitenden aus und bemüht sich um ein gutes Verhältnis.
    - Ergebnisse werden auf den Grundlagen von gegenseitigem Vertrauen, Respekt, Verständnis, Mitgefühl, Unterstützung und Förderung erzielt.
- **Aufgabenorientierung** (concern for production):
    - Die Sachebene der Zusammenarbeit steht im Mittelpunkt des Interesses, nämlich die Leistung bzw. die quantitative und qualitative Zielerreichung.
    - Die Mitarbeitenden werden demnach mehr oder weniger stark als «Mittel» zur Leistungserbringung gesehen.
    - Die Führungsperson legt besonderen Wert auf die Aufgabenerfüllung und orientiert sich dementsprechend an der Leistungsfähigkeit der einzelnen Mitarbeitenden.

In jeweils **neun Abstufungen** sind auf der **horizontalen Achse** die Intensität der **Aufgabenorientierung** und auf der **vertikalen Achse** die Intensität der **Mitarbeiterorientierung** zu beurteilen.

Daraus ergeben sich insgesamt 81 Kombinationen möglicher Führungsstile, von denen Blake / Mouton **fünf Haupt-Führungsstile** nach deren Platzierung im Verhaltensgitter benannt haben: 1.1, 1.9, 5.5, 9.1 und 9.9.

Abb. [3-3] Haupt-Führungsstile im Managerial Grid nach Blake / Mouton

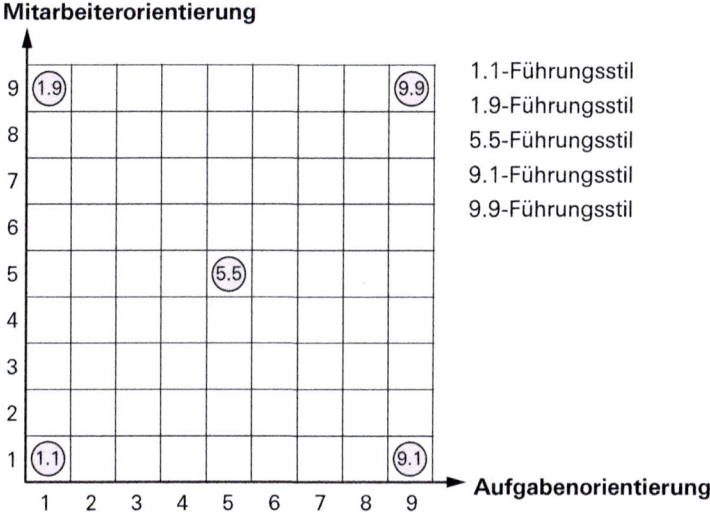

In Abb. 3-4 finden Sie eine Kurzbeschreibung dieser fünf Haupt-Führungsstile.

Abb. [3-4] Fünf Haupt-Führungsstile im Managerial Grid

1.1-Führungsstil	Die 1.1-Führungsperson ist in keiner Weise engagiert. Ihr Verhalten entspricht dem «Laisser-faire»-Führungsstil, d. h., sie harrt in erster Linie aus und lässt den Dingen ihren Lauf. Sie interessiert sich weder für die Arbeitsleistung noch für die persönlichen Belange der Mitarbeitenden. Konflikten und Entscheidungen geht sie aus dem Weg, da sie darauf zählt, dass die Mitarbeitenden selbst wissen, was sie zu tun haben.
9.1-Führungsstil	Bezüglich Aufgabenorientierung ist die 9.1-Führungsperson das Gegenteil von 1.1. Sie legt grössten Wert auf die Erreichung der Leistungsziele und erwartet, dass die Mitarbeitenden persönliche Interessen und Bedürfnisse zurückstellen. Diese Führungsperson herrscht und kontrolliert; sie ist bestrebt, optimale Bedingungen für sachliche Höchstleistungen zu schaffen, und vermag sich durchzusetzen.
1.9-Führungsstil	Die 1.9-Führungsperson stellt den Gegenpol zu 9.1 dar, da sie die Mitarbeiterbedürfnisse und die Beziehungen im Team vor die Aufgabenorientierung stellt. Sie sucht nach Zuneigung und Zustimmung und achtet auf eine freundliche und entspannte Atmosphäre; sie unterstützt die Mitarbeitenden und hilft überall mit.
5.5-Führungsstil	Die 5.5-Führungsperson ist auf die Wahrung eines Gleichgewichts zwischen zufriedenstellender Arbeitsleistung und befriedigendem Betriebsklima bedacht. Ihr Motto könnte sein: «Alles mit Mass». Mit ihrem Führungsstil, der in erster Linie auf Kompromisse ausgerichtet ist, will sie allseits beliebt sein und «dazugehören».
9.9-Führungsstil	Die 9.9-Führungsperson legt grossen Wert sowohl auf Vertrauen und Respekt gegenüber den Mitarbeitenden als auch auf das Erreichen der Leistungsziele. Sie erwartet von ihren Mitarbeitenden ein hohes Mass an Engagement für die Arbeit wie für das Team. Dabei motiviert und unterstützt sie die Mitarbeitenden so, dass diese sich in ihren Aufgaben verwirklichen können und dadurch zu Erfolgserlebnissen kommen.

Blake / Mouton empfehlen den 9.9-Führungsstil als den bestmöglichen und somit erstrebenswerten, weil damit Aufgaben- und Mitarbeiterziele gleichzeitig verwirklicht werden können. Führungsstil 1.1 wird als unbrauchbar, 1.9 als zu idealistisch, 5.5 als unpraktisch und 9.1 als zu pessimistisch abgelehnt.

Allerdings machten auch Blake / Mouton die Wahl des Führungsstils von weiteren Einflussfaktoren abhängig: von der Organisation, in der jemand tätig ist, der betreffenden Situation, den Wertvorstellungen, den Persönlichkeitsmerkmalen der Vorgesetzten und den Erfahrungen mit dem eigenen Führungsverhalten.

Man sollte sich daher von der Vorstellung verabschieden, dass es einen besten Führungsstil gibt, der in jedem Fall erfolgreicher ist als ein anderer. Ebenso wie es nicht Persönlichkeitsmerkmale gibt, die unter allen Umständen den Führungserfolg sicherstellen, ist auch das Führungsverhalten der Situation anzupassen. Denn Führen ist ein dynamischer Prozess in einer sich laufend ändernden Umwelt.

Beispiel Bei Rettungseinsätzen (Feuerwehr, Polizei, Notarzt) braucht es rasche, eindeutige Entscheide. Die Aufgabenorientierung zählt mehr als die Mitarbeiterorientierung, der Führungsstil tendiert gegen 9.1.

3.5 Reifegradmodell nach Hersey / Blanchard

Unter welchen Bedingungen wirkt ein bestimmtes Führungsverhalten besser als ein anderes? **Situative Führungsstilmodelle** beziehen den erfolgreichen Führungsstil auf die Anforderungen der **jeweiligen Führungssituation.**

Den wohl bekanntesten Beitrag lieferten die amerikanischen Unternehmer Paul Hersey und Kenneth H. Blanchard[1] mit dem Reifegradmodell im Jahr 1977. Wie das Managerial Grid unterscheidet es eine tiefe bis hohe Aufgaben- bzw. Mitarbeiterorientierung. Es macht den Führungsstil jedoch in erster Linie vom **Reifegrad der geführten Person** abhängig, eine bestimmte Aufgabe zu erfüllen.

Der Reifegrad der geführten Person zeigt sich in zwei Dimensionen:

- **Psychological Maturity** (Willingness): die persönliche Reife, das **Selbstvertrauen** bzw. die innere Bereitschaft, eine Aufgabe selbstständig zu erfüllen
- **Job Maturity** (Ability): die berufliche Reife, **Kompetenz** bzw. Fähigkeit, eine Aufgabe selbstständig zu erfüllen

Hinweis Inzwischen verwenden die Autoren auch die Begriffe «Entwicklungsstufe» und «Entwicklungsstand» anstelle von «Reifegrad» und «Reife».

Hersey / Blanchard unterscheiden **vier Reifegrade** oder **Entwicklungsstufen** (RG / E) der Mitarbeitenden:

1. **Niedrig:** wenig Kompetenz – wenig Selbstvertrauen
2. **Niedrig bis mässig:** einige Kompetenz – einiges Selbstvertrauen
3. **Mässig bis hoch:** hohe Kompetenz – schwankendes Selbstvertrauen
4. **Hoch:** hohe Kompetenz – viel Selbstvertrauen

Der Reifegrad ist nicht absolut zu verstehen, sondern immer **auf die jeweilige Aufgabe bezogen.** Das heisst, derselbe Mitarbeiter kann bei einer Aufgabe eine niedrige, bei einer anderen jedoch eine hohe Entwicklungsstufe erreicht haben. Demgemäss sollte ihn die Führungsperson jeweils anders führen.

Abb. 3-5 zeigt das Reifegradmodell nach Hersey / Blanchard. Beachten Sie, dass es **von rechts nach links** verläuft, d. h., ganz rechts beim niedrigen Reifegrad beginnt und nach links zum hohen Reifegrad führt.

---

[1] Blanchard, Kenneth; Zigarmi, Patricia; Zigarmi, Drea: Führungsstile, Reinbek bei Hamburg 2002.

Abb. [3-5]   Reifegradmodell nach Hersey / Blanchard

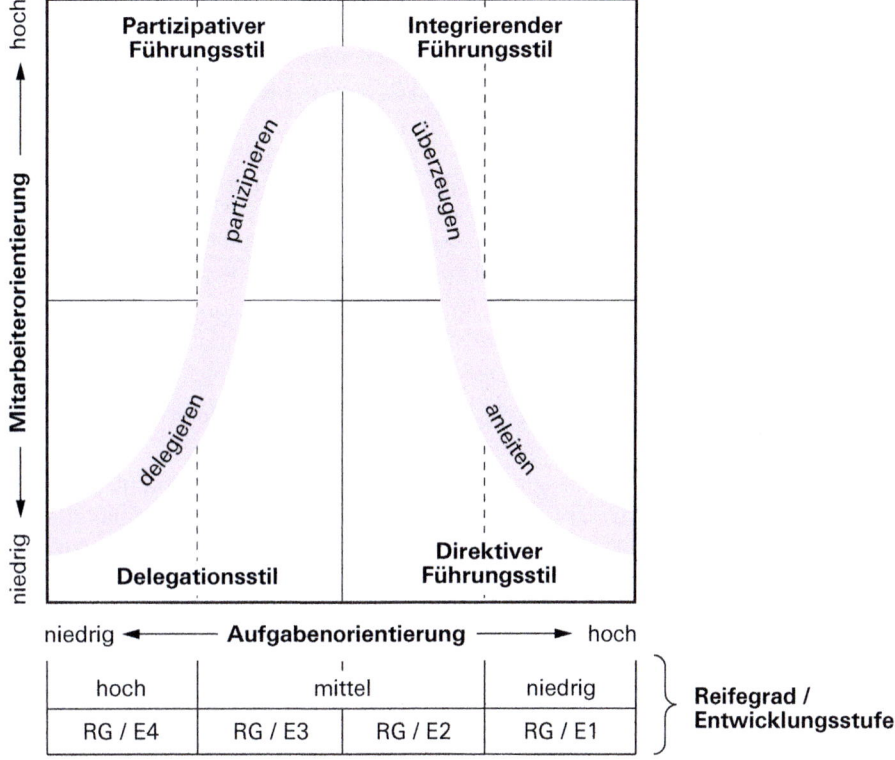

Nach dem Reifegradmodell ist einer der vier folgenden Führungsstile passend: Anleiten (telling), Überzeugen (selling), Unterstützen (participating) und Delegieren (delegating).

Abb. [3-6]   Vier Führungsstile im Reifegradmodell

Anleiten (telling)	Direktiver Führungsstil: Mitarbeitende mit geringer Reife (RG / E 1) sollen direktiv geführt werden. Die Führungsperson lenkt stark aufgabenbezogen durch Anweisungen, strukturierende Vorgaben und durch eine gewissenhafte Kontrolle der Umsetzung.
Überzeugen (selling)	Integrierender Führungsstil: Mitarbeitende mit geringer bis mässiger Reife (RG / E 2) brauchen Lenkung und Überwachung, jedoch auch Unterstützung und Lob, um an Selbstvertrauen und Motivation zu gewinnen. Sie müssen demnach stark aufgaben- und stark mitarbeiterorientiert, d. h. integrativ, geführt werden.
Unterstützen (participating)	Partizipativer Führungsstil: Mitarbeitende mit mässiger bis hoher Reife (RG / E 3) können Aufgaben selbstständig erfüllen, fühlen sich jedoch zeitweilig überfordert und haben Motivationsprobleme. Die Führungsperson ist dann erfolgreich, wenn sie dank eines betont mitarbeiterorientierten, partizipativen Führungsstils das Selbstvertrauen und die Motivation stärkt.
Delegieren (delegating)	Delegationsstil: Mitarbeitende mit einer hohen Reife (RG / E 4) sind kompetent und selbstsicher genug, eine Aufgabe weitgehend selbstständig zu bearbeiten. Die Führungsperson delegiert sowohl die Entscheidungs- als auch die Durchführungsverantwortung.

Das Reifegradmodell geht davon aus, dass sich Mitarbeitende **ständig weiterentwickeln** wollen. Kritiker halten diesem Ansatz entgegen, dass manche sich durchaus wohl fühlen, wenn sie von der Führungsperson klare Vorgaben erhalten, was sie zu tun haben, und darum einen direktiven Führungsstil schätzen. Dies bedeute nicht zwingend, dass sie weniger motiviert seien, wie es das Modell von Hersey / Blanchard andeute.

3.6 Transaktionale Führung

Die transaktionale Führung ist **ziel- und ergebnisorientiert**: Der Einsatz und die Leistungen der Mitarbeitenden sollen entsprechend belohnt werden. Dieser **Austausch** von **Leistungen** und **Gegenleistungen** als ein «Geben und Nehmen» wird auch als Transaktion bezeichnet, daher der Name dieses Führungsstils.

Die wichtigsten beiden Bausteine der transaktionalen Führung sind:

- **Bedingte Belohnung:** Die Führungsperson formuliert ihre **Erwartungen** an die Mitarbeitenden, vereinbart mit ihnen die **Ziele** nach dem Prinzip des **Management by Objectives (MbO)** und stellt für die Erfüllung der Erwartungen und Ziele eine entsprechende Belohnung in Aussicht. Diese richtet sich möglichst nach den **Bedürfnissen** der einzelnen Mitarbeitenden und reicht von Lob über eine Spezialvergütung (Bonus, Leistungsprämien, Lohnerhöhung usw.) bis hin zu anspruchsvolleren Aufgaben mit mehr Handlungsspielraum oder individueller Förderung.
- Aktives **Management by Exception (MbE):** Die Führungsperson trägt zur Ziel- und Ergebnisorientierung bei, indem sie für **optimale Arbeitsbedingungen** und möglichst **reibungslose Arbeitsabläufe** sorgt. Bei Bedarf greift sie aktiv und korrigierend ein.

3.7 Transformationale Führung

Wandel prägt die Wirtschaft. Dementsprechend hat die Erwartung an persönliche **Flexibilität** und **Veränderungsbereitschaft** in den letzten Jahren stark zugenommen. Für den Einzelnen bedeuten von aussen auferlegte Veränderungen eine Chance, z. B. neue Kompetenzen zu erwerben oder sich auch in einem anderen Umfeld zu behaupten, aber auch **Unsicherheit** und **Druck**. Eine Folge davon ist, dass bei vielen Mitarbeitenden die **Identifikation** mit der Arbeit und dem Unternehmen abnimmt. Gefragt sind deshalb Führungspersonen, die ihre Mitarbeitenden in Veränderungsprozessen aktiv unterstützen, für anspruchsvolle Aufgaben und zu überdurchschnittlichen Leistungen motivieren können.

Man spricht auch von einem transformationalen Führungsstil (Transformation steht für «Wandel»). Bekannt gemacht haben ihn vor allem die Organisationspsychologen Bernard Bass und Bruce Avolio im Jahr 1995 mit dem **Multifactor Leadership Questionnaire (MLQ),** einem Fragebogen zur Überprüfung des Führungserfolgs dank der transformationalen Führung.

Die transformationale Führung ist **werte- und zielverändernd**. Der Austausch geht über das «Geben und Nehmen» der transaktionalen Führung hinaus. Er ist sinnstiftend, weil er die Entwicklung von **Visionen,** gemeinsamen **Werten** und **Zielen** und den aktiven **Einbezug** in herausfordernde Aufgabenstellungen und Problemlösungen betont. Dies bewirkt bei den Mitarbeitenden einen konstruktiveren Umgang mit Veränderungen, mehr Identifikation und eine überdurchschnittliche Einsatzbereitschaft.

Eine Führungsperson, die den transformationalen Führungsstil pflegt, wird als vorbildlich und glaubwürdig wahrgenommen. Sie erntet von ihren Mitarbeitenden Respekt, Loyalität und Vertrauen, wenn sie die vier Grundsätze der transformationalen Führung befolgt:

- **Individuelle Behandlung:** Mitarbeitende gemäss ihren individuellen Bedürfnissen führen und fördern.
- **Geistige Anregung:** Denkmuster aufbrechen, neue Einsichten vermitteln, zu kreativem und unabhängigem Denken anregen.
- **Inspiration:** Durch Visionen, sinnvolle Aufgaben und herausfordernde Ziele motivieren.
- **Persönliche Ausstrahlung:** Emotionen und Begeisterung wecken, integer handeln und als Identifikationsperson wirken.

Zusammenfassung

Der Führungsstil zeigt, wie jemand grundsätzlich führt.

Modell, Verfasser	Grundlagen und Ausprägungen des Modells
Kontinuum-Modell (Tannenbaum / Schmidt)	Merkmal: **Beteiligungsgrad** der Mitarbeitenden **an Entscheidungsprozessen** Es werden sieben Führungsstile unterschieden: • Autoritär • Patriarchalisch • Konsultativ • Kooperativ • Partizipativ • Delegativ • Demokratisch
Managerial Grid (Blake / Mouton)	Merkmal: zwei Dimensionen **Aufgaben- und Mitarbeiterorientierung** Fünf Haupt-Führungsstile werden genauer beschrieben, wobei sich die Bezeichnung auf die Position im Managerial Grid bezieht: • 1.1: wenig aufgaben-, wenig mitarbeiterbezogen • 9.1: stark aufgaben-, wenig mitarbeiterbezogen • 1.9: wenig aufgaben-, stark mitarbeiterbezogen • 5.5: ausgleichend aufgaben- und mitarbeiterbezogen • 9.9: stark aufgaben-, stark mitarbeiterbezogen
Reifegradmodell (Hersey / Blanchard)	Merkmal: individuelle Reife (Entwicklungsstufe) der geführten Person, die sich aus der **Kompetenz** und der **Motivation zur selbstständigen Aufgabenerfüllung** ergibt Der Führungsstil orientiert sich an vier Reifegraden / Entwicklungsstufen: • RG / E 1 (geringe Reife) verlangt nach einer direktiven Führung (Anleiten bzw. telling). • RG / E 2 (geringe bis mässige Reife) verlangt nach einer integrativen Führung (Überzeugen bzw. selling). • RG / E 3 (mässige bis hohe Reife) verlangt nach einer partizipativen Führung (Unterstützen bzw. participating). • RG / E 4 (hohe Reife) verlangt nach einer stark delegierenden Führung (Delegieren bzw. delegating).
Transaktionale Führung	Merkmal: **ziel- und ergebnisorientierte** Führung • Bedingte Belohnung: Formulierung von Erwartungen, Vereinbarung von Zielen (MbO) und Belohnung • Aktives MbE: optimale Arbeitsbedingungen und reibungslose Abläufe
Transformationale Führung (Bass / Avolio)	Merkmal: **werte- und zielverändernde** Führung • Individuelle Behandlung • Geistige Anregung • Inspiration • Persönliche Ausstrahlung

Repetitionsfragen

8   Beschreiben Sie in Stichworten drei typische Merkmale des kooperativen Führungsstils.

9   Hersey / Blanchard richten ihr Modell auf den Reifegrad bzw. die Entwicklungsstufe der geführten Person aus.

A] Weshalb wird bei der Entwicklungsstufe 2 der integrative Führungsstil empfohlen?

B] Nehmen Sie anhand des Reifegradmodells Stellung zur folgenden Aussage einer Führungsperson: «Es schadet nicht, hie und da ins kalte Wasser geworfen zu werden!»

10 In einem Unternehmen herrscht Uneinigkeit: Die einen sind für die vorgeschlagene Neuregelung der Arbeitszeiten, die anderen lehnen ein solches Arbeitszeitmodell ab und auch die Führungspersonen gehen mit dieser kontroversen Frage unterschiedlich um.

Ordnen Sie die folgenden Beschreibungen einem Führungsstil im Managerial Grid zu.

A] Fabienne will nicht über die Köpfe ihrer Mitarbeitenden hinweg ein Arbeitszeitmodell auswählen. Dafür scheint ihr das Thema zu heikel zu sein. In der Teamsitzung diskutiert sie mit den Mitarbeitenden die Vor- und Nachteile der neuen Regelung gegenüber der alten. Sämtliche Einwände werden sorgfältig geprüft, bevor es zur gemeinsamen Entscheidung kommt.

B] Gregory findet ein gutes Einvernehmen unter den Mitarbeitenden am wichtigsten. Auf keinen Fall will er wegen eines Arbeitszeitmodells Spannungen im Team riskieren.

C] Monika kann dem Hin und Her in solchen Diskussionen wenig abgewinnen. Sie ist überzeugt, dass das neue Arbeitszeitmodell die bessere Lösung ist. Daher beschliesst sie als Chefin eine entsprechende Neuregelung in ihrem Führungsbereich.

D] Richard will nicht über das neue Arbeitszeitmodell befinden. Lieber überlässt er es seinem Team, sich für oder gegen die Neuregelung der Arbeitszeiten zu entscheiden.

11 Was versteht man unter dem «Geben und Nehmen» in der transaktionalen Führung?

12 Welchem Führungsstil im Kontinuum-Modell würden Sie die folgenden Aussagen zuordnen?

A] «Es ist wichtig, die Mitarbeitenden in die Problemlösung miteinzubeziehen und sie nach Lösungsvorschlägen zu fragen. Gemeinsam diskutieren wir solche Vorschläge; ich höre mir sämtliche Meinungen an, die definitive Entscheidung muss aber bei mir bleiben.»

B] «Ich werde auch dafür bezahlt, dass ich klar entscheiden kann. Dazu gehört, dass ich meine Beschlüsse gegenüber den Mitarbeitenden überzeugend vertrete.»

C] «Ich verstehe mich als Koordinatorin meines Teams.»

Praxisaufgaben

1 **Mein Führungsstil**

Nehmen Sie eine Selbsteinschätzung Ihres Führungsstils vor und beantworten Sie dazu die folgenden Fragen:

- Welche typischen Merkmale weist Ihr Führungsstil auf?
- Welche Erkenntnisse ziehen Sie aus Ihrer Selbsteinschätzung?
- Was ist Ihnen beim Studium dieses Kapitels besonders aufgefallen und was möchten Sie bei der Umsetzung im Führungsalltag weiterverfolgen?

4 Führungsfunktionen

Lernziele Nach der Bearbeitung dieses Kapitels können Sie ...

- die wichtigsten Anforderungen an eine umsichtige Planung beschreiben.
- die Bedeutung der Entscheidungsfunktion erklären.
- klare Aufträge erteilen.
- die wichtigsten Anforderungen an die Kontrollfunktion beschreiben.

Schlüsselbegriffe Auftrag, Befehl, Entscheidungsprozess, Entscheidungsregeln, Ergebnisorientierung, Fremdkontrolle, Kontrollregeln, Managementkreislauf, PDCA-Zyklus, Planungsregeln, Selbstkontrolle, Verbesserungsprozess, Willensbildung, Willensdurchsetzung, Ziele

Was machen Vorgesetzte konkret, wenn sie aufgabenbezogen führen? – Am besten lässt sich dies an einem Beispiel aufzeigen.

Beispiel Patrizia leitet eine Filiale eines Textilfachgeschäfts, das zu einer internationalen Handelskette gehört. Ihr sind sechs Teamleitende und eine administrative Assistentin direkt unterstellt. Auf einen typischen Arbeitstag angesprochen, nennt Patrizia die folgenden Hauptaufgaben:

- Personalführung inklusive Mitarbeiterschulung und Betreuung der Lernenden
- Laufende Umsatz-, Kosten-, Personaleinsatz- und Lagerplanung
- Kontrolle der Umsatz-/Kostenentwicklung, des Personaleinsatzplans und der Warenbestellungen
- Kundenberatung, insbesondere Entscheidungen bei Reklamationen treffen
- Koordination der Warenpräsentation am PoS (Verkaufspunkt)
- Kontrolle von Sauberkeit und Ordnung in der Filiale
- Organisation der Geldtransporte
- ...

In diesem Kapitel beleuchten wir die vier typischen Führungsfunktionen Planen, Entscheiden, Umsetzen und Kontrollieren. Sie werden typischerweise als Kreislauf dargestellt, der auch als Managementkreislauf bekannt ist.

Abb. [4-1] Managementkreislauf

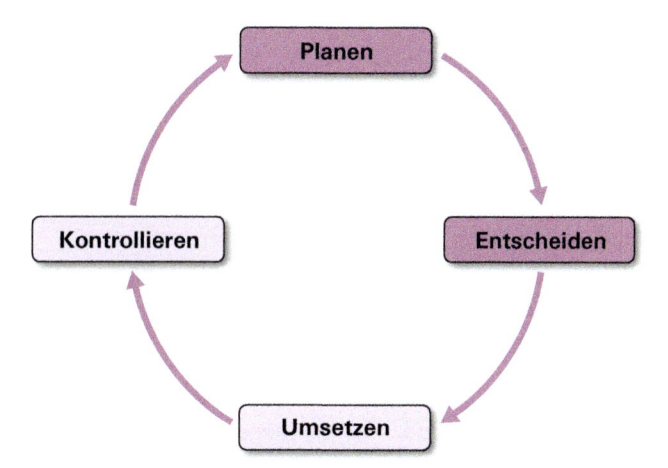

Das Planen und Entscheiden gehören zum Prozess der **Willensbildung,** das Umsetzen und Kontrollieren zum Prozess der **Willensdurchsetzung:**

- Mit dem **Planen** werden Ziele für die Zukunft gesetzt. Diese Ziele bilden die Grundlage für die Entwicklung von überzeugenden Lösungsmöglichkeiten.
- **Entscheidungen** sind nötig, um aus den Lösungsmöglichkeiten jene zu wählen, die für die Zielerreichung und unter den gegebenen Umständen am meisten Erfolg verspricht.

- Zum **Umsetzen** gehört, die Konsequenzen der Willensbildung in Form von Massnahmen bzw. Aufgaben einzuleiten und den Einsatz der notwendigen personellen, zeitlichen und weiteren Mittel zu koordinieren.
- Mit dem **Kontrollieren** der Ergebnisse schliesst der Managementkreislauf.

Nachfolgend werden diese vier Hauptaufgaben aus dem Managementkreislauf noch etwas genauer erörtert. Führen ist jedoch immer ein **iterativer Prozess**, d. h., einzelne Aufgaben können sich mehrmals wiederholen, beeinflussen sich gegenseitig und lassen sich oft nicht klar voneinander trennen.

4.1 Planen

Eine **sorgfältige Planung** bildet die Grundlage für alle weiteren Führungsaufgaben. Das ist gut investierte Zeit: Wenn Sie Ihre Vorhaben gründlich durchdenken, den am besten gangbaren **Weg zum Ziel** erkunden und im Voraus die dafür erforderlichen **Ressourcen** (Mittel) bestimmen, kommen Sie beim Umsetzen zügiger voran.

Abb. 4-2 veranschaulicht den Zeitgewinn dank einer sorgfältigen Planung.

Abb. [4-2]   **Zeitgewinn durch Planung**

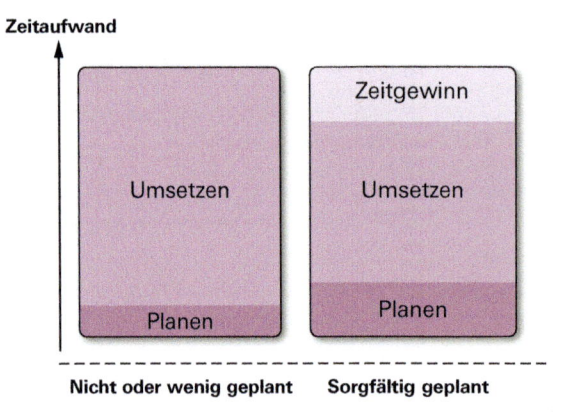

4.1.1 Planungsprozess gestalten

Im Planungsprozess setzen Sie sich mit dem **Sinn und Zweck** einer Aufgabe oder eines Projekts auseinander. Sie gehen der Frage nach: «Was ist zu tun?» Ihr zugrunde liegt die Frage nach dem Ziel: «Was soll erreicht werden?»

Die Planung kann sowohl top down (von oben nach unten) als auch bottom up (von unten nach oben) erfolgen:

- Die **Top-down-Planung** erfolgt von oben nach unten in der Hierarchie. Die oberste Führungsebene gibt Grobziele als Leitlinien vor, nach denen sich die tieferen Führungsebenen ausrichten.
- Die **Bottom-up-Planung** erfolgt von unten nach oben in der Hierarchie. Eine untere Führungsebene gibt ihre Detailziele als Planungswerte an die nächsthöhere weiter, die sie verdichtet (d. h. konsolidiert).

Beispiel
- Im Textilfachgeschäft erfolgt der Jahresbudgetprozess top down: Die Geschäftsleitung definiert Kosten- und Umsatzziele als Vorgaben für die Filialen. Patrizia erstellt aufgrund ihrer Vorgaben das Kosten- und Umsatz-Jahresbudget für ihre Verkaufsteams.
- Die Schulbehörde einer Gemeinde erstellt das Jahresbudget bottom up: Als Grundlage dienen das aktuelle Budget, die Kostenentwicklung im laufenden Jahr und die schon geplanten Vorhaben. Die Mitglieder der Schulleitung planen die Ausgaben für das kommende Jahr und melden sie der Schulbehörde, die das Budget konsolidiert.

Planung verschafft einen besseren Überblick über alle anfallenden Aufgaben, um daraus die richtigen Prioritäten ableiten und die benötigten Ressourcen (personelle Kapazitäten, zeitliche und finanzielle Mittel) realistisch einschätzen zu können. Darüber hinaus gelingt es mit einer sorgfältigen Planung besser, allfällige Risiken rechtzeitig zu erkennen.

4.1.2 Ziele setzen

Ziele beschreiben einen in der Zukunft liegenden, anzustrebenden Soll-Zustand. Für alle Beteiligten muss nachvollziehbar sein, was es zu erreichen gilt. Klare Ziele bilden daher den Ausgangspunkt für den Führungsprozess. Sie festzulegen, gehört zu den wichtigsten Führungsaufgaben.

Hinweis	Das Formulieren klarer, eindeutiger Ziele nach den SMART-Kriterien wird beim Führen durch Zielvereinbarung (MbO) in Kapitel 6.3.1, S. 68 näher vorgestellt.

4.1.3 Planungsregeln

Eine umsichtige Planung ist realistisch, erfolgt gemeinsam und risikobewusst.

Abb. [4-3]   Planungsregeln

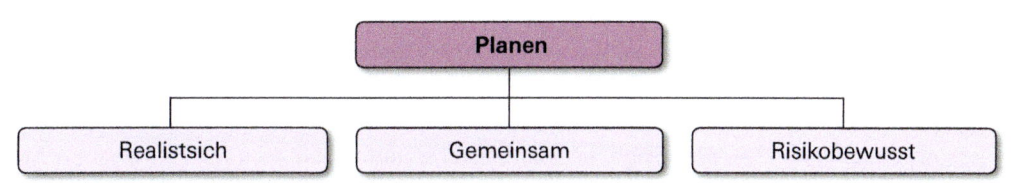

```
                    Planen
          ┌───────────┼───────────┐
      Realistsich  Gemeinsam  Risikobewusst
```

A] Realistisch planen

Die meisten Führungspersonen stehen regelmässig unter grossem Zeitdruck. Um ihre Aufgaben zu bewältigen und allen Ansprüchen gleichermassen gerecht zu werden, müssen sie die knappe Zeit optimal nutzen können. Dies erfordert eine möglichst realistische Zeitplanung und eine konsequente Priorisierung der anstehenden Aufgaben.

Ein Teil des ständigen Zeitdrucks ist selbst verschuldet: Viele Führungspersonen nehmen sich zu viel auf einmal vor. Weniger wäre oft mehr, weil sonst die Gefahr besteht, sich oder die Mitarbeitenden zu verzetteln, vieles anzureissen, aber nichts richtig zu Ende zu bringen.

Im Führungsalltag gibt es zahlreiche unvorhergesehene Ereignisse, die den Zeitplan durcheinanderbringen können, wie z. B. einer kurzen Besprechung mit einem Mitarbeiter, einer länger dauernden Teamsitzung usw. Deshalb sollten Sie von vornherein genügend Zeitreserven für solche unvorhergesehenen Aufgaben einplanen und sich an die Faustregel halten: Nur 60% der Arbeitszeit fix verplanen und 40% Zeitreserve für Unvorhergesehenes freihalten!

Zu einer realistischen Planung gehört auch ein vernünftiges Mass an Flexibilität, damit genügend Handlungsspielraum für die nötigen Änderungen bestehen bleibt. Die Mitarbeitenden fordern diese Anpassungsfähigkeit von einer Führungsperson und meinen damit das Gegenteil von Sturheit und «Prinzipienreiterei».

Beispiel	Patrizia weiss aus Erfahrung, dass sie den Personaleinsatz in der Filiale jeweils sehr kurzfristig planen muss. Typischerweise beeinflusst das Wetter das Einkaufverhalten ihrer Kunden: An einem regnerischen Nachmittag hat es viel mehr Kunden als an einem heissen Sommertag, wenn die meisten lieber ins Schwimmbad gehen.

B] Gemeinsam planen

Die Planung der Führungsperson wirkt sich mehr oder weniger direkt auch auf jene der Mitarbeitenden aus. Möglicherweise müssen diese ihre eigenen Ziele oder Prioritäten anpassen, zusätzliche oder andere Aufgaben übernehmen, eine angefangene Arbeit unterbrechen, um ein vordringliches Problem zu lösen usw. Daneben gibt es auch Veränderungen mit schwerwiegenderen Folgen: Restrukturierungen, Versetzungen, Arbeitsplatzwechsel usw.

Wer sich ausgeschlossen fühlt, ist oft schon «aus Prinzip» dagegen. Den Führungsgrundsatz **«Betroffene zu Beteiligten machen»** sollten Sie auch bei der Planung befolgen und die Mitarbeitenden einbeziehen. Nicht nur erhalten Sie dadurch mehr **Akzeptanz** für Ihre Vorhaben, sondern oft auch **praktikablere Lösungen,** weil die Mitarbeitenden näher am «Puls des Geschehens» sind. Wer weiss, was auf ihn zukommt und worauf er sich einstellen muss, übernimmt mehr Initiative und Verantwortung.

Trotz eines konsequenten Einbezugs der Mitarbeitenden bleiben Sie als Führungsperson jedoch weiterhin für den Planungsprozess und die Ergebnisse verantwortlich.

C] Risikobewusst planen

Planen darf nie Selbstzweck sein. Zielorientiertes Planen legt den Grundstein für die anstehenden **Entscheidungen.** Dazu gehört, deren **Auswirkungen** abzuschätzen, d. h. die möglichen Chancen und Risiken. Dies erfordert ein «gesundes» Risikobewusstsein, das sich in folgendem Verhalten zeigt:

- **Potenzielle** Risiken frühzeitig erkennen und beurteilen (Ursachen, Wahrscheinlichkeit ihres Eintretens, Tragweite eines möglichen Schadens).
- **Unproblematische** Risiken akzeptieren, d. h., mit ihnen leben.
- **Unnötige** Risiken möglichst vermeiden.
- **Unvermeidbare** Risiken so absichern, dass sie tragbar werden.

Unsere **individuelle Risikobereitschaft** wird schon früh in der Kindheit durch eigene Erfahrungen und durch das Risikoverhalten unserer Bezugspersonen massgeblich geprägt. Dementsprechend beurteilen wir auch später als Erwachsene eine Risikolage sehr unterschiedlich. Dies zeigt sich besonders deutlich bei **Veränderungen.** Was die einen stark verunsichert oder heftigen Widerstand in ihnen auslöst, nehmen andere viel gelassener auf und finden Dritte sogar eine willkommene Herausforderung, Gewohnheiten aufzugeben und Neues zu wagen.

4.2 Entscheiden

Entscheidungen schliessen den Willensbildungsprozess ab. Aus den verschiedenen **Handlungsmöglichkeiten** gilt es diejenige auszuwählen, die bezogen auf die Ziele das **beste Ergebnis** verspricht. Entscheiden bedeutet somit immer auch, sich auf einen bestimmten Weg festzulegen und demzufolge **Prioritäten** zu setzen.

Eine Führungskraft entscheidet dann kompetent, wenn sie

- die **bestmöglichen Entscheidungen** trifft, die nicht nur für sie selbst, sondern auch für andere gelten,
- die **Verantwortung** für ihre Entscheidungen trägt, auch wenn sie gewisse Folgen noch nicht genau oder erst teilweise abschätzen kann, und
- **Verlässlichkeit** zeigt, d. h., auch dann zu ihren Entscheidungen steht, wenn sie auf Widerstand stösst.

4.2.1 Entscheidungsprozess

In der Führung geht es nicht nur um die Frage, was aus welchem Grund entschieden wird, sondern auch darum, wie der Entscheidungsprozess abläuft. Dazu stellen sich etwa die folgenden Fragen: Wie gründlich werden Entscheidungen vorbereitet? Wie läuft eine Beschlussfassung ab? Werden Mitarbeitende systematisch einbezogen? Was geschieht bei Uneinigkeit oder bei Unentschiedenheit? Wie werden Entscheidungen kommuniziert?

In vielen Fällen müssen zuerst die Entscheidungsgrundlagen erarbeitet werden, wobei sich aber selten alles hieb- und stichfest abklären lässt. Zum Entscheidungsprozess gehört folglich immer auch ein gewisses Mass an Unsicherheit und Risikobereitschaft.

Die Checkliste in Abb. 4-4 enthält Leitfragen zur Vorbereitung, Durchführung und Kommunikation im Entscheidungsprozess.

Abb. [4-4] Checkliste für den Entscheidungsprozess

Entscheidungen	Leitfragen
Vorbereiten	• Was ist zu entscheiden? • Wie (in welcher Form) ist zu entscheiden? • Wer ist von der Entscheidung betroffen? • Welche Entscheidungsgrundlagen bestehen bereits? • Welche Entscheidungsgrundlagen müssen noch erarbeitet werden? • Wenn ich eine Entscheidungsgrundlage einbringe: Wie kann ich die betroffenen Personen überzeugen?
Treffen	• Wann ist die Entscheidung zu fällen? • Wie (nach welchen Entscheidungskriterien/-regeln) wird entschieden? • Wenn ich eine Entscheidungsgrundlage einbringe: Unter welchen Umständen bin ich bereit, meine Meinung zu ändern?
Kommunizieren	• Wer muss / soll von der Entscheidung erfahren? • Wie (in welcher Form) ist die Entscheidung zu kommunizieren? • Wann ist die Entscheidung wem zu kommunizieren?

4.2.2 Entscheidungsregeln

Nicht umsonst heisst es: «Wie eine Führungsperson die Entscheidungen trifft, so führt sie!» Hier zeigt sich nämlich die Bereitschaft, Verantwortung zu übernehmen, und das Vertrauen in die Mitarbeitenden, genauso kompetent entscheiden und Verantwortung übernehmen zu können.

Abb. [4-5] Entscheidungsregeln

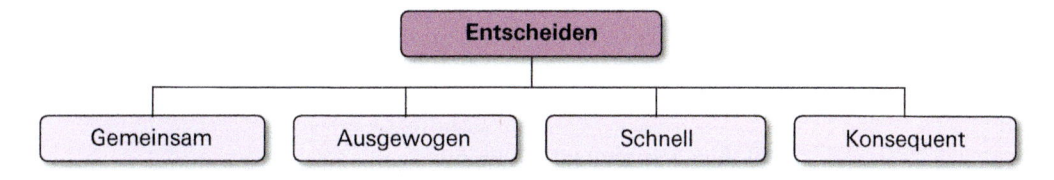

```
                        Entscheiden
           ┌───────────────┼───────────────┐
      Gemeinsam      Ausgewogen      Schnell      Konsequent
```

A] Gemeinsam entscheiden

Massgeblich für den Erfolg ist letztlich nicht die Entscheidung, sondern die Umsetzung dieser Entscheidung. Beziehen Sie daher jene Personen konsequent in die Entscheidungsfindung ein, die an der Umsetzung mitwirken. Damit fördern Sie das Verantwortungsbewusstsein und das Commitment (d. h. die Selbstverpflichtung) der Beteiligten.

Gemeinsam entscheidet man gewöhnlich besser als allein, da mehr Sachkenntnisse und Erfahrungen zusammenkommen. Die Mitarbeitenden finden oft umsichtigere und praktikablere Lösungen, weil sie näher am «Puls des Geschehens» sind.

Delegieren Sie Entscheidungskompetenzen konsequent an die Mitarbeitenden, wenn diese fähig und bereit sind, die Verantwortung für die Umsetzung zu übernehmen. Man nennt dies auch das **Subsidiaritätsprinzip**. Es fördert die **Motivation** und die konstruktive **Zusammenarbeit** im Team.

Allerdings ist der Einbezug der Betroffenen nicht immer möglich und sinnvoll und gibt es auch Entscheidungen, die **nicht delegierbar** sind:

- **Heikle, streng vertrauliche oder risikoreiche** Entscheidungen, wie z. B. geschäfts- oder personalpolitische Entscheidungen
- Entscheidungen in der direkten **Mitarbeiterführung,** wie z. B. Neubesetzungen, Entlassungen, Versetzungen, Beförderungen, Zielvereinbarungen, Mitarbeiterbeurteilungen usw.

Beispiel

Patrizia delegiert die wöchentliche Personaleinsatzplanung an die Teamleiterinnen. Sie behält sich jedoch vor, Limiten festzulegen.

Patrizia behält trotz der Delegation der Personaleinsatzplanung weiterhin die Führungsverantwortung für die Verkaufsmitarbeitenden. So kann sie die Zielvereinbarungsgespräche nicht an die Teamleiterinnen delegieren.

Ein Spezialfall sind besonders **dringliche** Entscheidungen oder solche, die **kompromisslos durchgesetzt** werden müssen, wie z. B. bei einem Berufsunfall oder im Mobbingfall. Hier muss die Führungsperson eigenmächtig vorgehen.

Es gibt noch weitere **begründete Ausnahmesituationen,** in denen Entscheidungen in Form von Befehlen oder einem sogenannten «Bombenwurf» gefordert sind. In Abb. 4-6 werden dazu Beispiele und deren Auswirkungen genannt.

Abb. [4-6] **Eigenmächtige Entscheidungen und ihre Auswirkungen**

	Erklärung und Beispiele	Auswirkungen bei den Betroffenen
Befehl	Die Führungsperson ordnet etwas an. Die Mitarbeitenden haben diese Anweisungen widerspruchslos zu befolgen, ansonsten drohen Sanktionen. Typische Anlässe für Befehle sind risikoreiche, hochpräzise Arbeitsabläufe, wie z. B. in der Chirurgie, Chemie, Polizei und Armee, oder Gefahrensituationen, wie z. B. bei Berufsunfall, Amoklauf, Mobbing usw.	• Hohe Akzeptanz in Krisensituationen • Demotivation und Verweigerung oder sogar Sabotage, wenn immer wieder «von oben» befohlen wird, obwohl kein Anlass dazu besteht
Bombenwurf	Einige wenige Personen sind in das Vorhaben eingeweiht und entscheiden. Danach wird meist ohne Vorankündigung die Umsetzung der Entscheidung angeordnet – die Bombe wird geworfen. Typische Anlässe für einen Bombenwurf sind Fusionen, Joint Ventures, Börsengang usw.	• Grosse Unruhe bei den Betroffenen. Wenn der Prozess nach dem «Bombenwurf» nachvollziehbar gestaltet wird, kehrt schnell wieder Ruhe ein. • Demotivation, Identifikationsverlust, Passivität oder Kündigung, wenn das Vorgehen unverständlich bleibt.

B] Ausgewogen entscheiden

Die **Intuition** ist in vielen Fällen ein guter Ratgeber. Manchmal reichen jedoch die innere Stimme, das Bauchgefühl und das Gespür für die Situation allein nicht aus. Dann lohnt es sich vielleicht, «einmal darüber zu schlafen» und die **Entscheidung zu vertagen,** um mehr Klarheit und Sicherheit zu gewinnen.

In schwierigen Situationen helfen auch Entscheidungstechniken weiter. Diese «zwingen» Sie, möglichst **transparente, objektive Kriterien** als Entscheidungsgrundlage zu definieren, und unterstützen Sie darin, Wichtiges von Nebensächlichem zu unterscheiden.

C] Schnell, aber nicht vorschnell entscheiden

Von einer Führungsperson wird ein hohes Mass an **Entscheidungsfreudigkeit** erwartet. Sie soll Prioritäten setzen und für klare Entscheidungsgrundlagen sorgen, um zügig und dennoch umsichtig entscheiden zu können. – Bei alltäglichen Entscheidungen fällt dies leicht. In schwierigen oder heiklen Situationen versagt aber oft die eigene Urteilskraft, weil man sich mit vielen widersprüchlichen Interessen konfrontiert sieht und keine klaren Pro- und Kontra-Argumente findet.

Ein Ausweg aus dieser beklemmenden Situation ist, die Entscheidung zu **verzögern,** um sich noch mehr Informationen zu beschaffen und dadurch auf **mehr Gewissheit** zu hoffen. Oder man weicht auf andere Aufgaben aus, um sich **abzulenken**. Meist führen solche Auswege aber in eine Sackgasse: Je länger man die Entscheidung nämlich vor sich herschiebt, desto stärker wird der **Druck,** der auf ihr lastet. Mit dem Resultat, dass man sich selbst entweder völlig **blockiert** oder zum Befreiungsschlag ansetzt und **kopflos entscheidet,** nur, um die leidige Sache endlich vom Tisch zu haben.

Als Führungsperson müssen Sie sich der **Wirkung Ihrer Unentschlossenheit** bewusst sein: Die Betroffenen wissen nicht, woran sie sind. Ungewissheit lähmt, darum warten die einen erst einmal ab. Die anderen ergreifen die Flucht nach vorn und handeln nach eigenem Gutdünken. In beiden Fällen zählt man nicht auf Sie, sodass sich berechtigterweise die Frage stellt, warum es hier eine Führungsperson braucht.

Allerdings sollten Sie auch aufpassen, dass Sie **nicht vorschnell** und **ohne seriöse Abklärungen** entscheiden. Wenn Sie sich zu überstürzten Entscheidungen hinreissen lassen, werden Sie diese später bereuen oder müssen «zurückkrebsen». Die Betroffenen stören sich an zu vielen **Kehrtwendungen** ebenso sehr wie an zu viel Ungewissheit.

Hinweis	Auf das persönliche Entscheidungsverhalten gehen wir im Lehrmittel «Selbstkenntnis – Leadership-Modul für Führungsfachleute» näher ein.

D] Konsequent entscheiden

Im Nachhinein erweisen sich manche Entscheidungen als falsch, obwohl sie nach bestem Wissen und Gewissen gefällt wurden. Es ist nicht leicht, sich selbst oder vor anderen solche Fehler zuzugeben. Darum sträuben sich viele, einmal getroffene Entscheidungen nachträglich zu revidieren. Ein solches **Versäumnis** «wider besseres Wissen» gilt zu Recht als ein Zeichen von Schwäche.

Als Führungsperson sind Sie auch ein Vorbild für die gelebte **Fehlerkultur.** Stehen Sie offen zu Ihrem Irrtum und korrigieren Sie eine solche Entscheidung umgehend.

Beispiel	Patrizia wählt für die Teamleiterstelle in ihrer Filiale einen jungen Mann aus, der ihr in den Vorstellungsgesprächen einen guten Eindruck hinterlassen hat. Bald nach dem Stellenantritt zeigt sich jedoch, dass er seiner Aufgabe nicht gewachsen ist und gegenüber den Mitarbeitenden autoritär auftritt. Das Arbeitsklima verschlechtert sich zusehends. Patrizia nimmt die Klagen ernst und führt mit dem neuen Teamleiter ein klärendes Gespräch. Als vor Ablauf der Probezeit immer noch keine echten Fortschritte erkennbar sind, gesteht sie sich ein, auf den falschen Mann gesetzt zu haben. Sie beschliesst, ihrerseits das Arbeitsverhältnis zu beenden, und informiert die Mitarbeitenden darüber.

4.3 Umsetzen

In Ihrem Führungsbereich bleiben Sie für die **Ergebnisse** verantwortlich, selbst wenn Sie die betreffenden Aufgaben an Ihre Mitarbeitenden delegiert haben. Trotz sorgfältiger Planung und umsichtiger Entscheidungen können bei der Umsetzung manche **Stolpersteine** auftauchen oder die getroffenen Massnahmen nicht die gewünschten Ergebnisse bringen.

In der Umsetzungsphase übernehmen Sie als Führungsperson eine wichtige **Koordinationsaufgabe**. Einerseits begünstigen Sie die Zielerreichung durch sachgerechte, klare **Aufträge**, andererseits bieten Sie **Unterstützung** bei der Auftragserfüllung an.

4.3.1 Ergebnisorientierung

Von Führungspersonen wird erwartet, dass sie ergebnisorientiert handeln. Damit verbunden sind persönliche Fähigkeiten wie

- **Initiative** ergreifen, um etwas zu bewirken.
- **Ziele** beharrlich und konsequent verfolgen.
- **Schwierigkeiten** auf dem Weg zur Zielerreichung meistern.
- **Lösungen** suchen, statt Erklärungen zu finden, warum etwas schwierig ist oder nicht geht.
- **Ergebnisse** erst dann als gut anerkennen, wenn die Lösungen tatsächlich wirken.

Bezogen auf die Zusammenarbeit geht es darum, die vereinbarten Ziele mit den zur Verfügung stehenden Mitteln – Personen, Zeit- und Kostenbudget – möglichst gut zu erfüllen.

Die Ergebnisorientierung richtet sich nach den folgenden beiden Fragen:

- **Was** genau wird als Ergebnis erwartet? Als Führungsperson sorgen Sie für klare Vereinbarungen, denn vage oder unrealistische Erwartungen machen ein Ziel unerreichbar.
- **Wie** können wir dieses Ergebnis optimal erfüllen? Als Führungsperson schaffen Sie Rahmenbedingungen für die Zielerreichung durch eine realistische Aufwandschätzung, die Verfügbarkeit der notwendigen Mittel und Ressourcen sowie das vorsorgliche Eingreifen bei drohenden Abweichungen.

4.3.2 Durchsetzungsvermögen

Als Durchsetzungsvermögen bezeichnet man allgemein die Fähigkeit, seine eigene Meinung und seine eigenen Ziele oder Interessen konsequent zu vertreten, plausibel zu argumentieren und auf diese Weise **sich zu behaupten**. Im Wort «Durchsetzung» kommt zum Ausdruck, dass es **Widerstand** geben kann. Das ist in der Führungssituation insbesondere dann der Fall, wenn etwas den Interessen der Mitarbeitenden zuwiderläuft, wie z. B. die Folgen von unbequemen, folgenschweren Entscheidungen oder von zeitraubenden, mühseligen Arbeitsaufträgen.

Echtes Durchsetzungsvermögen bedeutet allerdings nicht, dass Sie Ihre eigenen Interessen rücksichtslos «durchdrücken». Vielmehr müssen Sie die **Gesamtinteressen** im Blick behalten und die Erfolgsaussichten dementsprechend abwägen. Ihre Argumente müssen plausibel und fundiert sein, damit sie auch andere überzeugen.

Durchsetzungsvermögen erfordert darum auch **diplomatisches Geschick**: offen sein für andere Sichtweisen, Lösungen finden, die allseits von Nutzen sind, und nötigenfalls auch bereit sein, um der Lösung willen **Kompromisse** einzugehen.

4.3.3 Regeln der Auftragserteilung

Als Führungsperson erteilen Sie regelmässig Aufträge an Ihre Mitarbeitenden, sei dies die Ausführung von kleineren Routineaufgaben oder auch grössere Projektaufträge. Unabhängig vom Umfang des Auftrags, den Sie vergeben, sollten Sie dabei drei Regeln einhalten: Der Auftrag muss vollständig und klar, angemessen und begründet sein.

Abb. [4-7] Regeln für die Auftragserteilung

```
            Auftragserteilung
           /        |        \
Vollständig und klar   Angemessen   Begründet
```

A] Vollständig und klar

Vollständige, klare Aufträge enthalten **alle notwendigen Informationen** zum besseren Verständnis des Auftrags selbst, dessen Hintergründe und Zusammenhänge, **präzise Anweisungen** und / oder **eindeutige Anforderungen** an das Ergebnis, damit die beauftragte Person genau weiss, was von ihr erwartet wird.

Abb. [4-8] Sechs W-Fragen eines Auftrags

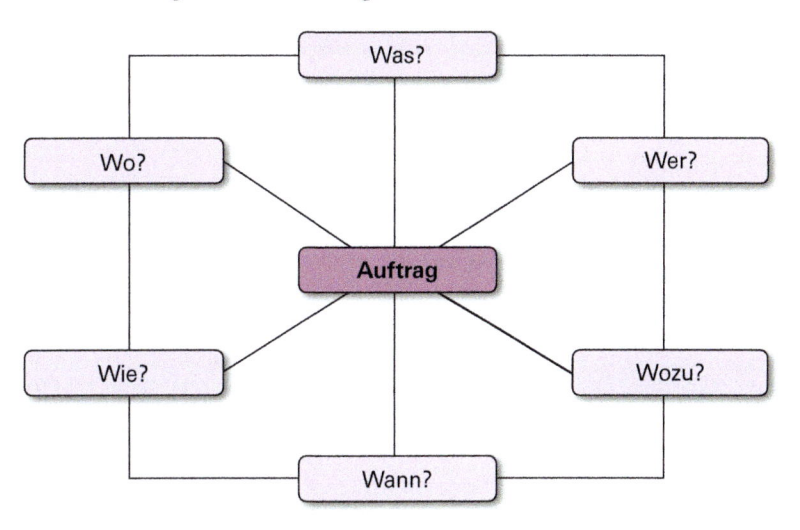

```
            Was?
    Wo?             Wer?
            Auftrag
    Wie?            Wozu?
            Wann?
```

Was?	• Worum geht es: um welchen Auftrag oder Teilauftrag? • Welche konkreten Aufgaben sind zu erledigen? • Welche Befugnisse sind mit dem Auftrag oder Teilauftrag verbunden?
Wer?	• Wer soll den Auftrag übernehmen? • Welche weiteren Personen müssen oder können beigezogen werden?
Wozu?	• Welchem Sinn und Zweck dient der Auftrag? • Welche Zielsetzungen müssen oder sollen erreicht werden?
Wann?	• Wann muss der Auftrag erledigt sein (Stichtag bzw. Deadline)? • Welche zusätzlichen Termine (Meilensteine) müssen eingehalten werden?
Wie?	• Welche Vorgaben oder Rahmenbedingungen sind einzuhalten? • Welche Methoden müssen oder sollen angewendet werden? • Welche Hilfsmittel müssen oder sollen verwendet werden? • Welche Informationen sind zusätzlich zu beschaffen?
Wo?	• Wo muss oder soll der Auftrag ausgeführt werden?

B] Angemessen

Angemessen ist ein Auftrag, wenn er sach- und personengerecht vergeben wir gemäss den folgenden Kriterien:

- **Fair:** Aufträge einmalig erteilen, niemals aus Sicherheitsgründen an zwei Mitarbeitende gleichzeitig und unabhängig voneinander.
- **Anforderungsgerecht:** Die beauftragte Person muss den Auftrag fachlich und zeitlich bewältigen können. Denken Sie dabei auch an die unterschiedliche Selbsteinschätzung: Manche können schlecht Nein sagen oder überschätzen sich in ihren Fähigkeiten und Kapazitäten, andere trauen sich eine Aufgabe nicht zu, obwohl sie dazu fähig sind.
- **Rechtzeitig:** Aufträge immer so frühzeitig wie möglich erteilen. Achten Sie darauf, dass es sich nicht nur um Aufträge handelt, die dringend und kurzfristig zu erledigen sind, sondern auch um solche, die mehr zeitlichen Gestaltungsspielraum zulassen.

C] Begründet

Ein Auftrag ist immer zu begründen. Die beauftragte Person muss den **Sinn und Zweck** eines Auftrags nachvollziehen können, damit sie ihn erwartungsgemäss erfüllen kann. Dazu gehört auch, allfällige **versteckte Absichten** und **taktische Überlegungen** offenzulegen.

Setzen Sie Aufträge als **Befehle** oder **dienstliche Anordnungen** ohne weitere Begründung nur in Ausnahmefällen durch.

Beispiel | Im Textilgeschäft gibt es ein Sicherheitskonzept für bestimmte Krisensituationen, etwa im Brandfall oder bei einem Raubüberfall. Dieses gibt detailliert vor, welche Entscheidungen diskussionslos durchzusetzen sind. Auch werden alle Mitarbeitenden regelmässig über diese Sicherheitsvorkehrungen instruiert, damit sie im Ernstfall genau wissen, was von ihnen erwartet wird.

4.3.4 Auftragsanpassungen kommunizieren

Es ist wichtig, einen klaren Auftrag zu erteilen, und ebenso wichtig ist, ihn anzupassen und offen zu kommunizieren, wenn sich inzwischen **Änderungen** am Auftragsinhalt oder an den Auftragsbedingungen ergeben haben. Mögliche Gründe für eine **Auftragsanpassung** sind:

- Das **Ziel** des Auftrags hat sich verändert, weil z. B. neue Erkenntnisse hinzugekommen sind.
- Der **Inhalt** des Auftrags hat sich verändert, z. B. durch unvorhergesehene Ereignisse oder eine Änderung in der Prioritätensetzung.
- Die **Auftragserfüllung** erweist sich im Nachhinein als schwieriger oder als zeitaufwendiger als geplant.

4.4 Kontrollieren

Die Kontrolle ist die letzte Funktion im Managementkreislauf, gleichzeitig liefert sie wichtige Grundlagen für die erste Funktion, die weitere Planung. Im Führungsprozess ist dabei zwischen der **Fremdkontrolle** durch Sie als Führungsperson und der **Selbstkontrolle** durch die Mitarbeitenden zu unterscheiden. Dabei gilt: Nur so viel Fremdkontrolle wie nötig, aber so viel Selbstkontrolle wie möglich!

Wie gut sich die tatsächlichen Ergebnisse kontrollieren lassen, hängt nicht zuletzt davon ab, wie **konkret** und **überprüfbar** die **Ziele** formuliert wurden.

Beispiel | Die Erreichung des Ziels «Reduktion der Personalkosten im laufenden Geschäftsjahr um mindestens 3%» lässt sich besser überprüfen als jene des Ziels «kompetentere Kundenbetreuung».

4.4.1 Kontrollregeln

Halten Sie sich beim Kontrollieren an drei Regeln: angemessen, adäquat und ergebnisorientiert kontrollieren.

Abb. [4-9]   Kontrollregeln

```
                    Kontrollieren
           ┌────────────┼────────────┐
      Angemessen     Adäquat    Ergebnisorientiert
```

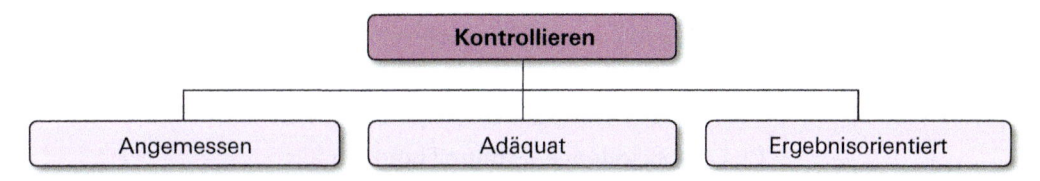

A] Angemessen kontrollieren

Bei der Frage nach einem angemessenen Kontrollverhalten wird gerne über die Redewendung «Vertrauen ist gut, Kontrolle ist besser» gestritten. Vertrauen und Kontrolle sollten sich eigentlich nicht widersprechen, denn das Bedürfnis, sich zu vergewissern, ob etwas wie geplant verläuft, ist nicht Ausdruck von Misstrauen, sondern von Interesse.

Eigenmächtige, allzu häufige Kontrollen der Vorgesetzten werden von den Mitarbeitenden aber zu Recht als demotivierende Schikanen empfunden. Vielmehr sollten sie situationsbezogen und angemessen sein gemäss dem Grundsatz: Nur kontrollieren

- was **relevant** ist, also keine Nebensächlichkeiten oder Details, die Ihnen zwar auffallen mögen, gesamthaft aber nicht ins Gewicht fallen.
- wie **vereinbart,** gemäss den Meilensteinen in der Zielerreichung oder den im Voraus geplanten Besprechungen zum Arbeitsfortschritt.
- nach **objektiven,** wenn möglich auch **eindeutig messbaren Kriterien,** die bereits in den Zielen oder im Auftrag festgelegt wurden, also nicht «aus dem Bauch heraus» oder nach dem Zufallsprinzip.
- Ihnen **direkt unterstellte** Mitarbeitende, nicht über Führungsstufen hinweg.

B] Adäquat kontrollieren

Eine adäquate Kontrolle ist **zweckmässig, sinnvoll** und **nachvollziehbar.** Anders formuliert: Nicht Äpfel mit Birnen vergleichen! Machen Sie sich deshalb schon bei der Auftragserteilung bewusst, was Sie später überprüfen sollten:

- Bei einer **Soll-Ist-Kontrolle** werden die tatsächlichen Ergebnisse (Ist) an den Zielsetzungen (Soll) gemessen.
- Bei einer **Ist-Kontrolle** wird das tatsächliche Ergebnis (Ist) einer Tätigkeit geprüft.

Das Vorgehen bei einer Soll-Ist-Kontrolle besteht aus vier Schritten:

1. **Ist-Situation** erheben: Ermittlung des aktuellen Zustands, Resultats, Fertigstellungsgrads usw.
2. **Soll-Ist-Vergleich** durchführen: Gegenüberstellung von Plan- und Ist-Werten, um die bisherige Entwicklung einschätzen und Rückschlüsse auf die mögliche weitere Entwicklung (Prognosen) ziehen zu können.
3. **Abweichungsursachen** ermitteln: Soll-Ist-Abweichungen festzustellen, reicht nicht aus. Aus deren Gründen lässt sich eine angemessene Reaktion ableiten.
4. **Korrekturmassnahmen** einleiten: Korrigierend eingreifen beim Ist (in Form von Verbesserungsmassnahmen) oder beim Soll (in Form von Planungsänderungen).

Beispiel

Die Analyse des Wochenumsatzes der Abteilung ist ernüchternd: Der erzielte Verkaufsumsatz **(Ist)** liegt rund 10% hinter dem Budget **(Soll)** zurück.

Patrizia befürchtet, diese Abweichung **(Soll-Ist-Vergleich)** bis zum Monatsende nicht mehr wettmachen zu können. Sie geht zunächst möglichen Gründen für den schleppenden Verkaufsgang nach **(Abweichungsursachen)**. Die ermittelten Kundenfrequenzen sind deutlich tiefer als in der Vergleichswoche des Vorjahrs ausgefallen, was unter anderem am aussergewöhnlich heissen Frühsommerwetter liegen könnte. Schon länger ist jedoch auch eine unerfreuliche Entwicklung zu beobachten: Offenbar weckt die diesjährige Sommerkollektion (noch) nicht die gewünschte Kauflust.

Patrizia überlegt sich Sofortaktionen, um den Verkauf besser anzukurbeln **(Korrekturmassnahmen)**.

C] Ergebnisorientiert kontrollieren

Die Ergebnisorientierung bewertet eine Leistung nach folgenden drei Effizienzkriterien:

- **Quantitativ:** Wie viel ist geleistet worden?
- **Qualitativ:** Wie gut ist die geforderte Leistung erfüllt worden?
- **Zeitlich:** Wie schnell ist die Leistung erfüllt worden?

Grundsätzlich betrifft die Kontrolle im Führungsprozess die erzielten Ergebnisse (das «Was»), **nicht** das **Vorgehen** oder das persönliche **Verhalten** (das «Wie»). Dieses wird nur dann überprüft, wenn es relevant für den Erfolg / Misserfolg in der Aufgabenerfüllung ist.

Beispiel

Im Verkauf ist das persönliche Auftreten (Kleidung, sprachlicher Ausdruck, Höflichkeit, Diskretion usw.) ein wichtiger Erfolgsfaktor. Es wird deshalb bei Verkaufsmitarbeitenden auch kontrolliert.

4.4.2 Kontinuierlicher Verbesserungsprozess

Aus der Qualitätssicherung stammt der **PDCA-Zyklus,** der sich als Vorgehensmodell für kontinuierliche Verbesserungsvorhaben bewährt hat und aus den vier Schritten Plan (Planen), Do (Tun), Check (Prüfen) und Act (Umsetzen) besteht. Auslöser für ein solches Verbesserungsvorhaben sind gewöhnlich Soll-Ist-Zielabweichungen.

Der PDCA-Zyklus wird auch Deming-Zyklus genannt nach William Edwards Deming (1900–1993), einem amerikanischen Physiker und Statistiker, der vor allem in Japan gewirkt und den heutigen Stellenwert des Qualitätsmanagements massgeblich beeinflusst hat.

Abb. [4-10] PDCA-Zyklus für den kontinuierlichen Verbesserungsprozess

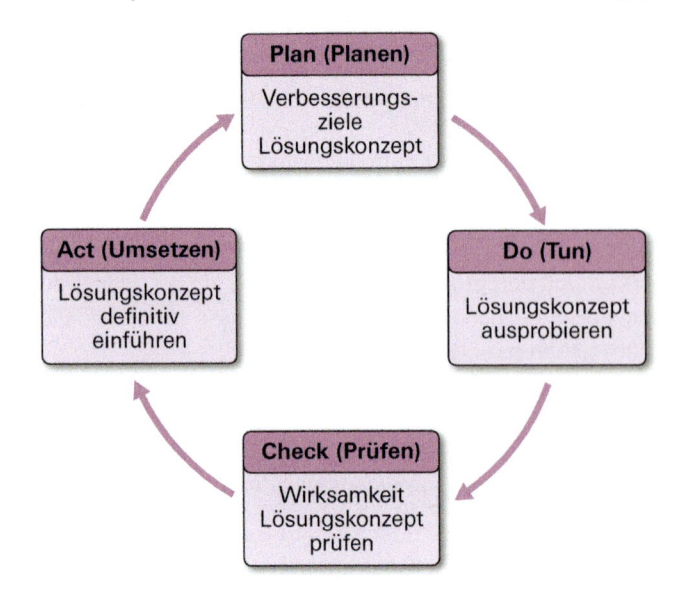

Plan (Planen)
Verbesserungsziele
Lösungskonzept

Do (Tun)
Lösungskonzept ausprobieren

Check (Prüfen)
Wirksamkeit Lösungskonzept prüfen

Act (Umsetzen)
Lösungskonzept definitiv einführen

Eine Problemlösung vollzieht sich gemäss diesem Modell in vier wiederkehrenden Phasen:

1. **Plan (Planen):** Aufgrund der aktuellen Situation die Verbesserungsziele definieren und zusammen mit den Mitarbeitenden ein Lösungskonzept mit Verbesserungsmassnahmen entwickeln.
2. **Do (Tun):** Ausgewählte Verbesserungsmassnahmen aus dem Lösungskonzept möglichst rasch und einfach ausprobieren.
3. **Check (Prüfen):** Die Wirksamkeit der Verbesserungsmassnahmen hinsichtlich der Verbesserungsziele prüfen. Gegebenenfalls das Lösungskonzept anpassen.
4. **Act (Umsetzen):** Das Lösungskonzept definitiv umsetzen und regelmässig überprüfen.

Beispiel

Immer wieder gibt es Probleme mit dem Warenrückschub von der Filiale in das Zentrallager der Textilhandelskette. Insbesondere den neuen Verkaufsmitarbeitenden unterlaufen immer wieder Fehler bei der Abwicklung der Rückschübe.

Deshalb beschliesst Patrizia, Checklisten für solche problembehafteten Abläufe einzuführen. Zusammen mit vier erfahrenen Verkaufsmitarbeitenden entwirft sie eine Checkliste für den Rückschub. Während eines Monats probieren drei noch unerfahrene Verkaufsmitarbeitende die Checkliste aus. Anschliessend werden ihre Erfahrungen mit dem Einsatz der Checkliste gemeinsam ausgewertet und besprochen. Nach ein paar Anpassungen aufgrund des Probelaufs führt Patrizia in der ganzen Filiale die definitive Fassung der Checkliste ein.

Zusammenfassung

Der Managementkreislauf setzt sich aus zwei Teilprozessen mit vier Führungsfunktionen zusammen:

Teilprozess	Funktion	Aktivitäten

Willens-bildung	Planen	• Vorhaben konsequent durchdenken.
		• Zielsetzungen definieren.
		• Planungsregeln befolgen:
		  – Realistisch
		  – Miteinbezug Mitarbeitende
		  – Risikobewusst

	Entscheiden	• Entscheidungen vorbereiten – treffen – kommunizieren.
		• Entscheidungsregeln befolgen:
		  – Ausgewogen
		  – Gemeinsam
		  – Schnell, aber nicht vorschnell
		  – Falsche Entscheidungen korrigieren
		  – Konsequent

Willens-durchsetzung	Umsetzen	• Ergebnisorientierung: Effizienz
		• Durchsetzungsvermögen
		• Regeln der Auftragserteilung:
		  – Vollständig und klar
		  – Angemessen
		  – Begründet

	Kontrollieren	• Kontrollregeln befolgen:
		  – Angemessen
		  – Adäquat
		  – Ergebnisorientiert
		• Kontinuierlichen Verbesserungsprozess anwenden:
		Plan (Planen) – Do (Tun) – Check (Prüfen) – Act (Umsetzen)

Repetitionsfragen

13 Hanspeter ist für seine strengen, präzisen Kontrollen bekannt. Für ihn gilt als Grundsatz: «Nur das Beste ist gut genug!» Weder entgeht ihm, wer am Morgen wann bei der Arbeit eintrifft, noch übersieht er die kleinsten Fehler bei der Ausführung von Arbeiten. Sofort greift er ein und äussert seine Kritik klar und unmissverständlich.

Wie beurteilen Sie Hanspeters Kontrollverhalten? Begründen Sie Ihre Beurteilung.

14 Erklären Sie das Subsidiaritätsprinzip bei Entscheidungen. Machen Sie dazu ein konkretes Beispiel aus Ihrem Führungsbereich.

15 Nennen Sie drei Argumente für eine sorgfältige Planung im Führungsprozess.

16 Vorgesetzte zum Mitarbeiter: «Marco, heute Morgen ist noch ein Auftrag hereingeschneit. Schau ihn dir doch bitte einmal an!»

Wie beurteilen Sie diese Auftragserteilung?

Praxisaufgaben

1 **Führungsfunktion umsetzen**

Sie haben sich in diesem Kapitel mit den vier Führungsfunktionen Planen, Entscheiden, Umsetzen und Kontrollieren befasst. In dieser Praxisaufgabe reflektieren Sie, wie Sie die Führungsfunktionen in Ihrem Berufsalltag einsetzen:

- Notieren Sie in Ihrem Lerntagebuch drei unterschiedliche Führungssituationen, bei denen Sie eine oder mehrere Führungsfunktionen aktiv wahrgenommen haben.
- Beschreiben Sie so detailliert wie nötig, wie Sie konkret vorgegangen sind.
- Halten Sie ebenfalls fest, was Ihnen bei Ihrem Vorgehen besonders gut und was Ihnen weniger gut gelungen ist.
- Vielleicht sehen Sie Verbesserungspotenzial beim Vorgehen in einer künftigen und vergleichbaren Situation? Wenn ja, notieren Sie mögliche Verbesserungsansätze.

Teil B
Mitarbeiterführung

Einstieg

«Was macht eine erfolgreiche Führungsperson aus?» Auf diese Frage gibt es wohl keine schlüssige Antwort. Unbestritten ist, dass der Führungserfolg nicht alleine von der Führungsperson selbst abhängt, sondern vom kooperativen Zusammenwirken der Führungsperson und der Mitarbeitenden. Zusätzlich begünstigt – oder auch behindert – wird die kooperative Teamkultur von den Rahmenbedingungen im betreffenden Unternehmen.

Die Teilnehmenden eines Führungsseminars befassen sich mit den typischen Führungsaufgaben. In einer Gruppenarbeit tragen Stella, Patrizia, Jean und Miroslav zunächst eine ganze Reihe solcher Aufgaben zusammen. Aus dieser Liste wählen sie jene aus, die ihnen besonders wichtig sind. Allmählich kristallisieren sich vier zentrale Führungsaufgaben heraus: Ziele vereinbaren, Delegieren, Beurteilen und Coachen. Stella, Patrizia, Jean und Miroslav setzen diese in einen Kreis und verbinden sie mit dem Motivieren als zentralem Bindeglied.

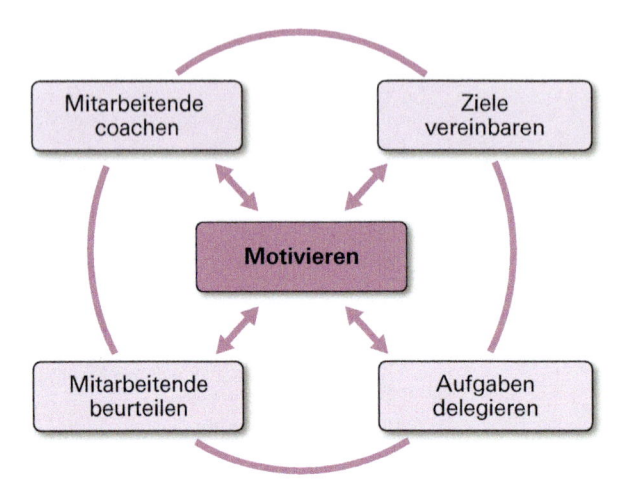

In diesem Teil des Lehrmittels gehen wir auf diese fünf Führungsaufgaben näher ein:

- Im **Kapitel 5** auf die Motivation: auf Erkenntnisse zur Leistungsmotivation und Motivationsinstrumente, die Sie in der direkten Führung nutzen können
- Im **Kapitel 6** auf die Bedeutung der Ziele und auf die Führungstechnik Management by Objectives (MbO)
- Im **Kapitel 7** auf die Kriterien einer erfolgreichen Delegation von Aufgaben
- Im **Kapitel 8** auf die Mitarbeiterbeurteilung sowie die Anerkennung und Kritik
- Im **Kapitel 9** auf das Coaching im Führungsprozess

Inhaltlicher Hinweis

In dieser Reihe erscheinen weitere Lehrmittel zu den Leadership-Modulen der Schweizerischen Vereinigung für Führungsausbildung (SVF). Sie behandeln weitere Führungsaufgaben und die entsprechenden Anforderungen an die Führungspersonen ausführlich. Deren Titel lauten: Selbstkenntnis, Selbstmanagement, Konfliktmanagement, Kommunikation und Präsentation sowie schriftliche Kommunikation.

In diesem Lehrmittel beschränken wir uns deshalb auf jene Führungsaufgaben, die nicht in diesen anderen Modulen vertieft werden.

5 Motivieren

Lernziele	Nach der Bearbeitung dieses Kapitels können Sie ... • die Motivationsmodelle von Maslow und Herzberg erklären. • typische Anzeichen der Motivation und Demotivation nennen. • mögliche Massnahmen zur Förderung der Motivation beschreiben.
Schlüsselbegriffe	Anerkennung, Aufgabe, Bedürfnispyramide, Delegation, Demotivation, Entwicklungsmöglichkeiten, extrinsische Motivation, Herzberg, Hygienefaktor, intrinsische Motivation, Leistungsmotivation, Maslow, Motivationsinstrumente, Motivatoren, Verantwortung, Ziele, Zwei-Faktoren-Theorie

«Wie oft verglimmen die gewaltigsten Kräfte, weil kein Wind sie anbläst!»
(Jeremias Gotthelf, Schweizer Schriftsteller und Pfarrer, 1797–1854)

Wenn es Ihnen gelingt, in Ihrem Team das Feuer für eine gemeinsame Sache zu entfachen und die Kräfte so einzusetzen, dass daraus besondere Leistungen entstehen, erfüllen Sie eine Schlüsselkompetenz von Führungspersonen: Sie können motivieren.

«Motivation» ist vom lateinischen Verb «movere» abgeleitet, das «bewegen» bedeutet. Allgemein versteht man darunter die Antriebskräfte für ein bestimmtes Verhalten:

- **Warum** ist jemand motiviert? Welche Bedürfnisse (Motive) bewegen (motivieren) eine Person, so zu handeln?
- **Wie** lässt sich jemand motivieren? Mit welchen Motivationsinstrumenten lässt sich die Motivation gezielt beeinflussen?

Auf beide Fragenstellungen gehen wir in diesem Kapitel näher ein.

5.1 Motivationsmodell nach Maslow

Motive steuern den inneren Antrieb eines Menschen, so (und nicht anders) zu handeln. Der Psychologe Abraham H. Maslow (1908–1970) entwickelte mit der Bedürfnispyramide eines der bekanntesten Modelle der Motivationspsychologie. Demnach bauen die Bedürfnisse aufeinander auf: Die Befriedigung einer höheren Bedürfnisstufe wird erst dann angestrebt, wenn die Bedürfnisse auf der darunterliegenden Stufe ausreichend befriedigt sind.

Abb. [5-1] Bedürfnispyramide nach Maslow

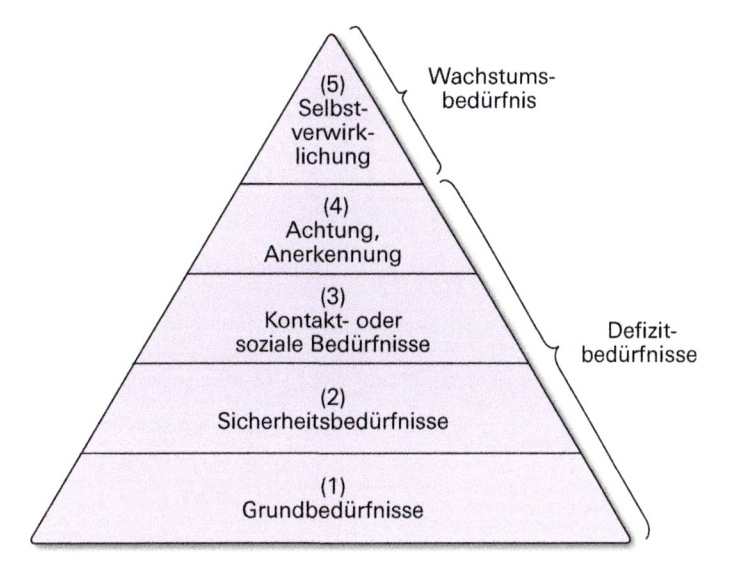

Pyramide mit Stufen:
- (5) Selbstverwirklichung — Wachstumsbedürfnis
- (4) Achtung, Anerkennung
- (3) Kontakt- oder soziale Bedürfnisse
- (2) Sicherheitsbedürfnisse
- (1) Grundbedürfnisse

Stufen (2)–(4): Defizitbedürfnisse

Die Bedürfnispyramide besteht aus den folgenden fünf Stufen:

1. **Physiologische oder Grundbedürfnisse,** wie z. B. jene nach Nahrung, Witterungsschutz, Schlaf usw.
2. **Sicherheitsbedürfnisse,** wie z. B. nach Schutz vor Gefahren und wirtschaftlicher Sicherheit, wie z. B. Gesetzen, Arbeitsplatzsicherheit, stabilem Einkommen, gesicherter Altersvorsorge usw.
3. **Kontakt- oder soziale Bedürfnisse,** wie z. B. nach Zuneigung, Geborgenheit, Akzeptiertwerden, sozialer Nähe, Gruppenzugehörigkeit usw.
4. **Bedürfnisse nach Achtung und Anerkennung,** d. h. nach Selbstachtung (in Form von eigenem Entscheidungsspielraum, Unabhängigkeit usw.) und nach Achtung durch andere (in Form von Prestige, Status, einflussreicher Stellung, Respekt usw.)
5. **Bedürfnis nach Selbstverwirklichung,** wie z. B. danach, sich persönlich entwickeln und entfalten zu können, sein Wissen zu erweitern, bereichernde Aufgaben zu übernehmen und ein sinnvolles Leben zu führen

Zudem unterscheidet Maslow zwischen den **Defizitbedürfnissen** auf den Stufen 1–4 in der Bedürfnispyramide und dem **Wachstumsbedürfnis** auf der Stufe 5. Demnach wirkt die Befriedigung eines Defizitbedürfnisses nicht motivierend. Hingegen ist jemand, der seine Selbstverwirklichungsbedürfnisse befriedigen kann, motiviert, weiterzuwachsen.

5.2 Zwei-Faktoren-Theorie nach Herzberg

Der Psychologe und Arbeitswissenschafter Frederick Herzberg (1923–2000) wollte herausfinden, welche Faktoren zu **Arbeitszufriedenheit** führen. Er befragte Ingenieure und Buchhalter in verschiedenen Unternehmen nach konkreten Ereignissen oder Arbeitssituationen, in denen sie sich entweder sehr zufrieden oder sehr unzufrieden fühlten. Die Befragungen ergaben, dass Zufriedenheit und Unzufriedenheit von verschiedenen Einflussfaktoren abhängen.

Herzberg entwickelte daraus die Zwei-Faktoren-Theorie mit den Motivatoren (Satisfiers) und Hygienefaktoren (Dissatisfiers):

- **Motivatoren** erhöhen die **Arbeitszufriedenheit** und haben eine schnell umsetzbare und tief greifende Wirkung auf die Motivation. Motivatoren betreffen die **Arbeit selbst,** nämlich die erkennbare eigene Leistung, die Anerkennung für das Erreichte, interessante, verantwortungsvolle Arbeitsinhalte, die Möglichkeit, selbstständig zu arbeiten, Aufstiegs- und Entwicklungsmöglichkeiten.
- **Hygienefaktoren** schwächen die **Unzufriedenheit** ab. Sie vermögen die Demotivation zu verhindern, jedoch nicht die Motivation nachhaltig zu steigern. Hygienefaktoren betreffen das **Arbeitsumfeld,** nämlich die Unternehmenspolitik und die Unternehmensleitung, die Beziehung zu Kollegen und Vorgesetzten, den Status und die äusseren Arbeitsbedingungen, wie z. B. die Entlöhnung, die Arbeitszeitregelungen, die Arbeitsplatzsicherheit usw.

Beispiel
- Sarah arbeitet als Chemikerin in einem internationalen Forschungsprojekt. Sie sieht darin eine einmalige Chance, ihre Fähigkeiten einzusetzen und zu erweitern. Sie ist gerne bereit, viele Überstunden zu leisten und weniger zu verdienen als in einer «gewöhnlichen» Leitungsstelle.
- Gabriel fühlt sich an der jetzigen Stelle unterfordert. Als er mit seiner Vorgesetzten darüber spricht, bietet sie ihm eine überdurchschnittliche Lohnerhöhung an. Zwar freut er sich darüber, stellt aber bald fest, dass er sich trotzdem nicht zu mehr Leistung motivieren kann.

Abb. 5-2 fasst die wichtigsten Elemente der Zwei-Faktoren-Theorie nach Herzberg zusammen.

Abb. [5-2]   Zwei-Faktoren-Theorie nach Herzberg

	Hygienefaktoren	Motivatoren
Erklärung	Hygienefaktoren verringern die **Unzufriedenheit,** bewirken jedoch nicht mehr Leistungsbereitschaft.	Motivatoren wirken sich positiv auf die **Zufriedenheit** und die Leistungsbereitschaft aus.
Beispiele	<ul><li>Unternehmenspolitik und -leitung</li><li>Beziehung zu Kollegen und Vorgesetzten</li><li>Status</li><li>Bezahlung (Entlohnung)</li><li>Arbeitszeit</li><li>Arbeitsplatzsicherheit</li></ul>	<ul><li>Interessante, sinnvolle Aufgaben</li><li>Sichtbarer Erfolg der eigenen Arbeit</li><li>Anerkennung für Leistung</li><li>Selbstständigkeit, Handlungsspielraum</li><li>Entwicklungs- und Karrieremöglichkeiten</li></ul>
Andere Begriffe	Da es sich um Bedingungen des Arbeitsumfelds handelt, werden die Hygienefaktoren auch **Kontext-Variablen** (= Umfeld-Variablen) oder **extrinsische Faktoren** genannt.	Da sich die Motivatoren unmittelbar auf den Inhalt der Arbeit beziehen, werden sie auch **Kontent-Variablen** (= Inhalts-Variablen) oder **intrinsische Faktoren** genannt.

Hinweis   Intrinsisch und extrinsisch leiten sich aus den englischen Begriffen «intrinsic» und «extrinsic» ab, die «innerlich, wahr, eigentlich» und «äusserlich, nicht wirklich dazugehörend» bedeuten.

5.3 Leistungsmotivation

Als «hoch motiviert» gilt eine Person, die alle Kräfte mobilisiert, um ein bestimmtes Ziel zu erreichen, sich durch nichts davon abbringen lässt und nicht aufgibt, bis sie es erreicht hat. Der Erfolg erfüllt sie mit Freude und Stolz.

Aus dieser Beschreibung lassen sich vier **Merkmale** der Motivation ableiten:

- Ein **Ziel** vor Augen haben.
- Sich **anstrengen** und alle Kräfte mobilisieren wollen.
- Ohne Ablenkung **bei der Sache bleiben** können.
- Dank der eigenen Tüchtigkeit ein **Erfolgserlebnis** bzw. eine Belohnung erzielen.

Kaum jemand ist jedoch «per se» und immer zu besonderen Leistungen motiviert. Denn dafür müssen bestimmte **Bedingungen** erfüllt sein: Es braucht zunächst die eigene Bereitschaft, etwas Besonderes zu leisten. Diese allein reicht jedoch nicht aus, denn jede Art von Leistung erfordert auch die entsprechenden Fähigkeiten. Zum eigenen Willen und Können kommen die äusseren Umstände als Möglichkeit zur Leistungserbringung hinzu. Auf eine einfache Formel gebracht, bedeutet Motivation: **Bereitschaft × Fähigkeit × Möglichkeit**.

Abb. 5-3 stellt diese drei Bedingungen der Leistungsmotivation dar.

Abb. [5-3]   Leistungsmotivation

Verantwortung des Mitarbeitenden — Leistungsbereitschaft (Wollen) — Leistungsfähigkeit (Können) — Leistungsmöglichkeit (Dürfen) — **Verantwortung der Führungsperson**

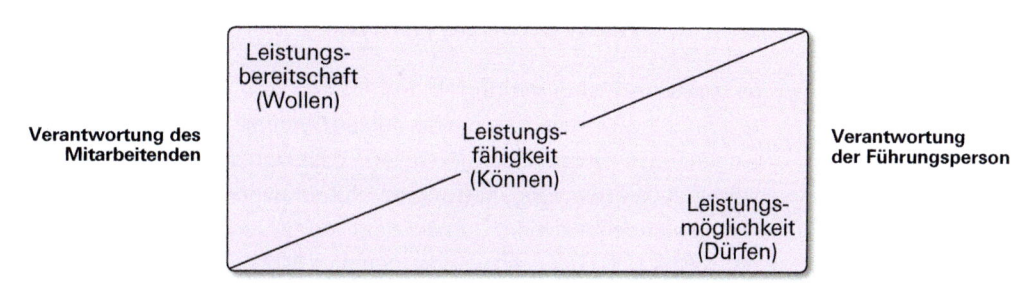

5.3.1 Leistungsbereitschaft (Wollen)

Der Antrieb, etwas Bestimmtes zu erreichen, kann selbst- oder fremdgesteuert sein:

- **Intrinsische Motivation** ist selbstgesteuert: Ich handle aus eigener Antriebskraft selbstbestimmt und autonom.
- **Extrinsische Motivation** ist fremdgesteuert: Ich handle auf Antrieb oder Druck von aussen, wie z. B. aufgrund von Zielvorgaben, Lohnanreizen, wegen der Aussicht auf eine Beförderung usw.

Voraussetzung für die intrinsische Leistungsmotivation ist die **Identifikation** mit

- dem **Ziel:** Ich muss mit dem Ziel einverstanden sein.
- der **Aufgabe:** Ich muss den Sinn meiner Aufgabe erkennen.
- der **Führungsperson** und dem **Team:** Ich muss mich akzeptiert und wertgeschätzt fühlen.
- dem **Unternehmen:** Ich muss die Ziele, Produkte und Werte des Unternehmens gegenüber mir selbst und gegenüber Dritten vertreten können.

5.3.2 Leistungsfähigkeit (Können)

Erfolg ist ein wesentlicher Antriebsfaktor für Leistungen. Eine realistische **Aussicht auf Erfolg** besteht erst dann, wenn zum eigenen Willen auch die eigenen Fähigkeiten hinzukommen. Allerdings stellt sich ein Erfolgsgefühl erst dann ein, wenn die Leistung mit einem gewissen Mass an **Herausforderung** verbunden war: Das Ziel muss so hoch gesteckt sein, dass ich meine Fähigkeiten beweisen und / oder mich anstrengen muss.

Sind die Ziele zu tief oder zu hoch gesteckt, fühlt man sich unter- oder überfordert:

- **Unterforderung:** Ich kann mehr leisten, als von mir erwartet wird. Die Ziele oder Aufgaben stellen keine Herausforderung mehr dar, auf Dauer sinkt darum auch meine Leistungsbereitschaft.
- **Überforderung:** Ich bin den Anforderungen einer Aufgabe nicht gewachsen. Wenn meine Erfolgschancen trotz Anstrengung gering bleiben, sinkt meine Leistungsbereitschaft rapide und wende ich mich anderen Aufgaben zu, bei denen ich reüssieren kann.

5.3.3 Leistungsmöglichkeit (Dürfen)

Die Leistungsbereitschaft und die Leistungsfähigkeit hängen von der Person selbst ab. Demgegenüber wird die Leistungsmöglichkeit als **Rahmenbedingung** weitgehend vom **Umfeld** bestimmt, durch Witterungsbedingungen, zeitliche Ressourcen, technische Ausrüstung usw. In Arbeitsprozessen ist es vor allem das Vertrauen der **Führungsperson,** die ihre Mitarbeitenden zu besonderen Leistungen motivieren kann.

5.4 Motivationsdynamik

Im Zusammenhang mit dem Menschenbild bzw. mit den Theorien X und Y von McGregor (s. Kap. 2.1, S. 18) sind wir bereits auf die Dynamik der **sich selbst erfüllenden Prophezeiung** eingegangen. Untersuchungen zeigen, dass sich die persönliche **Einschätzung** und die damit verbundene **Erwartungshaltung** der Führungsperson stark auf die Leistungsmotivation ihrer Mitarbeitenden auswirkt. Je nachdem, ob diese Einschätzung positiv oder negativ ausfällt, entwickelt sich eine positive oder negative Motivationsdynamik.[1]

---

[1] Nach Haberleitner, Elisabeth; Deistler, Elisabeth; Ungvari, Robert: Führen, Fördern, Coachen, München 2009.

5.4.1 Positive Dynamik

Die Führungsperson zeigt ihre Wertschätzung und ihr Vertrauen durch Anerkennung und Zuspruch. Sie bestärkt die Mitarbeitenden im Selbstvertrauen, Aufgaben erfolgreich zu bewältigen. Dieser Erfolg bestätigt die Führungsperson darin, ihren Mitarbeitenden zu Recht Wertschätzung und Vertrauen entgegenzubringen.

Abb. [5-4]   Positive Dynamik: Motivationszyklus

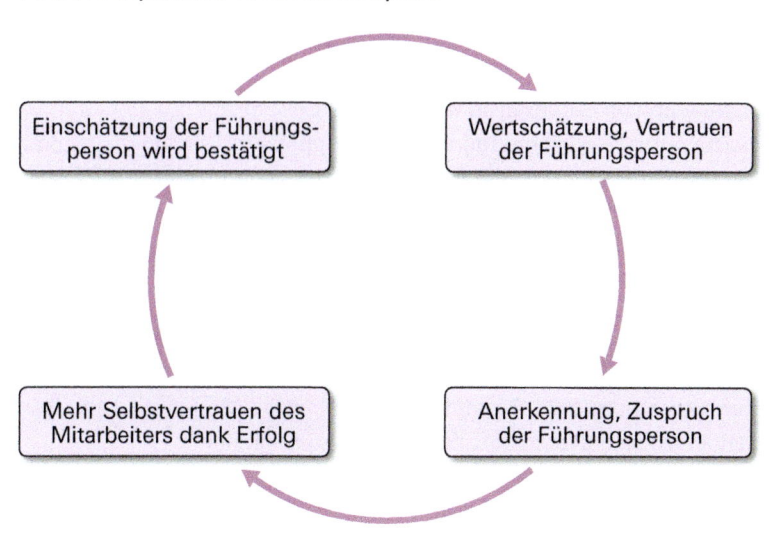

Einschätzung der Führungsperson wird bestätigt → Wertschätzung, Vertrauen der Führungsperson → Anerkennung, Zuspruch der Führungsperson → Mehr Selbstvertrauen des Mitarbeiters dank Erfolg → (zurück zum Anfang)

5.4.2 Negative Dynamik

Bei einer negativen Erwartungshaltung entwickelt sich dieselbe Dynamik zu einem Teufelskreis, der für alle Beteiligten demotivierend wirkt und zu unbefriedigenden Ergebnissen führt. Die Führungsperson schätzt ihre Mitarbeitenden negativ ein. Sie zeigt Misstrauen und verhält sich vorsichtig oder besonders kritisch. Damit schwächt sie das Selbstvertrauen der Mitarbeitenden, wodurch sich die Gefahr eines Misserfolgs vergrössert. Allmählich entsteht daraus ein Gefühl der Resignation. Auch hier sieht sich die Führungsperson bestätigt: Offenbar ist ihre negative Einschätzung und ihr Misstrauen gegenüber den Mitarbeitenden berechtigt.

Abb. [5-5]   Negative Dynamik: Teufelskreis der Demotivation

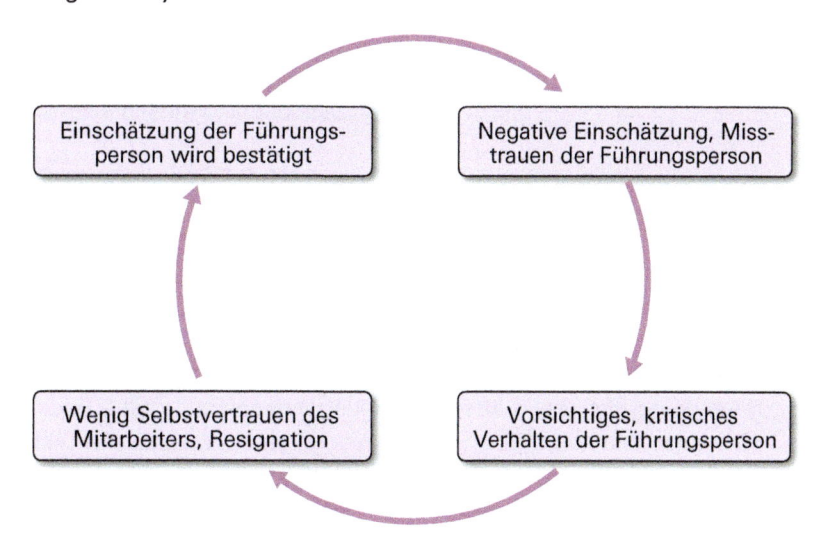

Einschätzung der Führungsperson wird bestätigt → Negative Einschätzung, Misstrauen der Führungsperson → Vorsichtiges, kritisches Verhalten der Führungsperson → Wenig Selbstvertrauen des Mitarbeiters, Resignation → (zurück zum Anfang)

Es ist schwierig, einen solchen Teufelskreis zu durchbrechen. Dafür braucht es zunächst die **persönliche Einsicht** der Führungsperson, mitverantwortlich für die Demotivation ihrer Mitarbeitenden zu sein. Ein weiterer Schritt ist, seine **Einstellung** und seine **Erwartungen** an andere selbstkritisch zu hinterfragen. Und schliesslich geht es darum, diese Einstellung und Erwartungshaltung bewusst zu verändern.

5.5 Demotivation

Demotiviert ist jemand, der sich **antriebslos** und somit auch nicht bereit fühlt, sich für etwas einzusetzen. Weil die Demotivation für Drittpersonen oft nicht sofort erkennbar ist, spricht man auch von der **inneren Kündigung.** Die betreffende Person bemüht sich nur noch halbherzig, ihren Verpflichtungen nachzukommen, weil sie innerlich bereits begonnen hat, sich zu verabschieden.

5.5.1 Anzeichen

Demotivation lässt sich messen, z. B. anhand von Fehlerquoten, Fluktuationsraten, Krankentagen, Überstunden usw. Allerdings können solche Messwerte auch auf andere Ursachen zurückzuführen sein. Allein deswegen über die Motivation bzw. Demotivation von Mitarbeitenden zu spekulieren, würde darum zu kurz greifen.

Als mögliche Anzeichen für Demotivation gelten:

- Erlahmendes oder gesteigertes Interesse an **Auseinandersetzungen** mit der Führungsperson oder Teammitgliedern (demonstrativ Nein oder vordergründig Ja sagen zu allem)
- Aktiver oder passiver **Widerstand** gegen jegliche Form von Veränderungen
- **Passives Hinnehmen** von Aufgaben- oder Kompetenzbeschneidungen
- **Resignation** schon bei ersten Schwierigkeiten, Bagatellproblemen usw.
- **Gleichgültigkeit** im Umgang mit Kunden, Lieferanten, Mitarbeitenden usw.
- **Ablehnung** von Förderungsangeboten (Weiterbildung, Karrieremöglichkeiten)
- **Pessimismus** hinsichtlich der Erfolgsaussichten des Unternehmens
- Ausschliesslich **kritische Äusserungen** über die Arbeit, Führung und Zusammenarbeit
- Häufigere **Abwesenheit** (Absenzen, Fehlzeiten, Schein-Krankheiten usw.)

5.5.2 Ursachen

Die Ursachen der Demotivation können bei der **Person selbst** liegen, bei ihrer **Einstellung** sich selbst oder der Arbeit gegenüber, bei ihren momentanen **Lebensumständen,** bei ihrer **Einschätzung** der beruflichen Perspektiven, der längerfristigen Erfolgsaussichten usw.

Als Quelle der Demotivation gilt aber auch die **fehlende Identifikation** mit dem Unternehmen. Diese kann nach einschneidenden Veränderungen entstehen, die man nicht akzeptieren will, wie z. B. nach einer Fusion, einem Strategie- oder Standortwechsel, Restrukturierungen. Oder es zeigt sich, dass die gelebte **Unternehmenskultur** mit den eigenen Werten nicht (mehr) vereinbar ist.

In Mitarbeiterumfragen werden aber vielfach die **Unzulänglichkeiten in der Führung** als Hauptgrund für eine innere Kündigung angegeben, insbesondere ein demotivierender Führungs- und Kommunikationsstil der direkten Vorgesetzten. In Abb. 5-6 sind häufig genannte Ursachen der Demotivation aus den beiden Problembereichen Führung und Unternehmenskultur zusammengestellt.

Abb. [5-6] Ursachen der Demotivation in Arbeitssituationen

Problembereich	Typische Ursachen
Führung	• Autoritäre Anweisungen, fehlende Delegation von Aufgaben • Einsame Entscheidungen ohne Miteinbezug der Betroffenen, Missachtung von Absprachen oder Kompetenzen • Fehlendes Interesse an anderen Lösungsideen • Unklare oder sich ständig ändernde Ziele und Prioritäten, unzuverlässige Informationen • Keine Unterstützung bei Problemen oder Rückfragen • Fehlende Anerkennung und Wertschätzung, keine Feedbacks, unqualifizierte Kritik, Schuldzuweisungen • Schikanen, unangemessene Bevorzugung Einzelner • Unverständnis bei persönlichen Problemen der Mitarbeitenden • Geringschätzung von Widerstand, Spannungen und Konflikten
Unternehmens-kultur	• Worte statt Taten (Lippenbekenntnisse, leere Versprechungen) • Bürokratische Hürden ersticken Einzelinitiative • Kommunikationsfehler (Intransparenz, Widersprüche, Lügen) • Misstrauenskultur, zu wenig Fehlertoleranz, Konkurrenzdenken • Fehlende Entwicklungsmöglichkeiten • Prinzip «hire and fire» (engl. für Anheuern und Feuern) • Übertriebener Erfolgs-, Leistungsdruck

Nach Wunderer Rolf: Führung und Zusammenarbeit, Köln 2011.

5.6 Motivationsinstrumente nutzen

Aus der Zwei-Faktoren-Theorie von Herzberg (s. Kap. 5.2, S. 54) kennen Sie bereits die Motivatoren, die zu einer grösseren Arbeitszufriedenheit und Leistungsbereitschaft führen. Nutzen Sie diese als Motivationsinstrumente: Setzen Sie motivierende Ziele, delegieren Sie verantwortungsvolle Aufgaben, zeigen Sie Ihre Anerkennung und bieten Sie Entwicklungsmöglichkeiten.

Abb. [5-7] Motivationsinstrumente

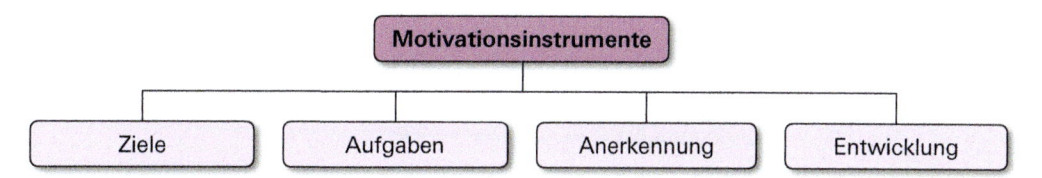

```
                  Motivationsinstrumente
         ┌────────────┬──────────┬──────────┐
       Ziele      Aufgaben   Anerkennung  Entwicklung
```

5.6.1 Motivierende Ziele setzen

Ziele haben nachweislich eine positive Wirkung auf die Motivation, wenn sie für die betreffende Person die folgenden Bedingungen erfüllen:

- **Akzeptiert:** Nur wenn jemand mit den Zielen einverstanden ist, wird er sich wirklich bemühen, sie zu erreichen. Angeordnete Ziele hingegen erzeugen eher Widerstand.
- **Herausfordernd:** Die Ziele müssen anspruchsvoll und schwierig sein, sollen weder unter- noch überfordern.
- **Klar:** Eindeutige Ziele führen zu besseren Leistungen als vage Ziele.
- **Anforderungsgerecht:** Die Person muss fachlich und persönlich in der Lage sein, die Ziele zu erreichen.

Hinweis | Im Zusammenhang mit der Führungstechnik **MbO** (Management by Objectives oder Führen durch Zielvereinbarung) gehen wir in Kapitel 6, S. 64 vertieft auf die Anforderungen an die Zielformulierung und auf den Zielvereinbarungsprozess ein.

5.6.2 Verantwortungsvolle Aufgaben delegieren

Verantwortung tragen heisst, für sein Handeln geradestehen. Das ist nur möglich, wenn man einen entsprechenden Handlungsspielraum erhält, den man selbstständig gestalten darf.

Aufgaben delegieren ist ein wichtiges Führungs- und Motivationsinstrument. Dadurch können Sie die **Fähigkeiten** und **Erfahrungen** Ihrer Mitarbeitenden besser ausschöpfen und sie in der **selbstständigen Aufgabenerledigung** fördern. Allerdings dürfen Sie Ihre Führungsposition nicht dazu missbrauchen, vor allem jene Aufgaben zu delegieren, die Sie loswerden möchten, weil sie Ihnen lästig, zu banal oder zu heikel sind, oder die Sie zu erledigen versäumt haben. Ein solches Denken «vom hohen Ross herab» wird früher oder später durchschaut und Sie durch Rückdelegation oder andere Formen der Verweigerung von dort herunterholen.

Verantwortungsvolle Aufgaben bieten einen angemessenen **Handlungsspielraum**. Dazu zählen Spezial- und Projektaufgaben, wie z. B. die Analyse von Schwachstellen in einem Arbeitsprozess, die Suche nach Lösungsideen für ein Problem oder für bessere Kundenleistungen, die Entwicklung eines Konzepts usw.

Obwohl Sie eine Aufgabe delegieren, bleiben Sie für deren Erledigung weiterhin verantwortlich. Bei Schwierigkeiten dürfen Sie Ihre Mitarbeitenden nicht «im Regen stehen lassen», sondern müssen sie beratend mittels **Coaching** und **Feedbacks** unterstützen.

5.6.3 Anerkennung zeigen

Die ausdrückliche Anerkennung von Einsatz und Ergebnissen zählt zu den Schlüsselfaktoren der Motivation. Ansprechende Arbeitsbedingungen, wie etwa der angenehme Arbeitsplatz oder ein gutes Salär, sind eine Form dieser Anerkennung. Vor allem aber zählen die Worte und Gesten der Führungsperson.

Persönliche **Wertschätzung** steht als **Grundhaltung** hinter jeder Form der Anerkennung. In Mitarbeiterumfragen wird die Bedeutung dieser Grundhaltung immer wieder bestätigt: Als vorbildlich gelten Führungspersonen, die ihre Wertschätzung offen und ehrlich zeigen als Freundlichkeit, Respekt, Fairness und Gleichbehandlung. **Anerkennung** zeigen Sie als Führungsperson durch regelmässige **Feedbacks** und **Beurteilungsgespräche**. Motivierend sind objektive Beurteilungen, die sich auf Beobachtungen abstützen, nachvollziehbar und angemessen sind. In diesem Sinn ist faire, wohlwollende Kritik auch eine Form der motivierenden Anerkennung.

Spezielle Leistungen verdienen ein spezielles **Lob**. Dieses sollte möglichst unmittelbar, sachbezogen und wohl dosiert geäussert werden, damit es echt wirkt. Menschen haben nämlich ein feines Gespür für übertriebenes, «falsches» Lob, das schnell peinlich werden oder misstrauisch stimmen kann. Eine mit dem Lob verbundene **Belohnung** motiviert zusätzlich. Ob diese materiell oder immateriell erfolgen sollte, hängt auch von den individuellen Motivationsstrukturen ab. Allerdings wecken Lob und Belohnungen auch Begehrlichkeiten oder können mit der Zeit als selbstverständlich angesehen werden. Bleiben sie dann unverhofft aus, kann dies Verunsicherung, Frustration oder auch Demotivation auslösen.

Beispiel

- **Materielle Belohnung**: Charles schätzt das Lob seiner Vorgesetzten für seine überdurchschnittlichen Leistungen. Mindestens so wichtig ist ihm aber, dass diese auch mit einem ausserordentlichen Mitarbeiterbonus honoriert werden.
- **Immaterielle Belohnung**: Monika freut sich besonders darüber, dass sie dank ihrem ausserordentlichen Engagement ins internationale Nachwuchsförderungsprogramm des Unternehmens aufgenommen wird.

5.6.4 Entwicklungsmöglichkeiten bieten

Je rascher sich die Anforderungen unserer Arbeitswelt verändern, desto wichtiger ist es, am «Ball zu bleiben» durch lebenslanges Lernen. Qualifizierte, engagierte Mitarbeitende brauchen **Perspektiven** für die persönliche und berufliche Weiterentwicklung. Als Führungsperson müssen Sie solche Möglichkeiten bieten, um ein hochmotiviertes Team behalten zu können.

Nebst gezielten Weiterbildungsangeboten, Nachwuchsförderungsprogrammen usw. gibt es auch zahlreiche aufgabenbezogene Entwicklungsmöglichkeiten, die in Abb. 5-8 kurz vorgestellt werden.

Abb. [5-8]   Entwicklungsmöglichkeiten

Ansatz	Kurzbeschreibung
Jobenlargement	Aufgabenerweiterung durch die Übernahme von zusätzlichen Aufgaben
Jobenrichment	Aufgabenbereicherung durch grösseren Handlungsspielraum, etwa bei Führungs-, Projektleitungsaufgaben usw.
Jobrotation	Arbeitsplatz- oder Aufgabenwechsel für einen bestimmten Zeitraum, Praktikum in anderen Abteilungen, im Ausland usw.
Qualitätszirkel	Teilnahme in Erfahrungsgruppen zur Verbesserung von Abläufen, Produkten usw.
Coaching / Mentoring	Gezielte individuelle Begleitung bei der Ausübung einer herausfordernden Tätigkeit
Karriereförderung	Nachwuchsplanung, Management Development, Führungsseminare, Persönlichkeitstrainings usw.

Zusammenfassung

Unter Motivation versteht man die Antriebskräfte für ein bestimmtes Verhalten. Wichtige Erklärungen zur Leistungsmotivation haben die **Motivationstheorien** von Maslow und Herzberg geliefert:

Bedürfnispyramide A. H. Maslow	1. Grundbedürfnisse 2. Sicherheitsbedürfnisse 3. Kontakt- oder soziale Bedürfnisse 4. Bedürfnisse nach Achtung und Anerkennung 5. Bedürfnisse nach Selbstverwirklichung
Zwei-Faktoren-Theorie F. Herzberg	• Arbeitszufriedenheit entsteht vor allem durch sogenannte **Motivatoren,** wie z. B. durch die Anerkennung der eigenen Leistung, interessante Arbeitsinhalte oder Entwicklungsmöglichkeiten. • Unzufriedenheit hängt mit den **Hygienefaktoren** zusammen, die im Arbeitsumfeld liegen, wie z. B. die Entlöhnung, die Sicherheit des Arbeitsplatzes oder der Führungsstil.

Die **Leistungsmotivation** setzt drei Bedingungen voraus:

- **Leistungsbereitschaft** (Wollen): intrinsische Motivation als Identifikation mit den Zielen, der Aufgabe, der Führungsperson und dem Team sowie dem Unternehmen, extrinsische Motivation als Antrieb oder Druck von aussen
- **Leistungsfähigkeit** (Können): Herausforderung und Erfolgschancen
- **Leistungsmöglichkeit** (Dürfen): äussere Rahmenbedingungen

Die **Motivationsdynamik** entsteht aufgrund der Einstellung und Erwartungshaltung der Führungsperson, die sich auf die Leistungsbereitschaft der Mitarbeitenden überträgt:

- **Positive Dynamik:** Vertrauen der Führungsperson wirkt motivierend und verbessert die Mitarbeiterleistungen. Die Führungsperson wird in ihrer positiven Einstellung bestätigt.
- **Negative Dynamik:** Misstrauen der Führungsperson wirkt demotivierend und führt zu schlechteren Mitarbeiterleistungen. Die Führungsperson wird in ihrer negativen Einstellung bestätigt, ein Teufelskreis entsteht.

Demotivation als antriebsloses Verhalten kommt einer inneren Kündigung gleich. Die Ursachen können bei der **Person** selbst liegen, meist aber bei Unzulänglichkeiten in der **Führung** oder bei der fehlenden **Identifikation** mit dem Unternehmen.

Als wichtige **Motivationsinstrumente** im Führungsprozess gelten:

- Motivierende Ziele setzen
- Verantwortungsvolle Aufgaben delegieren
- Anerkennung zeigen
- Entwicklungsmöglichkeiten bieten

Repetitionsfragen

17 Erklären Sie anhand eines eigenen Beispiels den Unterschied zwischen der positiven Motivationsdynamik und dem Teufelskreis der Demotivation.

18 Welche Anreize zählen zu den Hygienefaktoren gemäss der Zwei-Faktoren-Theorie?

☐	Sinnstiftende Arbeit
☐	Vielfältige Karrierechancen
☐	Garantierte Lohnerhöhung
☐	Flexible Arbeitszeit
☐	Positive Kundenfeedbacks

19 Manche Führungspersonen klagen über fehlende Motivation bei ihren Mitarbeitenden: «Wenn man nicht alles selbst macht …»

Widerlegen Sie diese Aussage mit stichhaltigen Argumenten.

20 Beschreiben Sie in zwei bis drei Sätzen, weshalb es für die Motivation nebst der Leistungsbereitschaft auch noch die Leistungsfähigkeit und die Leistungsmöglichkeit braucht.

Praxisaufgaben

1 **Wie motiviere ich meine Mitarbeitenden?**

Beantworten Sie die folgenden Fragen zum Einsatz von Motivationsinstrumenten:

- Welche Motivationsinstrumente setzen Sie bewusst ein?
- Welche Motivationsinstrumente setzen Sie noch zu wenig konsequent ein?
- Wie könnten Sie Ihre Motivationskraft als Führungsperson noch verbessern? Formulieren Sie mindestens eine konkrete Verbesserungsmassnahme, die Sie umsetzen wollen.

2 **Selbsttest Mitarbeitermotivation**

A] Herrscht in Ihrem Team eher ein motivationsförderliches oder ein motivationshemmendes Klima? Beantworten Sie die nachfolgenden neun Fragen mit «Ja» oder «Nein».

Frage	Ja	Nein
Wissen Sie von jedem Ihrer Mitarbeitenden, was ihn motiviert?		
Kennen Sie die besonderen Fähigkeiten jedes Mitarbeiters?		
Sagen Sie Ihren Mitarbeitenden deutlich, was Sie von ihnen erwarten?		
Kennen all Ihre Mitarbeitenden die Abteilungsziele?		
Sprechen Sie den Mitarbeitenden regelmässig Ihre Anerkennung aus?		
Stehen Ihre Mitarbeitenden in hektischen Zeiten füreinander ein?		
Sprechen Ihre Mitarbeitenden auch unangenehme Dinge sofort an?		
Können Sie an einem Arbeitstag unbesorgt fehlen?		
Wissen Ihre Mitarbeitenden, was Sie an ihnen besonders schätzen?		

B] Wo sehen Sie die Ursachen, wenn Sie eine Frage mit «Nein» beantwortet haben?

C] Welche Massnahmen schlagen Sie vor, um die unter B] genannten Ursachen zu beseitigen?

6 Führen durch Zielvereinbarung (MbO)

Lernziele	Nach der Bearbeitung dieses Kapitels können Sie … • die Schlüsselelemente des Führungskonzepts Management by Objectives erläutern. • das Vorgehen im Zielvereinbarungsprozess beschreiben. • Ziele klar und eindeutig formulieren.
Schlüsselbegriffe	Entwicklungsziele, Erfolgskontrolle, Handlungsspielräume, Leistungserbringung, Leistungsziele, MbO, Mitarbeiterziele, Selbstkontrolle, SMART, Unternehmensziele, Zielanpassung, Zielerreichung, Zielformulierung, Zielvereinbarung, Zielvorstellungen

«Was wollen wir erreichen?» – Diese Schlüsselfrage der Führung bestimmt auch das **Management by Objectives (MbO)** oder «Führen durch Zielvereinbarung» als eine der bekanntesten Führungstechniken. Die Grundlagen dazu entwickelte der amerikanische Ökonomieprofessor Peter F. Drucker (1909–2005) in den 1950er-Jahren.

Der Leitgedanke des MbO lautet: Nur wenn **jeder Einzelne** im Unternehmen weiss, was **von ihm erwartet wird,** kann er zur **Erreichung der Unternehmensziele beitragen**. Diese Erwartungen sollen jedoch nicht einfach nur «von oben» vorgegeben sein. Vielmehr strebt das MbO an, dass die Mitarbeitenden ihre Zielvorstellungen ebenso einbringen, um die gültigen Ziele schliesslich gemeinsam festzulegen.

6.1 Schlüsselelemente des MbO

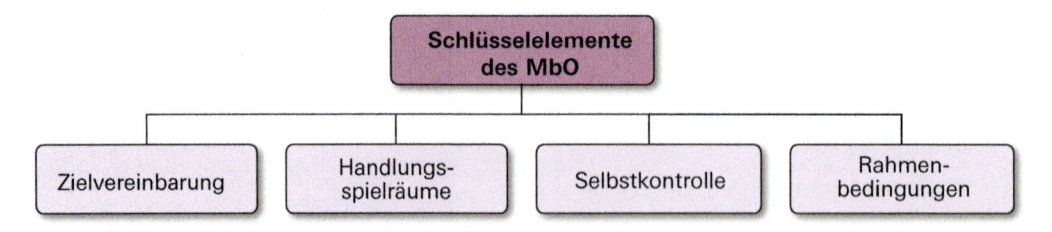

Nachfolgend stellen wir vier Schlüsselelemente vor, die den erfolgreichen Einsatz des MbO begünstigen: Zielvereinbarungen, Handlungsspielräume, Selbstkontrolle und MbO-förderliche Rahmenbedingungen im Unternehmen.

Abb. [6-1]   Schlüsselelemente des MbO

```
                    Schlüsselelemente
                        des MbO
         ┌──────────────┬──────┴───────┬──────────────┐
   Zielvereinbarung  Handlungs-    Selbstkontrolle   Rahmen-
                     spielräume                      bedingungen
```

6.1.1 Zielvereinbarungen statt Zielvorgaben

Gemäss MbO sind Ziele nicht eigenmächtig vorzugeben, sondern gemeinsam auszuhandeln und zu vereinbaren. Dies bringt die folgenden Vorteile:

- **Motivation:** Die eigenen Ziele oder zumindest solche, die verhandelbar sind, motivieren stärker als Vorgaben. Die Mitarbeitenden zeigen mehr Eigeninitiative und Beharrlichkeit bei der Zielerfüllung.
- **Verbindlichkeit:** Seine Vorstellungen einbringen und Ziele mitbestimmen zu können, fördert die Akzeptanz und damit auch die Identifikation mit den Zielen. Die Mitarbeitenden übernehmen mehr Eigenverantwortung und Engagement bei der Zielerreichung.
- **Klarheit:** Eindeutige Ziele und klare Beurteilungskriterien geben Sicherheit bei der Aufgabenerfüllung.
- **Leistungsbereitschaft**: Mehr Selbstkontrolle über die Zielerreichung erzeugt eine höhere Leistungsbereitschaft. Die Mitarbeitenden sind bestrebt, zielorientiert zu arbeiten.

6.1.2 Handlungsspielräume gewähren

Das MbO stellt die Ziele in den Mittelpunkt und nicht die Art und Weise, wie die Ziele zu erreichen sind. Daher sind die Mitarbeitenden zum **selbstständigen Handeln** herausgefordert und bei der Aufgabenerfüllung grundsätzlich **frei in der Mittelwahl.** Innerhalb der definierten Rahmenbedingungen (z. B. der Zeit- oder Kostenbudgets) können sie selbst entscheiden. Die Führungsperson soll nur dann eingreifen, wenn sie ausdrücklich um Unterstützung gebeten wird oder wenn die Zielerreichung eindeutig gefährdet ist.

Selbstständiges Handeln setzt einen angemessenen **Handlungsspielraum** voraus, verbunden mit den dafür nötigen **Kompetenzen** (Befugnissen) und der entsprechenden **Verantwortung.** Diese Befähigung zum selbstständigen Handeln wird auch als «Empowerment» bezeichnet.

Beispiel	Ein Ziel in der Zielvereinbarung des Produktionsbereichsleiters Florian lautet: «Per 30.6.20xx ist die Ausstossmenge der Produktgruppe X um 8% höher als im Vorjahr, dies bei gleichen Kosten.» Florian braucht dazu die Kompetenz, Rationalisierungsmassnahmen planen und umsetzen zu können.

6.1.3 Selbstkontrolle fördern

Ein möglichst grosser Handlungsspielraum fördert auch die **Selbstkontrolle** der Mitarbeitenden. Dieses wichtige Element des MbO wird durch die **Fremdkontrolle** der Führungsperson ergänzt. An dieses Kontrollsystem müssen sich die Führungsperson und die Mitarbeitenden gleichermassen halten und die Kontrollergebnisse verwenden für:

- Die regelmässige Überprüfung der Zielvereinbarungen
- Notwendige Zielanpassungen bei Abweichungen
- Die aus der Beurteilung abgeleiteten Korrektur- oder Entwicklungsmassnahmen

Beispiel	Aufgrund der Rationalisierungsmassnahmen ist die Ausschussquote der Produktgruppe Y markant angestiegen. Florian sieht die Erreichung der Mengenziele als gefährdet. Sofort ergreift er die notwendigen Korrekturmassnahmen und spricht diese mit seiner Vorgesetzten ab.

6.1.4 Rahmenbedingungen im Unternehmen sicherstellen

Damit das MbO im Unternehmen seine Wirkung entfalten kann, müssen die folgenden Rahmenbedingungen erfüllt sein:

- Das **Führungsleitbild** sieht Zielvereinbarungen auf allen Führungsstufen vor.
- Die Vorgesetzten und Mitarbeitenden anerkennen Zielvereinbarungen als **wichtige Grundlage** für den tatsächlich gelebten Führungsprozess.
- Es bestehen **klare Unternehmensziele,** die sich auch auf Abteilungs- oder Teamstufe herunterbrechen lassen und den Mitarbeitenden bekannt sind.
- Die Zielvereinbarungen werden in regelmässig stattfindenden **Leistungsbeurteilungen** abgeglichen und bewertet.

6.2 Zielvereinbarungsprozess gemäss MbO

Eine systematische Zielvereinbarung gemäss MbO besteht aus den sieben Schritten, die als Kreislauf in Abb. 6-2 dargestellt sind. Nachfolgend erläutern wir die wichtigsten Schritte in diesem Prozess.

Abb. [6-2]   Zielvereinbarungsprozess gemäss MbO

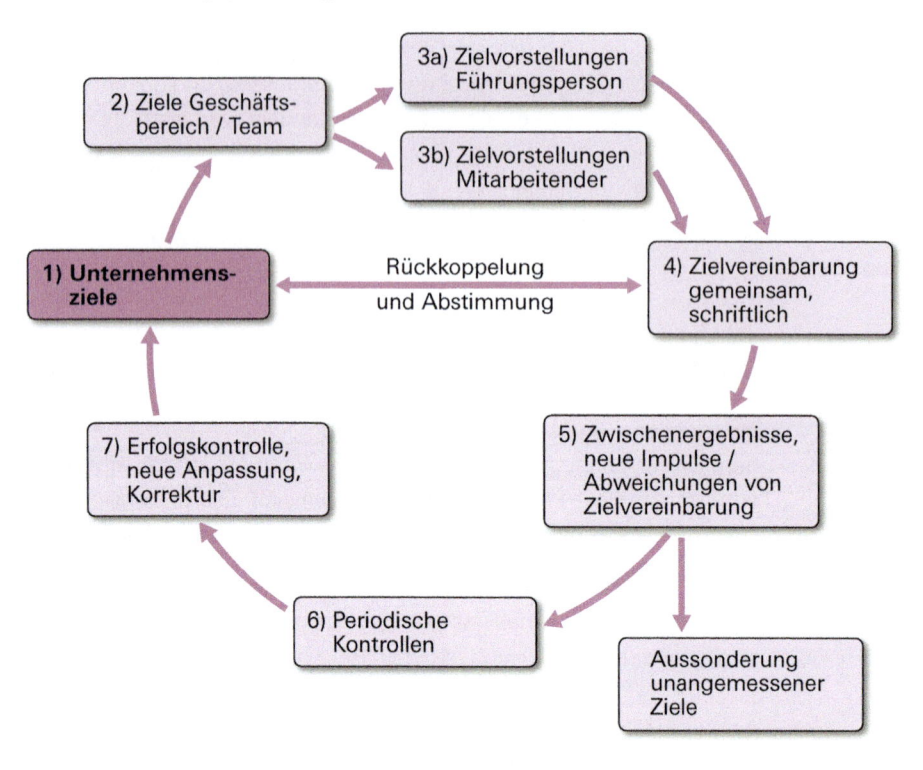

6.2.1 Ziele und Zielvorstellungen

Die **Unternehmensziele** geben die Richtung für das gesamtunternehmerische Handeln vor und werden stufenweise heruntergebrochen:

- **Geschäftsbereichsziele:** Die Unternehmens- und die Geschäftsbereichsleitungen definieren z. B. die Produkt-/Markt-, Finanz- und sozialen Ziele.
- **Teamziele:** Die Geschäftsbereichs- und die Teamleitungen definieren die Ziele für die einzelnen Produktbereiche.
- **Mitarbeiterziele:** Die Teamleitungen und die Mitarbeitenden eines Produktbereichs definieren die Mitarbeiterziele.

Abb. [6-3]   Ziele

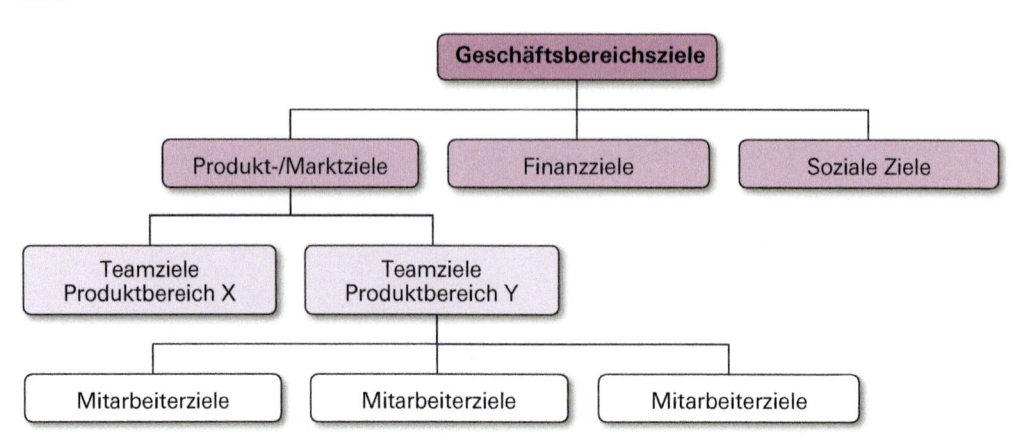

Im MbO formulieren die Führungsperson und die einzelnen Mitarbeitenden jeweils ihre **Zielvorstellungen.** Diese bilden die Grundlage für das Zielvereinbarungsgespräch, sind also noch nicht die definitiven Ziele. Beim Formulieren der Zielvorstellungen machen sich beide Seiten auch Gedanken über die **Mittel** (zeitliche Kapazitäten, Fähigkeiten, Kosten usw.), die für eine erfolgreiche Umsetzung benötigt werden.

Ein persönlicher Zielkatalog gemäss dem MbO sollte aus aufgabenbezogenen **Leistungszielen** bestehen, die ein anzustrebendes Leistungsergebnis definieren, und aus **Entwicklungszielen,** die anzustrebende Kompetenzen definieren.

6.2.2 Zielvereinbarung

Im MbO bestimmen die Führungsperson und der Mitarbeiter die Ziele grundsätzlich **gemeinsam.** Nur im Ausnahmefall, etwa, wenn es nach langen Diskussionen keine Einigung über die Zielformulierung gibt, kann die Führungsperson ein Ziel einseitig vorgeben.

Im **Zielvereinbarungsgespräch** bringen beide Seiten ihre **Zielvorstellungen** ein, diskutieren diese und handeln schliesslich **verbindliche Ziele** aus. Mit den folgenden Anforderungen lassen sich Zielkonflikte oder -abweichungen eingrenzen:

- **Widerspruchsfrei** zu den Unternehmenszielen
- **Wenige,** aber wichtige Ziele, um klare Prioritäten zu haben
- **Anspruchsvoll** und damit echt motivierend
- **Realistisch,** d. h. mit den vorhandenen Mitteln machbar

Abb. [6-4] **Abstimmungsprozess Unternehmensziele – Mitarbeiterziele**

Unternehmensziele → **Zielvereinbarung** ← Mitarbeiterziele

Die Zielvereinbarung wird in jedem Fall **schriftlich** festgehalten und von den Beteiligten auch **unterschrieben.** Trotzdem lässt sich die eine oder andere Diskussion im Nachhinein nicht vermeiden. Deshalb kann es sinnvoll sein, bereits bei der Zielvereinbarung auf Vorkommnisse einzugehen, die eine Zielerreichung verhindern oder behindern könnten.

6.2.3 Leistungserbringung und Erfolgskontrolle

Im MbO sind die Mitarbeitenden zum selbstständigen Handeln aufgefordert. Sie bestimmen die Mittel und das Vorgehen zur Zielerreichung weitgehend selbst. Die Führungsperson greift lediglich ein, wenn sie um Unterstützung gebeten wird oder wenn die Zielerreichung massgeblich gefährdet ist.

Die **Zwischenergebnisse** werden regelmässig besprochen und die ursprünglich vereinbarten Ziele überprüft:

- Neue **Impulse,** nicht vorhersehbare **Ereignisse** führen zu Abweichungen und erfordern gegebenenfalls eine Korrektur oder eine Anpassung der Ziele.
- Nicht (mehr) erfüllbare, **unangemessene Ziele** werden ausgesondert.

Periodische Kontrollen dienen ebenfalls dazu, den Grad der Zielerreichung zu überprüfen und allfälligen Fehlentwicklungen entgegenzuwirken.

Die Leistungsbeurteilung gemäss MbO ist die **Erfolgskontrolle.** Die Führungsperson und der Mitarbeiter bewerten gemeinsam die **Zielerreichung** und sprechen offen über die Erfolge und Misserfolge und über die Schlussfolgerungen und Erkenntnisse daraus. Die Gesprächsergebnisse werden **schriftlich** festgehalten.

6.3 Eindeutige Ziele formulieren

Nach dem Prinzip der Zielvereinbarung bestimmen Vorgesetzte und Mitarbeitende **gemeinsam** die zu erfüllenden Ziele. Beide Seiten bringen ihre Zielvorstellungen ein und handeln verbindliche Ziele aus, die möglichst widerspruchsfrei zu den Gesamtzielen des Unternehmens stehen.

6.3.1 SMART-Ziele

Wie werden Ziele unmissverständlich und klar formuliert? Welches sind die formalen Anforderungen an Zielvorgaben?

Die SMART-Formel steht für klare Ziele. «Smarte» Ziele erfüllen die folgenden fünf Kriterien:

1. **Spezifisch und konkret (specific):** Es darf keine Missverständnisse geben, worauf sich das Ziel bezieht. Das Ziel ist ein Gegenstand oder hat einen eindeutigen Inhalt.
2. **Messbar (measurable):** Das Ziel braucht einen klaren Massstab, welche Menge, welche Zahlen, welcher Zufriedenheitswert oder Erreichungsgrad erreicht werden soll.
3. **Attraktiv und erreichbar (achievable):** Das Ziel soll motivieren und eine realistische Herausforderung sein. Dazu muss es auf die Fähigkeiten und Leistungsmöglichkeiten der betreffenden Person zugeschnitten sein. Es soll weder unter- noch überfordern.
4. **Resultatorientiert (result-oriented):** Das Ziel beschreibt, welcher Soll-Zustand oder welches Soll-Verhalten erreicht werden soll, und nicht den Weg, wie man dorthin gelangt.
5. **Termingebunden (time-related):** Zu einem bestimmten Zeitpunkt oder nach einem definierten Zeitraum wird überprüft, ob das Ziel erreicht worden ist.

Abb. [6-5]   SMART-Ziele

S pecific (spezifisch und konkret)	Eindeutiger Inhalt oder Gegenstand
M easurable (messbar)	Quantitativer oder qualitativer Massstab
A chievable (attraktiv und erreichbar)	Realistische Herausforderung
R esult-oriented (resultatorientiert)	Ergebnis / Output / Verhalten
T ime-related (termingebunden)	Eindeutige Fristen (Zeitpunkt, Zeitraum)

Nicht immer ist es möglich und sinnvoll, einen quantifizierbaren Massstab festzulegen. Bei **qualitätsbezogenen Zielen,** wie z. B. bei der Zuverlässigkeit, der Kundenzufriedenheit oder der Innovationskraft, müssen Sie daher auf Hilfsmassstäbe ausweichen oder aber qualitative Leistungsstandards formulieren. Auch so ist es später möglich, den angestrebten Endzustand eindeutig zu beurteilen.

Beispiel
- **Hilfsmassstab** für eine verbesserte Kundenorientierung: «Alle Kundenanfragen beantworten Sie innerhalb von maximal 36 Stunden.»
- **Qualitativer Leistungsstandard** für einen verbesserten Internetauftritt: «Sie entwickeln bis 31. März 20xx ein Kontaktformular, das die Kriterien einer benutzerfreundlichen und sicheren Übermittlung von Kundenanfragedaten erfüllt.»

6.3.2 Unterjährige Zielanpassungen

Anspruchsvolle Ziele sollen motivieren, können sich aber auch als schwieriger herausstellen als ursprünglich angenommen. Sie allein deswegen zu verändern, würde ihrem Zweck widersprechen. Trotzdem gibt es Gründe, Ziele nötigenfalls auch unterjährig anzupassen:

- Gemeinsam gelangt man zur Einsicht, dass das Ziel **zu ehrgeizig** gewählt war oder auf **Annahmefehlern** beruhte und es folglich anzupassen ist.
- Die Zielerreichung ist aufgrund von **Ressourcenproblemen** oder **Prioritätenänderungen** (Zeitmangel, Personalengpässe, fehlende finanzielle Mittel usw.) nicht mehr wie geplant möglich.
- **Unvorhergesehene Ereignisse** oder veränderte **Rahmenbedingungen** schliessen eine Zielerreichung aus.
- Neue inhaltliche **Erkenntnisse** oder wegweisende **Methoden** verändern das Ziel massgeblich oder machen es überflüssig.

Prüfen Sie darum regelmässig, ob die Zielvereinbarung noch gültig ist. Bei Anpassungsbedarf empfiehlt es sich, gemeinsam mit dem betroffenen Mitarbeiter aus der Zielerreichung eine **Zwischenbilanz** zu ziehen.

Zusammenfassung

Das Führungsmodell **Management by Objectives (MbO)** sieht Zielvereinbarungen als Arbeits- und Beurteilungsgrundlage vor. Vier Schlüsselelemente des MbO sind:

- Zielvereinbarungen statt Zielvorgaben
- Handlungsspielräume
- Selbstkontrolle
- Rahmenbedingungen sicherstellen

Der **Zielvereinbarungsprozess** im MbO umfasst sieben Schritte:

1. Unternehmensziele als Vorgaben.
2. Geschäftsbereichs- und Teamziele aus den Unternehmenszielen herunterbrechen.
3. Zielvorstellungen definieren (Führungsperson, Mitarbeitende).
4. Zielvereinbarung treffen (verbindliche Ziele aushandeln, schriftlich festhalten).
5. Leistung erbringen (Ziele umsetzen) mit einer regelmässigen Standortbestimmung, um Veränderungen zu berücksichtigen.
6. Periodische Kontrollen durch die Führungsperson.
7. Erfolgskontrolle der Zielvereinbarung und Entwicklungsmassnahmen ableiten.

Bei der Zielformulierung kommt die **SMART**-Formel zur Anwendung:

- **Spezifisch** und konkret: ein eindeutiger Gegenstand bzw. Schwerpunkt
- **Messbar:** ein klarer Massstab oder Leistungsstandard
- **Attraktiv** und erreichbar: eine realistische und motivierende Herausforderung
- **Resultatorientiert:** ein definiertes Ergebnis oder Endprodukt
- **Terminbezogen:** ein eindeutiger Zeitraum oder ein definierter Termin

Unterjährige **Zielanpassungen** sind notwendig, wenn die ursprünglichen Ziele aufgrund von Fehlannahmen, Ressourcenproblemen, veränderten Rahmenbedingungen oder unvorhergesehenen Ereignissen nicht erfüllbar sind oder wenn neue Erkenntnisse oder Methoden sie verändern oder überflüssig machen.

Repetitionsfragen

21 Wie gut erfüllt das folgende Leistungsziel die Kriterien der SMART-Formel? Begründen Sie Ihre Einschätzung in Stichworten und verbessern Sie nötigenfalls die Zielformulierung.

«In den nächsten zwölf Monaten kümmern Sie sich intensiver um die beiden Lehrlinge.»

22 Erklären Sie einem Kollegen in ein paar Sätzen, weshalb es im Zielvereinbarungsprozess regelmässige Abgleiche zwischen den vereinbarten Zielen und den erreichten Zwischenergebnissen braucht.

23 Beantworten Sie die folgenden Fragen von Führungspersonen zum Einsatz des MbO.

A] Weshalb sollten die Mitarbeitenden bei der Zielerfüllung frei in der Mittelwahl sein?

B] Kann ich mit meinem Mitarbeiter auch qualitative Ziele vereinbaren?

C] Warum sollen die Vorgesetzte und der Mitarbeiter die Zielvorstellungen separat formulieren, bevor sie sich für das Zielvereinbarungsgespräch zusammensetzen?

Praxisaufgaben

1 **Analyse der Zielvereinbarung**

Beantworten Sie die folgenden Fragen zu Ihrer eigenen Zielvereinbarung des vergangenen Jahrs:

- Welches war das wichtigste Ziel in Ihrer Zielvereinbarung?
- Welcher Massstab wurde für dieses Ziel gesetzt? War er, im Nachhinein betrachtet, anspruchsvoll genug oder allenfalls zu anspruchsvoll?
- Was hat die Zielerreichung besonders begünstigt bei den Zielen, die Sie erreicht oder sogar übertroffen haben?
- Was hat die Zielerreichung besonders behindert bei den Zielen, die Sie nicht erreicht haben?
- Welche zusätzliche Unterstützung bei der Zielerreichung hätten Sie sich gewünscht, etwa von Ihrem Vorgesetzten, durch spezifische Schulungsmassnahmen, durch eine Entlastung bei anderen Aufgaben usw.?
- Welche Erkenntnisse ziehen Sie aus dieser Zielvereinbarung für künftige Zielvereinbarungen?

Anmerkung: Diese oder ähnliche Fragen können Sie Ihren Mitarbeitenden auch als Vorbereitung für ein Beurteilungsgespräch mitgeben.

7 Delegieren

Lernziele	Nach der Bearbeitung dieses Kapitels können Sie … • die wichtigsten Anforderungen an das konsequente Delegieren beschreiben. • anhand von Beispielen bestimmen, wie Sie gegen eine Rückdelegation vorgehen können.
Schlüsselbegriffe	AKV-Prinzip, Delegationsgespräch, Delegationskriterien, delegierbare / nicht delegierbare Aufgaben, Erwartungen, Kompetenzen, Rückdelegation, Verantwortung

Delegieren heisst, eine Aufgabe an eine andere Person zu übertragen zusammen mit den dafür notwendigen Befugnissen (Kompetenzen) und der entsprechenden Verantwortung für die Aufgabenerfüllung. So gesehen bedeutet das Delegieren für Sie als Führungsperson auch: loslassen können und nicht alles stets unter Kontrolle haben wollen.

Verschiedene Argumente sprechen für das Delegieren:

- Sie **entlasten** sich und Ihr Zeitbudget für die Erledigung der entscheidenden Pendenzen.
- Sie **gewinnen** Zeit für Ihre Führungsaufgabe.
- Sie **motivieren** Ihre Mitarbeitenden, wenn Sie interessante Aufgaben übertragen.
- Sie **fördern** die Kompetenz der Mitarbeitenden zur selbstständigen Problemlösung.
- Sie **nutzen** das Können und die Erfahrungen Ihrer Mitarbeitenden.

Trotzdem tun sich viele Führungspersonen ausgesprochen schwer mit dem Delegieren, was unter anderem zu einer chronischen Selbstüberlastung und gleichzeitig zur Demotivation der Mitarbeitenden führt.

Beispiel

Heute beschleicht Stella wieder einmal das bedrückende Gefühl, dass ihr eigentlicher Arbeitstag beginnt, nachdem ihre Mitarbeitenden bereits zum Feierabend nach Hause gegangen sind. Trotz des grossen Pensums, das sie bereits hinter sich hat, ist ihr Pendenzenberg nicht kleiner geworden, sondern weiter angewachsen.
Stellas heutiger Arbeitstag war mit Sitzungen und mit Mitarbeiterbesprechungen gefüllt, wobei einige nicht geplant waren und sich aus aktuellem Anlass ergaben. So hat Tim heute Morgen bei ihr angeklopft, weil er nicht recht wusste, wie er eine schwierige Aufgabe anpacken sollte. Bereitwillig hat Stella versucht, ihm dabei zu helfen. Umsonst, wie es scheint, denn Tim wirkte immer noch ziemlich unsicher. Schliesslich hat sie ihm die Aufgabe wieder abgenommen …
Tim berichtet beim Abendessen von seinem Arbeitstag: «Ich finde, meine Chefin mischt sich viel zu schnell ein und lässt mich nichts allein machen. Heute Morgen bin ich mit ein paar kniffligen Fragen wegen eines Auftrags zu ihr gegangen. Anstatt diese klar zu beantworten, hat Stella mir die Aufgabe sogleich wieder weggenommen!»

7.1 Delegierbare und nicht delegierbare Aufgaben

Wie viele der Aufgaben, die im Moment als Pendenz bei Ihnen liegen, müssen zwingend auch Sie selbst erledigen? Tatsächlich lassen sich die meisten **Routineaufgaben** aus dem Tagesgeschäft sowie Vorbereitungs-, Organisations- und Unterstützungsaufgaben an Mitarbeitende delegieren. Daneben gibt es aber auch anspruchsvollere Spezial- oder Projektaufgaben:

- **Konzeptionelle Aufgaben,** wie z. B. Problemanalysen, Lösungsvorschläge, Entscheidungsvorbereitungen
- **Unterstützung** eines Kollegen, der temporär überlastet ist
- **Inhaltlich-fachliche Einarbeitung** von neuen Kolleginnen gemäss dem von Ihnen erstellten Einarbeitungsprogramm

Bestimmte Aufgaben dürfen Sie jedoch prinzipiell **nicht delegieren.** Dazu gehören insbesondere alle direkten Führungsaufgaben, für die ausschliesslich Sie zuständig sind, heikle oder vertrauliche Aufgaben, schwerwiegende Entscheidungen und Aufgaben, die an Sie persönlich delegiert wurden. In Abb. 7-1 sind typische delegierbare und nicht delegierbare Aufgaben aufgelistet.

Abb. [7-1]   Delegierbare und nicht delegierbare Aufgaben

Delegierbar	Nicht delegierbar
• Routineaufgaben, vorbereitende, organisatorische und unterstützende Aufgaben • Aufgaben, die Mitarbeitende selbstständig erledigen können • Spezial- oder Projektaufgaben (Konzepte, gegenseitige Unterstützung, inhaltlich-fachliche Einarbeitung usw.) • Teilnahme in Arbeits- oder Projektgruppen	• Direkte Führungs- und Teamentwicklungsaufgaben • Repräsentative Aufgaben an offiziellen Anlässen • Heikle (sensible) oder streng vertrauliche Aufgaben • Aufgaben, die an Sie persönlich delegiert wurden oder deren Erledigung ausdrücklich von Ihnen erwartet wird

7.2 Konsequent delegieren

Um Aufgaben erfolgreich zu delegieren, müssen Sie einige Kriterien befolgen: die Erwartungen der Mitarbeitenden an das Delegieren beherzigen und die betreffenden Aufgaben adressatengerecht, zumutbar, verbindlich sowie überprüfbar delegieren.

7.2.1 Erwartungen der Mitarbeitenden

Motivierte Mitarbeitende wünschen sich **interessante** und **herausfordernde Aufgaben,** bei denen sie ihre besonderen Fähigkeiten beweisen können. Ausserdem haben sie klare Erwartungen, wie eine Führungsperson delegieren sollte:

- **Fehler** machen dürfen: Tolerierbare oder intelligente Fehler müssen erlaubt sein, um daraus lernen zu können. Greifen Sie jedoch schon bei kleinsten Abweichungen korrigierend ein, fühlen sich die Mitarbeitenden bevormundet und sehen nicht ein, warum Sie nicht gleich selbst diese Aufgabe erledigen.
- **Handlungsspielraum** erhalten: Stellen Sie klare Aufgaben, aber geben Sie nicht alle Details der Aufgabenerfüllung haarklein vor. Herausfordernd ist eine Aufgabe nur, wenn das Ziel zwar erreichbar ist, aber der Weg dorthin selbst gefunden werden muss. Delegieren bedeutet, loslassen zu können.
- **Zuversicht** spüren: Trauen Sie den Mitarbeitenden die Bereitschaft und die Fähigkeit zu, die Aufgabe selbstständig zu lösen. Nehmen Sie Ihre Mitarbeitenden hingegen nicht für voll, müssen Sie sich nicht wundern, wenn diese sich nicht voll einsetzen.
- **Feedback** erhalten: Die Mitarbeitenden für voll zu nehmen, bedeutet auch, ihnen ein ehrliches Feedback zu geben. Dieses darf auch kritisch sein, es muss aber fair bleiben.
- **Anerkennung** bekommen: Erfolg verdient Anerkennung. Würdigen Sie Leistungen und Engagement der Mitarbeitenden ausdrücklich. Nicht vergessen werden die Mitarbeitenden jedoch, wenn Sie den Erfolg stillschweigend für sich verbuchen.

7.2.2 Aufgaben, Kompetenzen und Verantwortung (AKV)

Eine Aufgabe konsequent zu delegieren, heisst, sie inklusive der dafür notwendigen Rechte und Pflichten (Kompetenzen und Verantwortung) zu übertragen. Man spricht in diesem Zusammenhang auch von **AKV-Prinzip** (Aufgaben, Kompetenzen, Verantwortung) oder vom organisatorischen Kongruenzprinzip:

- **Aufgabe:** Aufforderung oder Verpflichtung, eine bestimmte Anforderung zu bewältigen.
- **Kompetenz:** Befugnis, Entscheidungen zu treffen (Entscheidungskompetenz), Aufträge zu erteilen (Anordnungskompetenz), das Vorgehen zu bestimmen (Ausführungskompetenz), über notwendige Hilfsmittel, Systeme und Informationen zu verfügen (Verfügungskompetenz) usw.
- **Verantwortung:** Pflicht zur vereinbarungsgemässen Aufgabenerfüllung. Gemäss Duden besteht diese darin, «dafür zu sorgen, dass (innerhalb eines bestimmten Rahmens) alles einen möglichst guten Verlauf nimmt, das jeweils Notwendige und Richtige getan wird und möglichst kein Schaden entsteht», sowie «für etwas Geschehenes einzustehen».

7.2.3 Delegationskriterien beachten

Nebst den Regeln der Auftragserteilung (s. Kap. 4.3.3, S. 45) gilt es noch einige weitere Delegationskriterien zu beachten. Abb. 7-2 fasst diese zusammen.

Abb. [7-2]   Delegationskriterien

Kriterium	Erklärungen
Adressatengerecht	• Grundsätzlich nur an die direkt unterstellten Mitarbeitenden delegieren, nicht über weitere Führungsstufen hinweg. • Situativ fordern, aber nicht überfordern: Die Fähigkeiten und Kapazitäten der Mitarbeitenden berücksichtigen.
Zumutbar	• Wenn möglich zusammenhängende Aufgaben vollständig delegieren, nicht nach und nach Teilaufgaben oder isolierte Einzelaufgaben. • Umfangreiche Arbeitspakete in bewältigbare Aufgaben aufteilen. • Rahmenbedingungen und Restriktionen (Einschränkungen) so weit klären, dass die Zielerreichung als realistisch erscheint.
Verbindlich	• Zweck und Ziel der Aufgabe inklusive aller weiteren für die Erledigung notwendigen Informationen bekannt geben. • Komplexere Aufgaben inklusive der Bedingungen an die Aufgabenerfüllung auch schriftlich formulieren, nicht nur mündlich. • Vereinbaren, wie bei inhaltlichen Abweichungen oder bei sich abzeichnenden Verzögerungen vorzugehen ist.
Überprüfbar	• Unterstützung bei Problemen oder Schwierigkeiten bieten, jedoch keine Einmischung in die delegierte Aufgabe. • Bei umfangreichen Aufgaben regelmässige Zwischenkontrollen und -gespräche vornehmen, nicht nur eine Endkontrolle. • Konstruktives Feedback geben.

Unabhängig davon, ob Sie Aufgaben delegiert haben, bleiben Sie für Ihren gesamten Aufgabenbereich gegen aussen verantwortlich. Demzufolge müssen Sie auch bei den delegierten Aufgaben für allfällige Fehler oder Versäumnisse geradestehen. Deren Ursachen klären Sie mit den betreffenden Mitarbeitenden direkt, nicht mit Dritten. Keinesfalls dürfen Sie sich aus der Verantwortung ziehen mit Entschuldigungen, wie etwa: «Tut mir leid, dafür kann ich nichts, diesen Fehler machte Frau XY!»

7.3 Delegationsgespräch führen

In den meisten Fällen ist das Gespräch die geeignete Form, eine Aufgabe zu delegieren. So lassen sich allfällige noch offene Fragen oder Missverständnisse und auch die Motivation auf Anhieb klären. Selbstverständlich sollten Sie ein solches Delegationsgespräch jedoch rechtzeitig ankündigen, damit sich der Mitarbeiter darauf einstellen kann. Ihre Vorbereitung besteht insbesondere darin, die entscheidenden Details so weit abzuklären, dass Sie die Aufgabe zuversichtlich übertragen und die Verständnisfragen des Mitarbeiters gewissenhaft beantworten können.

Der Ablauf eines Delegationsgesprächs lässt sich in vier Phasen einteilen: Gesprächseinstieg, Aufgabe bekannt geben, Erwartungen formulieren, Vereinbarungen zum weiteren Vorgehen, zu den Kompetenzen und zur Verantwortung treffen sowie Gesprächsabschluss.

Abb. [7-3]   Ablauf eines Delegationsgesprächs

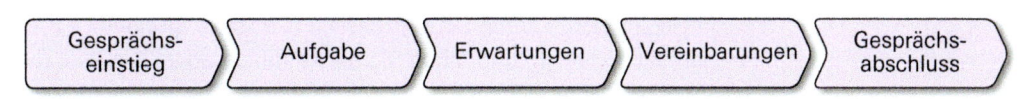

Gesprächseinstieg › Aufgabe › Erwartungen › Vereinbarungen › Gesprächsabschluss

In Abb. 7-4 sind die wichtigsten Merkpunkte für die einzelnen Phasen des Delegationsgesprächs zusammengefasst.

Abb. [7-4] Leitfaden für das Delegationsgespräch

Ablauf	Merkpunkte für das Gespräch
Gesprächseinstieg	• Freundliche Begrüssung, Dank für Zeit. • Erwartungen an das Gespräch und Ziele darlegen.

Aufgabe	• Aufgabe vorstellen (worum geht es?):
	  – Hintergründe und Zusammenhänge
	  – Ziel und Nutzen
	  – Rahmenbedingungen und Einschränkungen (Restriktionen)
	  – Allfällige Probleme oder Risiken
	• Gelegenheit geben, Verständnisfragen zu stellen.

Erwartungen	• Erwartungen an die Aufgabenerfüllung ausdrücklich formulieren.
	• Gelegenheit geben, zu den Erwartungen Stellung zu nehmen:
	  – Bei unterschiedlicher Auffassung die Gründe klären.
	  – Bedenken oder Ängste ernst nehmen.
	• Änderungswünsche oder Ergänzungen besprechen:
	  – Verhandelbare Änderungswünsche berücksichtigen.
	  – Nicht verhandelbare Bedingungen konsequent ablehnen.
	• Unterstützung anbieten und Form der Unterstützung definieren.

Vereinbarungen	• Kompetenzen und Verantwortlichkeiten klären. • Weiteres Vorgehen inklusive Meilensteinen. • Falls nötig, Kommunikation gegenüber Dritten. • Termine für Zwischenkontrollen. • Beim Mitarbeiter ein ausdrückliches Commitment (Zusage) für die Erledigung der Aufgabe einholen.
Gesprächsabschluss	• Gesprächsergebnisse zusammenfassen, zusätzliche Dokumente abgeben. • Zuversicht über erfolgreiche Aufgabenerfüllung ausdrücken. • Klärendes Gespräch anbieten, falls sich im Nachhinein noch offene Punkte herausstellen sollten. • Dank für Bereitschaft und Verabschiedung.

7.4 Rückdelegation verhindern

Eine Rückdelegation liegt vor, wenn eine delegierte Aufgabe **nur teilweise erledigt** oder **unerledigt zurückkommt.** Solche Rückdelegationen geschehen oft «nebenbei», bedeuten aber in jedem Fall, dass Ihre Delegation fehlgeschlagen ist, und in den meisten Fällen auch einen unvorgesehenen Zusatzaufwand für Sie als Führungsperson.

Anders ausgedrückt: Sie erledigen die Aufgaben der Mitarbeitenden anstatt Ihre eigenen!

Es gibt verschiedene **Beweggründe** für eine Rückdelegation. Die meisten gelten zu Recht als unfair, aber zu einigen tragen Sie mit Ihrem Führungsstil direkt oder indirekt bei. In Abb. 7-5 sind typische Beweggründe für die Rückdelegation aufgelistet und mögliche Massnahmen, die Sie dagegen ergreifen sollten.

Um Rückdelegationen seitens der Mitarbeitenden zu verhindern, sollten Sie sich einen einfach klingenden, aber nicht immer so einfach umzusetzenden Grundsatz merken: Niemand – ausser Sie selbst – verlässt Ihr Büro mit einer Aufgabe weniger!

Mit einer weiteren Verhaltensmassnahme, die Sie beherzigen sollten, werden Sie sich im Zeitmanagement befassen: **Schaffen Sie das Prinzip der offenen Türe ab!** Jederzeit für die Mitarbeitenden da zu sein, ist zwar gut gemeint, bewirkt in vielen Fällen aber das Gegenteil: Sie «erziehen» Ihre Mitarbeitenden zur Unselbstständigkeit anstatt zur Eigenständigkeit und bieten ihnen Raum für eigentlich unnötige Rückfragen oder Rückversicherungen und für Rückdelegationen. Führen Sie stattdessen fixe «stille Stunden» ein, in denen auch Sie ungestört arbeiten können, und bitten Sie die Mitarbeitenden, um Besprechungstermine vorzeitig anzufragen.

Abb. [7-5]   Beweggründe für eine Rückdelegation und Gegenmassnahmen

	Mitarbeiterverhalten	Massnahmen der Führungsperson
Unfähigkeit / Unzulänglichkeit	Der Mitarbeiter ist objektiv nicht in der Lage, die Aufgabe zu erfüllen, wegen mangelnder Fähigkeiten oder aus zeitlichen Gründen, die er nicht beeinflussen kann.	• Ursachen im Gespräch klären. • Aktive Unterstützung oder Entlastung z. B. durch Teammitglieder anbieten. • Fähigkeitsdefizite gezielt fördern durch Schulungsmassnahmen usw.
Bequemlichkeit	Die Mitarbeiterin scheut sich vor dem mit der Aufgabe verbundenen Aufwand und versucht, diese durch geschickte Ausreden wieder loszuwerden.	• Mitarbeiterin an die Vereinbarung erinnern, Rückdelegation strikt ablehnen. • Ausreden als solche offenlegen, bei Wiederholung ein Kritikgespräch führen.
Hilflosigkeit / Unsicherheit	Der Mitarbeiter scheut sich vor der Verantwortung und gibt sich hilflos oder fühlt sich unsicher. Durch ständiges Rückfragen behält er Ihre Aufmerksamkeit und sichert sich Ihre aktive Unterstützung.	• Späteren Besprechungstermin anbieten, nicht permanent zur Verfügung stehen. • Zwischenstand der Arbeit (bereits erfolgte Abklärungen, Vorgehensschritte) einfordern. • Fragen usw. schriftlich einfordern. • Arbeitsfortschritte bewusst loben, zu selbstständigem Denken anregen.
Unzuverlässigkeit	Die Mitarbeiterin ist unzuverlässig und versucht, die Aufgabe so lange «unter den Teppich zu kehren», bis sie entweder vergessen geht oder sich insofern «von selbst erledigt», als Sie ihr diese wieder abnehmen.	• Klare Termine festlegen bzw. diese von Mitarbeiterin einfordern. • Erinnerung (Reminder) rechtzeitig vor dem Erledigungstermin setzen. • Termineinhaltung konsequent überwachen.
Unselbstständigkeit	Der Mitarbeiter hat die Erfahrung gemacht, dass Sie sowieso eingreifen oder selbst nachbessern werden, sobald etwas nicht genau Ihren Vorstellungen entspricht. Deshalb strengt er sich nicht besonders an und gibt Ihnen auch halb fertige Ergebnisse ab.	• Wirkung des Delegationsverhaltens, Einstellung zum Mitarbeiter, eigene Erwartungshaltung selbstkritisch reflektieren. • Halb fertige Aufgaben konsequent zurückweisen mit Auftrag zur Nachbesserung.

Zusammenfassung

Die **Vorteile der Aufgabendelegation,** der damit verbundenen Kompetenzen und der entsprechenden Verantwortung sind:

- Entlastung des eigenen Zeitbudgets
- Zeitgewinn für Führungsaufgaben
- Motivation und Förderung der Mitarbeitenden
- Profitieren vom Können und von den Erfahrungen der Mitarbeitenden

Beim Delegieren sind die folgenden Regeln zu beachten:

Kriterium	Erklärungen	
Aufgabentyp	Delegieren: • Routine-, Detailaufgaben • Selbstständige Erledigung • Spezial- oder Projektaufgaben • Arbeits- oder Projektgruppen	Nicht delegieren: • Direkte Führungsaufgaben • Repräsentative Aufgaben • Heikle, streng vertrauliche Aufgaben • Persönliche Aufgaben
AKV-Prinzip	• Aufgaben: Aufforderung bzw. Verpflichtung • Kompetenzen: mit der Aufgabe verbundene Befugnisse bzw. Rechte • Verantwortung: Pflicht zur vereinbarungsgemässen Aufgabenerfüllung	
Adressatengerecht	• Nur an die direkt unterstellten Mitarbeitenden. • Fähigkeiten und Kapazitäten berücksichtigen.	
Zumutbar	• Zusammenhängende, vollständige Aufgaben • Im Umfang bewältigbare Aufgaben	
Verbindlich	• Zweck und Ziel der Aufgabe, weitere wichtige Informationen • Schriftliche Aufgabenstellung, besonders bei komplexeren Aufgaben • Vorgehen bei Abweichungen oder Verzögerungen	
Überprüfbar	• Unterstützungsbereitschaft bei Problemen oder Schwierigkeiten • Regelmässige Fortschrittskontrollen bei umfangreicheren Aufgaben • Konstruktives Feedback	

Rückdelegation im Führungsprozess bedeutet, dass delegierte Aufgaben **nur teilweise erledigt** oder **unerledigt** an die Führungsperson zurückgegeben werden. Dies ist möglichst konsequent zu verhindern. Typische Beweggründe für die Rückdelegation sind: Unfähigkeit / Unzulänglichkeit, Bequemlichkeit, Hilflosigkeit / Unsicherheit, Unzuverlässigkeit und Unselbstständigkeit.

Repetitionsfragen

24 Miroslav hat seiner Mitarbeiterin eine Abklärungsaufgabe bei verschiedenen Lieferanten delegiert. Nachdem er wochenlang nichts darüber gehört hat, befürchtet er, dass die Mitarbeiterin die Abklärungen womöglich noch gar nicht gemacht hat. Allmählich drängt nun die Zeit. Weil Miroslav die meisten Lieferanten persönlich gut kennt, beschliesst er, sie nun selbst anzurufen.

Was halten Sie von Miroslavs Delegationsverhalten? Begründen Sie Ihre Einschätzung stichwortartig.

25 Welche typischen Erwartungen von Mitarbeitenden an das Delegieren deuten die folgenden drei Aussagen an?

A] «Meine Chefin gibt mir das Gefühl, ich sei in der Lage, eine herausfordernde Aufgabe zu lösen, obwohl ich mir selbst das manchmal nicht zutraue.»

B] «Leider erfahre ich es meist nicht oder höchstens nebenbei, wenn ich etwas nicht so wie gewünscht erledigt habe.»

C] «Grundsätzlich finde ich es gut, dass mein Vorgesetzter klare Vorstellungen hat, was er von einer Aufgabe erwartet. Etwas mehr Grosszügigkeit würde aber nicht schaden.»

26 Welche der folgenden Aufgaben sind grundsätzlich delegierbar?

A] Analyse eines Konkurrenzprodukts

B] Dankesrede am Team-Weihnachtsessen

C] Mitarbeitergespräch zum Abbau des Feriensaldos

D] Ein-/Ausräumen der Geschirrspülmaschine im Pausenraum

Praxisaufgaben

1 **Delegieren: Erwartungen der Mitarbeitenden**

In Kapitel 7.2.1, S. 72 werden fünf Erwartungen der Mitarbeitenden genannt, wie eine Führungsperson delegieren sollte. Nehmen Sie nun eine Einschätzung Ihrer Art zu delegieren und jener Ihres Vorgesetzten vor.

A] Beantworten Sie dazu die folgenden Fragen:
 – Welche Erwartungen erfüllen Sie selbst sehr gut, wenn Sie Aufgaben delegieren? Begründen Sie Ihre Einschätzung anhand konkreter Beispiele.
 – Welche der fünf Erwartungen möchten Sie künftig besser erfüllen?
 – Was nehmen Sie sich konkret vor, um die betreffenden Erwartungen besser zu erfüllen?

B] Machen Sie anschliessend noch einen Perspektivenwechsel:
 – Wie gut delegiert Ihr Vorgesetzter? Welche Ihrer Erwartungen erfüllt er gut, welche nicht oder nicht zufriedenstellend?

8 Mitarbeitende beurteilen

Lernziele Nach der Bearbeitung dieses Kapitels können Sie ...

- die positiven Wirkungen von Beurteilungen aufzeigen.
- erklären, was bei der Mitarbeiterbeurteilung beurteilt wird und wie man dabei vorgeht.

Schlüsselbegriffe 360-Grad-Beurteilung, Anerkennung, Arbeitsergebnis, Arbeitsverhalten, Beurteilungsfehler, Beurteilungsgespräch, Dialog, Feedback, Kritik, Leistungsbeurteilung, Motivation, Potenzialbeurteilung, Wertschätzung

Den Mitarbeitenden fällt es manchmal schwer, ihren eigenen Beitrag zum Gesamterfolg oder ihr persönliches Entwicklungspotenzial einzuschätzen. Regelmässige Feedbacks und Beurteilungsgespräche helfen, dies klarer zu erkennen, und steigern die persönliche Motivation und Arbeitszufriedenheit.

Die Mitarbeiterbeurteilung betrifft die Sach- und die Beziehungsebene der Zusammenarbeit:

- Auf der **Sachebene** fördert eine objektive und transparente Beurteilung die Leistungsbereitschaft und -fähigkeit.
- Auf der **Beziehungsebene** fördert die Anerkennung und die faire Kritik das gegenseitige Vertrauen, die Offenheit, Dialogbereitschaft und Identifikation.

8.1 Beurteilungsformen

Abb. 8-1 gibt eine Übersicht über die verschiedenen Formen von Mitarbeiterbeurteilungen, über die dazugehörigen Beurteilungskriterien, Beurteilungsziele und über den Beurteilungszeitraum.

Abb. [8-1] Mitarbeiterbeurteilung

Beurteilungsebene	Beurteilungskriterien	Beurteilungsziele	Zeitraum
Potenzialbeurteilung	Persönliches Potenzial	Laufbahn Nachfolge	1-mal jährlich
Leistungsbeurteilung	Leistungen Arbeitsergebnisse	Belohnungen Anreize	1- bis 2-mal jährlich
Feedback	Arbeitsverhalten	Motivation Förderung	Laufend

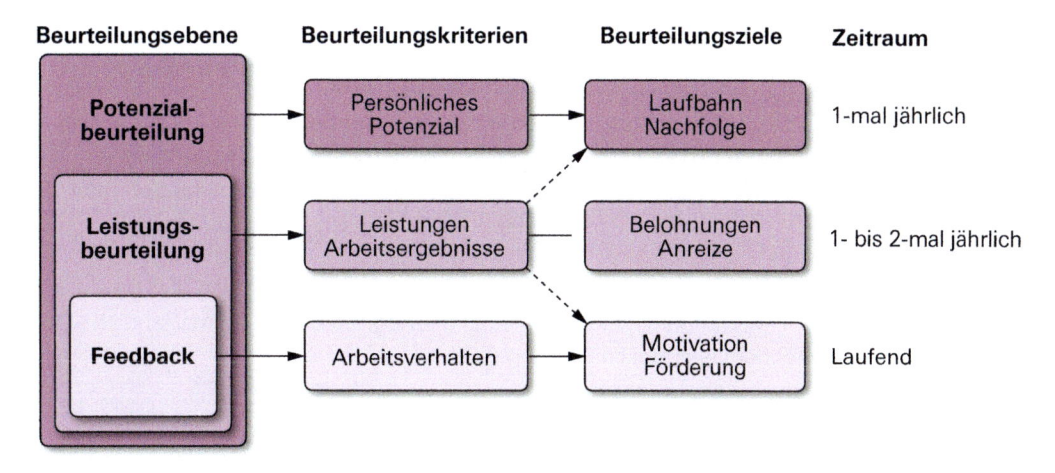

8.1.1 Feedback

Feedbacks erfolgen **laufend**. Sie betreffen insbesondere das **Arbeitsverhalten** und beruhen auf alltäglichen Beobachtungen oder speziellen Vorkommnissen. In Form von Anerkennung und Kritik sollen Feedbacks die Mitarbeitenden **motivieren** und **fördern**. Wenn nötig, geben sie auch Anlass für die Führungsperson, auf Fehlleistungen oder Fehlverhalten hinzuweisen und gegebenenfalls auch korrigierend einzuwirken.

Beispiel — Mit Besorgnis stellt Jean fest, dass seine Mitarbeiterin Linda in letzter Zeit sehr angespannt wirkt. Mehrfach sind ihr ungewohnte kleinere Fehler und Versäumnisse passiert. – Jean sucht das Gespräch mit Linda, um die Ursachen für die derzeitigen Probleme zu ergründen.

8.1.2 Leistungsbeurteilung

Ein- bis zweimal jährlich bespricht die Führungsperson mit jedem Mitarbeiter die erbrachten **Leistungen** und die **Arbeitsergebnisse**. Die Leistungsbeurteilung ist somit **vergangenheitsbezogen.**

Typische Kriterien für die Beurteilung von Arbeitsergebnissen sind:

- Leistungsmenge, -qualität und -effizienz
- Belastbarkeit des Mitarbeiters
- Flexibilität des Mitarbeiters hinsichtlich geänderter Ziele oder Rahmenbedingungen
- Sorgfalt, Gewissenhaftigkeit und Zuverlässigkeit bei der Aufgabenerfüllung

Als Beurteilungsgrundlage wird vielfach die **Zielvereinbarung** gemäss dem **MbO** genutzt (s. Kap. 6.1.1, S. 64). Mit der Leistungsbeurteilung sind meist auch **Belohnungen** in Form von Erfolgsvergütungen oder Beförderungen verknüpft. Zudem soll sie als Standortbestimmung motivierend wirken und zur persönlichen Weiterentwicklung beitragen.

Beispiel — Jean vereinbart mit jedem Mitarbeiter einen Termin für das Jahresendgespräch, bei dem die Leistungsbeurteilung zur Sprache kommen soll. Er bittet seine Mitarbeitenden, sich darauf vorzubereiten mit einer Selbsteinschätzung der Zielerreichung, der eigenen Erfolge und Misserfolge aufgrund der vereinbarten bzw. der vorgegebenen Beurteilungskriterien.

8.1.3 Potenzialbeurteilung

Die Potenzialbeurteilung ist **zukunftsbezogen** und bezweckt, das **persönliche Potenzial** der Mitarbeitenden hinsichtlich ihrer beruflichen Weiterentwicklung einzuschätzen. Dieses ergibt sich aus Eigenschaften, besonderen Fähigkeiten, beruflichen Qualifikationen und auch aus den Ergebnissen der Leistungsbeurteilung.

Typische Besprechungspunkte bei der Potenzialbeurteilung sind:

- **Berufspläne:** Wo sieht sich der Mitarbeiter mittelfristig (in zwei bis fünf Jahren)?
- **Entwicklungsplan:** Welche konkreten Entwicklungsziele verfolgt der Mitarbeiter?
- **Entwicklungsmassnahmen:** Welche Weiterbildungs- oder Förderungsmassnahmen (z. B. Funktionswechsel, Auslandeinsatz, Coaching) sind gewünscht oder erforderlich?

Die Potenzialbeurteilung liefert somit Informationen für die **Laufbahn- und Nachfolgeplanung** im Unternehmen. In der Regel findet sie einmal jährlich statt, oftmals zusammen mit der Leistungsbeurteilung.

Beispiel — Jean ist davon überzeugt, dass sein Mitarbeiter Jonas das persönliche Potenzial in der jetzigen Position nicht voll ausschöpfen kann. Er ermuntert ihn zu einem nächsten Karriereschritt und bespricht mit ihm die dafür notwendigen Entwicklungsmassnahmen.

Jede Beurteilung soll möglichst fair erfolgen. Ein differenziertes Bild kann auch die **360-Grad-Beurteilung** liefern: Dabei werden Mitarbeitende von **mehreren Bezugspersonen** im Arbeitsumfeld nach einheitlichen Kriterien und Massstäben beurteilt. Diese Bezugspersonen können verschiedene Führungspersonen, die Kollegen im Team, Arbeitskolleginnen anderer Abteilungen, Projektmitarbeitende, Schlüsselkunden, Lieferanten usw. sein. Die 360-Grad-Beurteilung ist entsprechend aufwendiger als die Zweierbeurteilung und wird darum vor allem für die Potenzialbeurteilung eingesetzt.

8.2 Beurteilungsgespräche führen

Mitarbeiterbeurteilungen erfolgen im **persönlichen Gespräch.** In vielen Unternehmen wird zusätzlich ein vorstrukturierter **Beurteilungsbogen** eingesetzt. Dieser enthält einheitliche Beurteilungskriterien und -massstäbe, die eine objektivere und auch besser vergleichbare Beurteilung begünstigen. Doch ausgeklügelte Beurteilungssysteme und -massstäbe, vollständig ausgefüllte Beurteilungsbogen und detaillierte Beobachtungsprotokolle nützen nur dann etwas, wenn sie auch intensiv besprochen werden. Die daraus gewonnenen Erkenntnisse bringen wichtige Ansätze für persönliche und organisatorische Verbesserungsmöglichkeiten in der Zukunft hervor.

Nachfolgend gehen wir deshalb auf die Vorbereitung und Durchführung von Beurteilungsgesprächen näher ein.

8.2.1 Vorbereitung

Zum guten Gelingen trägt eine seriöse Gesprächsvorbereitung wesentlich bei. Die Realität sieht jedoch gerade auch bei Beurteilungsgesprächen oft anders aus.

Beispiel

Die Termine für die Jahresendgespräche stehen seit Wochen fest, doch ist Jean bisher nicht dazu gekommen, sich in die einzelnen Beurteilungen zu vertiefen. Es stört ihn grundsätzlich, dass die Leistungsbeurteilung genau in die Zeit vor dem Jahresabschluss fällt, die für die meisten eh ziemlich hektisch ist, weil sie sich im «Endspurt» auf die Zielerreichung befinden. So würde er sich eigentlich eine ruhigere Zeit für diese wichtigen Gespräche wünschen.

Aufgrund seiner laufenden Notizen weiss Jean zwar bei den meisten Mitarbeitenden ziemlich genau, was er besprechen möchte. Dennoch bleibt eine Knacknuss ... Für einen Augenblick überlegt sich Jean, möglichst spontan in dieses Beurteilungsgespräch einzusteigen und die Problempunkte situativ aufzugreifen. Eigentlich weiss die betreffende Person ja aus mehreren Feedbacks selbst, dass das Jahresendgespräch dieses Mal ziemlich kritisch ausfallen wird.

Schnell verwirft Jean diesen Gedanken wieder, denn aus Erfahrung weiss er genau, dass dies selten gut kommt, schon gar nicht bei heiklen Gesprächen.

A] Gesprächsrahmen

Die organisatorische Vorbereitung sorgt für einen angemessenen Gesprächsrahmen:

- **Besprechungsort:** Das Beurteilungsgespräch muss an einem ruhigen Ort und unter vier Augen stattfinden. Störungen durch Telefonate, Mails, SMS usw. sind zu vermeiden.
- **Zeitrahmen:** ca. 1 bis 1.5 Stunden. Gönnen Sie sich vor einem Beurteilungsgespräch wenn möglich zehn Minuten Ruhe zur persönlichen Einstimmung und Verinnerlichung des Gesprächsziels. Planen Sie genügend Zeitreserve für die Nachbereitung ein.
- **Gesprächstermin:** Vereinbaren Sie einen speziellen Termin für das Beurteilungsgespräch, vermischen Sie ihn nicht mit ordentlichen Besprechungsterminen (z. B. Wochensitzungen). Setzen Sie den Termin so vorzeitig an, dass sich auch die Mitarbeitenden in aller Ruhe auf das Beurteilungsgespräch vorbereiten können. Fordern Sie von ihnen eine sorgfältige Selbstbeurteilung der Zielerreichung, der eigenen Leistungen und der Zusammenarbeit sowie eine Stellungnahme zu den eigenen Entwicklungsbedürfnissen und -plänen.

B] Gesprächsklima

Die **inhaltliche** und die **eigene, innere Vorbereitung** unterstützen Sie in der Gesprächsführung, besonders auch, wenn es sich um ein eher schwieriges, kritisches Beurteilungsgespräch handelt. Dabei geht es auch um eine **Selbstklärung,** indem Sie sowohl die Sach- als auch die Beziehungsebene beleuchten. Dadurch gelingt es Ihnen besser, von Anfang an ein konstruktives und wertschätzendes Gesprächsklima zu schaffen.

Die Leitfragen in Abb. 8-2 helfen, sich innerlich auf das Gespräch vorzubereiten.

Abb. [8-2]   **Inhaltliche und eigene, innere Vorbereitung**

Leistungsbeurteilung	• Welche Gesprächsziele verfolge ich? • Habe ich alle Informationen, die ich für eine seriöse Beurteilung brauche, bzw. welche muss ich noch wo einholen? • Welche Beurteilungskriterien haben wir festgelegt (z. B. im MbO oder im letztjährigen Beurteilungsgespräch)? • Mit welchen konkreten Beispielen begründe ich meine Beurteilung? • Wie hat sich meine jetzige Beurteilung gegenüber der letzten verändert und worauf führe ich das zurück? • Wie gut stimmt die Beurteilung mit den tatsächlichen Funktionsanforderungen überein? • Welche Beobachtungen / Eindrücke möchte ich ansprechen? • Welches wäre ein gutes Gesprächsergebnis?
Potenzialbeurteilung	• Welche Entwicklungsziele sehe ich für den Mitarbeiter (aufgrund der jetzigen Beurteilung, vorausgegangener Gespräche usw.)? • Wo sehe ich den Mitarbeiter mittelfristig (in zwei bis fünf Jahren)? • Welche konkreten Massnahmen zu den Entwicklungszielen will ich vorschlagen? • Wie will ich den Erfolg der Entwicklungsmassnahmen überprüfen?
Beziehungsebene	• Wie stehe ich zum Mitarbeiter? • Wie schätze ich unsere Beziehung ein? • Wie verliefen frühere Gespräche mit dem Mitarbeiter? • Welche Interessen verfolge ich mit der Beurteilung? • Wie gross ist mein Handlungsspielraum für Belohnungen, Entwicklungsmassnahmen, Sanktionen usw.?

8.2.2 Leitfaden für das Beurteilungsgespräch

Als Führungsperson leiten Sie das Beurteilungsgespräch. Dessen Qualität zeigt sich unter anderem an folgenden Merkmalen:

- Die Gesprächsanteile der Führungsperson und des Mitarbeiters sind ausgeglichen; es findet ein Austausch statt.
- Die Führungsperson vergleicht ihre Sichtweise mit jener der Mitarbeitenden. Sie korrigiert ihre Beurteilung wo nötig.
- Es herrscht ein Vertrauensverhältnis, sodass die Mitarbeitenden zu einer kritischen Selbstbeurteilung bereit sind.
- Das Gesprächsklima im Beurteilungsgespräch ist offen und wertschätzend, weil die Kommunikation zwischen der Führungsperson und den Mitarbeitenden auch im Alltag funktioniert.

Nachfolgend gehen wir auf den Ablauf eines Beurteilungsgesprächs näher ein. Wir konzentrieren uns dabei auf die wichtigsten Gesprächspunkte.

Abb. [8-3]   **Ablauf eines Beurteilungsgesprächs**

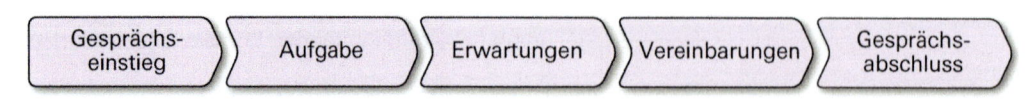

Gesprächseinstieg → Aufgabe → Erwartungen → Vereinbarungen → Gesprächsabschluss

In Abb. 8-4 sind die wichtigsten Merkpunkte für die einzelnen Phasen des Beurteilungsgesprächs zusammengefasst.

Abb. [8-4] Leitfaden für das Beurteilungsgespräch

Ablauf	Merkpunkte für das Gespräch
Gesprächseinstieg	• Freundliche Begrüssung, Dank für Vorbereitung. • Erwartungen an das Gespräch austauschen. • Zeitrahmen und grober Ablauf des Beurteilungsgesprächs vorstellen • Auf beiderseitige Vertraulichkeit der Gesprächsinhalte hinweisen.

Beurteilung	• **Selbstbeurteilung des Mitarbeiters:**
	  – Gelegenheit geben, seine Sicht zu erläutern.
	  – Aktiv zuhören, nur unterbrechen, wenn es für das Verständnis notwendig ist.
	  – Nach Gründen für Erreichung / Nichterreichung von Zielen fragen.
	• **Ihre Beurteilung:**
	  – Ihre Sicht der Zielerreichung erläutern.
	  – Einschätzung anhand von Beurteilungskriterien, Beobachtungen bzw. konkreten Beispielen begründen.
	  – Selbstbeurteilung des Mitarbeiters ergänzen, ausdrücklich bestätigen oder nötigenfalls korrigieren.

Hintergründe	• Dem Mitarbeiter Gelegenheit geben, seine Reaktion auf die Beurteilung zu zeigen. • Bei unterschiedlicher Beurteilung die Gründe dafür klären: unterschiedliche Beurteilungskriterien, Massstäbe oder Informationen? • Ursachen für Nichterreichung von Zielen / aktuelle Probleme / Schwächen des Mitarbeiters klären und Verbesserungsmassnahmen / Lösungsmöglichkeiten für die Zukunft entwickeln.
Vereinbarungen	• Entwicklungsziele für das kommende Jahr besprechen. • Schritte zur Zielerreichung gemeinsam definieren. • Notwendige Massnahmen inklusive Terminen und Verantwortlichkeit definieren. • Falls üblich, die Vereinbarungen beiderseits unterzeichnen.
Gesprächsabschluss	• Gesprächsergebnisse zusammenfassen. • Zufriedenheit über den Gesprächsverlauf abfragen. • Evtl. den Gesprächsverlauf gemeinsam reflektieren (Metakommunikation). • Klärendes Gespräch anbieten, falls sich im Nachhinein noch offene Punkte herausstellen sollten. • Sich bedanken für Offenheit und Verabschiedung.

8.2.3 Nachbereitung

Die wichtigsten Aufgaben bei der Nachbereitung des Beurteilungsgesprächs sind:

- Unmittelbar nach dem Beurteilungsgespräch die getroffenen **Vereinbarungen** (Ziele, Massnahmen, Vorgehen) **schriftlich** festhalten.
- Die notwendigen **Massnahmen** wie vereinbart einleiten, entsprechend planen und gegebenenfalls mit dem Mitarbeiter nachbesprechen.
- Die getroffenen **Vereinbarungen kontrollieren,** indem Sie das Verhalten und die Leistungen des Mitarbeiters beobachten: Ist die besprochene Verhaltensänderung bzw. die Leistungsverbesserung feststellbar? Einen Termin für Zwischengespräche vereinbaren.
- **Selbstreflexion** über Gesprächsführung und -verlauf: Wie lief das Gespräch? Wie gut konnte ich meine Interessen einbringen und die Gesprächsziele erreichen? Womit bin ich zufrieden, womit nicht und was will ich in einem nächsten Gespräch konkret verbessern?

8.3 Anerkennung und Kritik

Konstruktive Feedbacks sind ein unerlässliches Führungs- und Entwicklungsinstrument. Die Rückmeldung von Beobachtungen fördert den persönlichen Entwicklungsprozess. Trotzdem scheuen sich viele Führungspersonen davor, ihre Anerkennung und Kritik offen auszusprechen. Deren Wirkung hängt davon ab, wie sie erfolgt: In jedem Fall sind **Offenheit, Fairness** und **Respekt** gefragt. Unverhältnismässige, gönnerhafte Anerkennung oder scharfe, ironische Kritik wirken hingegen kontraproduktiv und demotivierend.

8.3.1 Anerkennung aussprechen

Drücken Sie Anerkennung nach den folgenden Regeln aus:

- **Situationsnah:** Anerkennen Sie eine gute Leistung oder ein erfolgreiches Verhalten möglichst unmittelbar. Sparen Sie sich das Lob nicht auf das nächste Führungsgespräch auf.
- **Ausdrücklich:** Sprechen Sie Ihre Anerkennung aus. Sie zu hören, verstärkt das Erfolgserlebnis und spornt an. Gehen Sie nicht davon aus, dass Ihren Mitarbeitenden auch ohne Ihr ausdrückliches Lob klar ist, dass Sie sie schätzen.
- **Sachbezogen:** Beziehen Sie Ihre Anerkennung auf ein konkretes Verhalten in einer bestimmten Situation oder auf ein konkretes Ergebnis, nicht allgemein auf die Person.
- **Konkret:** Sagen Sie konkret, welche Leistung Sie gut finden. Weichen Sie weder auf Floskeln aus, wie z. B. «toll» oder «weiter so», noch auf ein übertriebenes, unangemessenes Lob. Beides wird vom Gegenüber als «billig» empfunden.
- **Bedingungslos:** Lassen Sie eine Anerkennung als solche wirken. Verknüpfen Sie diese nicht mit einer neuen Anforderung.

8.3.2 Kritik üben

Eine andere Person zu kritisieren, ist unangenehm. Wir fürchten uns davor, die falschen Worte zu wählen oder eine emotionale Reaktion zu provozieren. Ausserdem wollen wir uns nicht unbeliebt machen, jemanden enttäuschen oder demotivieren. Ein wichtiger Grundsatz für die offene, sachliche und faire Kritik lautet deshalb: Je kritischer Sie sich äussern müssen, desto gründlicher müssen Sie sich darauf vorbereiten!

A] Offen und sachlich

Kritik soll der betreffenden Person helfen, ein Fehlverhalten oder eine Fehlleistung zu erkennen und daraus zu lernen. Darum müssen Sie für eine offene, wertschätzende Gesprächsatmosphäre sorgen und sachlich bleiben. Die folgenden Punkte tragen dazu bei:

- Sagen Sie **gleich zu Beginn,** worum es Ihnen geht, und zögern Sie die Kritik nicht hinaus. Reden Sie nicht um den heissen Brei herum.
- Machen Sie **klare Aussagen.** Mehrdeutige und schwammige Formulierungen helfen niemandem weiter, im Gegenteil, damit setzen Sie Ihre eigentliche Botschaft herab.
- Belegen Sie Ihre Kritik mit **konkreten Beobachtungen** und Beispielen. Klären Sie zunächst mit dem Mitarbeiter, was genau **Anlass zur Kritik** gegeben hat. Damit verhindern Sie Missverständnisse oder Zurückweisungen.
- Machen Sie nach Ihrer Kritik eine kurze **Pause,** damit Ihr Gegenüber sie zuerst verdauen kann. Widerstehen Sie dem Drang, Ihr Unbehagen durch Weiterreden zu übertünchen.
- Geben Sie dem Mitarbeiter die Gelegenheit, seine **Sichtweise** zu äussern. Bitten Sie ihn mit **offenen Fragen** um seine Stellungnahme. Zeigen Sie Ihr aufrichtiges Interesse an seinem Standpunkt. Das bedeutet nicht, dass Sie damit auch einverstanden sein müssen.
- Treffen Sie **Vereinbarungen.** Richten Sie den Blick in die Zukunft und teilen Sie mit, was Sie konkret wünschen bzw. was sich verändern soll. Fragen Sie auch den Mitarbeiter, was er verändern will und welche Unterstützung er dafür braucht: «Was kannst du beitragen,

um eine solche Situation künftig zu vermeiden? Was brauchst du von mir, damit du ein nächstes Mal anders reagieren kannst?»
- Finden Sie einen **positiven Gesprächsabschluss**. Zeigen Sie, dass das Vertrauen trotz der Kritik gewahrt bleibt, und drücken Sie Ihre Zuversicht für eine Veränderung ehrlich aus. Damit ermutigen Sie den Mitarbeiter, die getroffenen Vereinbarungen umzusetzen.

B] Fair

Fair kritisieren bedeutet, aufrichtig zu sein und gleichzeitig die Regeln von Anstand und Respekt zu wahren:

- Kritisieren Sie eine Person nur **unter vier Augen,** nicht vor anderen im Team, an einer Projektsitzung usw. Öffentliche Kritik stellt eine Person bloss und fordert sie mit Sicherheit zur Verteidigung oder Rechtfertigung heraus.
- Bringen Sie Ihre Kritik **in angemessenem, ruhigem Ton** vor. Versetzen Sie sich in die Lage der kritisierten Person: Wie kann sie die Kritik als solche aufnehmen und auch annehmen? Vorwürfe, Drohungen oder gar Beleidigungen verhindern dies mit Sicherheit.

8.4 Beurteilungsfehlern vorbeugen

Was wir wahrnehmen, beurteilen wir automatisch. Meist überlegen wir uns nicht lange, ob diese Beurteilung objektiv ist oder ob eine andere Person dies genauso sieht. Aufgrund dieser subjektiven Beurteilung unterlaufen uns immer wieder typische Beurteilungsfehler, von denen einige in Abb. 8-5 beschrieben sind.

Abb. [8-5]   **Typische Beurteilungsfehler**

Fehler	Kurzbeschreibung
Stimmungseffekt	Die momentan gute / schlechte Stimmung der Führungsperson führt zu einer eher positiven / negativen Bewertung des Mitarbeiters.
Mildetendenz	Die Führungsperson vermeidet eine negative Beurteilung, weil sie die damit verbundene offene Kritik scheut oder den Mitarbeiter sowieso als zu wenig fähig einschätzt und ihn darum nicht noch blossstellen will.
Strengetendenz	Die Führungsperson hat ein hohes Anspruchsniveau und will mit einer schlechteren Beurteilung ein Exempel statuieren.
Tendenz zur Mitte	Die Führungsperson bewertet in der Mitte einer Skala, um sich nicht genau festlegen zu müssen und die Begründung zu vermeiden, die sie bei einer extremeren Bewertung nachliefern müsste.
Primär- und Rezenzeffekt	Die Beobachtungen zu Beginn oder am Ende des Beurteilungszeitraums bleiben viel stärker haften als jene dazwischen.
Vergleichseffekt	Die Beurteilung erfolgt nicht objektiv, sondern im Vergleich zu anderen Mitarbeitenden oder zu früheren Beurteilungen des Mitarbeiters.
Ähnlichkeits- und Kontrasteffekt	Die Führungsperson nimmt sich selbst als Massstab für die Beurteilung und bewertet dazu gegensätzliche Eigenschaften negativer.

Solche Fehler lassen sich wohl nie ganz vermeiden. Durch selbstkritisches Hinterfragen Ihrer Wahrnehmung und Ihrer Schlussfolgerungen können Sie diese aber verringern. Die folgenden Tipps sollen Ihnen dabei helfen:

- Nehmen Sie zunächst eine **spontane Bewertung** bei der Vorbereitung des Beurteilungsgesprächs vor. Lassen Sie diese bewusst ein, zwei Tage liegen und **überprüfen** Sie sie dann noch einmal selbstkritisch.
- Schränken Sie Ihren Interpretationsspielraum durch **einheitliche Beurteilungskriterien und -massstäbe** ein. Verwenden Sie einen strukturierten Beurteilungsbogen und bitten Sie die Mitarbeitenden um eine Selbstbeurteilung nach denselben Kriterien.

- Stützen Sie sich bei der Beurteilung auf **mehrere Beobachtungssituationen** ab. Notieren Sie konkrete Beispiele laufend. Fragen Sie auch einmal andere Personen nach deren Einschätzung, z. B. bei einer engen Zusammenarbeit mit anderen Stellen oder bei der Mitarbeit in Projekten.
- Beurteilen Sie **anforderungsgerecht**. Nehmen Sie die für die betreffende Aufgabe geforderten Fähigkeiten und Leistungen als Beurteilungsmassstab und nicht Ihre persönlichen Idealvorstellungen.

Zusammenfassung

Feedbacks und Beurteilungen erhöhen die **Arbeitszufriedenheit** und **Leistungsmotivation**. Von der Führungsperson wird gefordert,

- auf der **sachlichen Ebene** die individuellen Leistungen angemessen zu beurteilen und gleichzeitig Perspektiven für die weitere Entwicklung aufzuzeigen sowie
- auf der **persönlichen Ebene** die Dialogbereitschaft zu fördern und ein Vertrauensklima zu schaffen.

Es werden dabei **drei Beurteilungsebenen** unterschieden:

Beurteilungsebene	Beurteilungsziele
Feedback	Laufende Rückmeldungen auf das Arbeitsverhalten dienen der Motivation und Förderung der Mitarbeitenden.
Leistungsbeurteilung	Die Basis für die Bewertung der Arbeitsergebnisse und Leistungen bilden die vereinbarten Ziele. Das Ziel der Leistungsbeurteilung ist, über Belohnungen Leistungsanreize zu schaffen.
Potenzialbeurteilung	Mit der Bewertung der Mitarbeiterpotenziale soll die Laufbahn- und Nachfolgeplanung im Unternehmen sichergestellt werden.

Das **Feedback** ist ein unerlässliches Führungsinstrument. Es geht darum, Anerkennung und Kritik zum Arbeitsverhalten auszusprechen. Dabei gilt es zu beachten:

- **Anerkennung** sofort, ausdrücklich und sachbezogen aussprechen.
- **Kritik** konstruktiv üben, d. h. in entspannter und offener Atmosphäre, sachbezogen, mit klaren Aussagen und einem positiven Gesprächsabschluss.

Konstruktive Mitarbeiterbeurteilungsgespräche zeichnen sich durch folgende Merkmale aus:

- Sorgfältige **Gesprächsvorbereitung** der Führungsperson und des Mitarbeiters
- Angenehmer, ungestörter und zeitlich gut bemessener **Gesprächsrahmen**
- Einhalten der **Gesprächsziele:** Anerkennung und Wertschätzung, Anhaltspunkte für Verbesserungen und Veränderungen definieren und nachhaltig motivieren
- Vertrauensvolle **Gesprächsatmosphäre** durch ausgeglichene Redeanteile, Vergleich beider Sichtweisen, laufende Gespräche und Vertrauensverhältnis zwischen Führungsperson und Mitarbeitenden

Repetitionsfragen

27 Erklären Sie anhand eines Praxisbeispiels den Zusammenhang zwischen der Potenzialbeurteilung und der Nachfolgeplanung im Unternehmen.

28 Nennen Sie drei Fragen zur eigenen, inneren Vorbereitung betreffend die Beziehungsebene.

29 Wie beurteilen Sie in den folgenden Beispielen die Art, Anerkennung bzw. Kritik auszusprechen?

A] «Herzlichen Dank für Ihr umfassendes Grobkonzept, das mir eine ausgezeichnete Grundlage für die Weiterarbeit liefert …»

B] «Du hättest dein Anliegen klarer vorbringen müssen, aber im Grossen und Ganzen finde ich deine Präsentation recht gut gelungen …»

C] «Ich hätte mir nie gedacht, dass es Ihnen in so kurzer Zeit gelingen würde, diese Aufgabe zu meistern! Andere würden dafür bestimmt doppelt so lange brauchen …»

D] «Sei mir bitte nicht böse, aber was du hier abgeliefert hast, ist schlicht unbrauchbar …»

Praxisaufgaben

1 **Mitarbeitende beurteilen**

Wie systematisch beurteilen Sie in Ihrem Führungsbereich? Wie oft geben Sie Ihren Mitarbeitenden Feedbacks? Wie sorgfältig bereiten Sie Beurteilungsgespräche vor?

Reflektieren Sie Ihre Art, Feedbacks zu geben und Beurteilungsgespräche zu führen.

- Nehmen Sie eine Selbsteinschätzung Ihrer Feedback- und Beurteilungsqualität vor. Stufen Sie sich gemäss der folgenden Bewertungsskala ein: «sehr gut», «gut», «mittelmässig», «ungenügend».
- Begründen Sie Ihre Selbsteinschätzung anhand von mindestens je einem konkreten Feedback- und Beurteilungsbeispiel.
- Wo sehen Sie Verbesserungspotenzial bei Ihrem Feedback- und Beurteilungsverhalten? Notieren Sie dazu konkrete Verbesserungsmassnahmen.
- Fragen Sie bei einer nächsten Gelegenheit Ihre Mitarbeitenden ausdrücklich, wie sie Ihre Art einschätzen, Feedbacks zu geben und Beurteilungsgespräche zu führen. Vielleicht können sie Ihnen auch konkrete Anregungen für Verbesserungen geben.

9 Coaching

Lernziele	Nach der Bearbeitung dieses Kapitels können Sie ... • erklären, was Coaching bewirken kann und wofür es eingesetzt wird. • anhand des Leitfadens ein Coachinggespräch durchführen.
Schlüsselbegriffe	Coachinggespräch, Fachcoaching, Fallcoaching, Impulsgeber, Intervision, Mentoring, persönliches Coaching, Ratgeber, Rollenverständnis, Supervision

Die Anforderungen an Führungspersonen sind in den letzten Jahren stetig gestiegen. Nebst den Alltagsaufgaben müssen sie in wachsendem Umfang noch zusätzliche Spezialaufgaben bewältigen, beispielsweise komplexe Veränderungsvorhaben oder Sonderprojekte leiten. Dabei reichen Patentrezepte, viel Berufserfahrung oder eine aussergewöhnliche Leistung vielfach nicht mehr aus. Es entsteht das Bedürfnis, seine eigenen Gedanken und Handlungen, ungelöste Fragen oder schwierige Probleme mit einer aussenstehenden Person besprechen zu können und sich von ihr beraten zu lassen.

Der dafür geläufige Begriff «Coaching» stammt aus dem Sport, wo der Coach den einzelnen Sportler oder die Mannschaft begleitet und zu Höchstleistungen anspornt.

9.1 Formen des Coachings

Coaching ist eine **lösungsorientierte, zeitlich begrenzte** Form der **Reflexion** und **Unterstützung.** Es setzt bei den vorhandenen Kräften (Ressourcen) an und eröffnet dadurch neue Handlungsoptionen. Das Ziel ist, **Hilfe zur Selbsthilfe** zu bieten, um dadurch die Eigenverantwortung und das Selbstvertrauen der Rat suchenden Person (des Coachee) für die Entwicklung eigener Lösungen zu stärken.

9.1.1 Thema / Fragestellung

Je nach Fragestellung, die im Coaching behandelt werden soll, unterscheidet man zwischen dem Fach-, dem Fall- und dem persönlichen Coaching:

- Das **Fachcoaching** (advising) betrifft ein **Sachproblem.** Aufgrund der Analyse des Problems hilft der Coach, Lösungsansätze oder die notwendigen Massnahmen zu entwickeln.
- Das **Fallcoaching** (consulting) befasst sich mit dem **Menschen in der Organisation.** Es beinhaltet vor allem Rollenklärungen und Problem- oder Konfliktlösungen in der Zusammenarbeit.
- Das **persönliche Coaching** (counseling) behandelt **persönliche Fragen** im beruflichen Kontext. Typische Auslöser sind **Unsicherheiten** im eigenen Verhalten, in der persönlichen Einstellung, Arbeitstechnik, Motivation, Work-Life-Balance usw.

Abb. [9-1] Coachingthemen

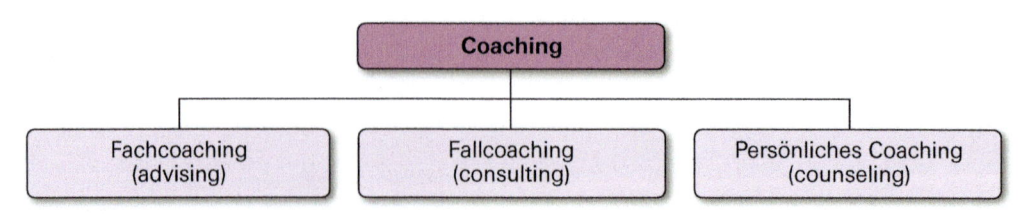

```
                    Coaching
         ┌─────────────┼─────────────┐
   Fachcoaching   Fallcoaching   Persönliches Coaching
    (advising)    (consulting)       (counseling)
```

9.1.2 Supervision, Intervision und Mentoring

Coaching, Supervision, Intervision und Mentoring haben zwar unterschiedliche Wurzeln und teilweise unterschiedliche Ziele, ähneln sich aber im Vorgehen.

Als **Supervision** bezeichnet man die **professionelle Beratung** eines Mitarbeiters (Supervisand) in medizinischen, sozialen, pädagogischen und therapeutischen Berufen durch einen unabhängigen Supervisor. Supervisand und Supervisor vereinbaren das Ziel der Supervision, wobei vor allem die praktische Arbeit bzw. das Verhalten der Fachperson gegenüber seinem Kunden (Patient, Klient, Lernenden), die Rollen- und Beziehungsdynamik, die Zusammenarbeit im Team oder in der Organisation thematisiert werden.

Intervision (auch Peer-Supervision genannt) ist eine Art **Gruppensupervision** ohne Beizug eines Supervisors: Die Teilnehmenden der Intervisionsgruppe supervidieren sich gegenseitig.

Beim **Mentoring** gibt eine erfahrene Person (Mentor) vor allem ihr Fach- oder Methodenwissen und ihre **Erfahrungen aus der Berufspraxis** an eine weniger erfahrene Person (Mentee) weiter, um sie beruflich oder persönlich zu unterstützen. Viele Unternehmen setzen solche Mentoringprogramme in der Nachwuchsförderung ein oder bei der Einarbeitung von neuen Mitarbeitenden.

9.1.3 Coaching durch die Führungsperson

Coaching im Sinne der persönlichen Unterstützung und Förderung gilt heute auch als eine wichtige Führungsaufgabe: Der Mitarbeiter (in der Rolle des Coachee) bringt seine Fragestellungen freiwillig ein und ersucht Sie als Führungsperson (in der Rolle des Coachs) um Rat.

Beim Coaching von Mitarbeitenden müssen Sie sich stets bewusst sein, welche Rolle die betreffende Situation erfordert: Sind Sie jetzt als Chefin oder als Coach gefragt? Ausserdem übernehmen Sie je nach Fragestellung eine andere Rolle im Coachinggespräch:

- Beim **Fachcoaching** steht eine Sache im Vordergrund. Hier ist die **Problemlösung** das Ziel. Dem Coach steht es in diesem Fall auch zu, Ratschläge, Vorgehensvorschläge und konkrete Impulse oder Tipps einzubringen. Er übernimmt die Rolle des **Ratgebers.**
- Beim **Fall- oder persönlichen Coaching** steht der **Mensch** im Zentrum. Der Coach regt «nur» zur **Selbsteinsicht** an und bietet ausschliesslich **Hilfe zur Selbsthilfe;** er ist nicht als Ratgeber, sondern als **Impulsgeber** gefragt, denn Standardrezepte, Lösungstipps und Ratschläge sind hier fehl am Platz.

Ihr **Rollenverständnis** müssen Sie aber auch während eines Coachinggesprächs selbstkritisch hinterfragen und allenfalls anpassen. Unter anderem gehört dazu, gut abzuschätzen, ob die durch das Coaching entstandene **Nähe** und persönliche **Verbundenheit** problematisch für künftige Führungssituationen werden könnte. Die Rat suchenden Mitarbeitenden müssen sich ihrerseits bewusst sein, dass der Coach von heute auch der Vorgesetzte von morgen sein wird.

Coachinggespräche zwischen Vorgesetzten und Mitarbeitenden verlaufen auch deshalb nicht immer problemlos, weil **verdeckte Absichten** mit im Spiel sein können. Etwa, wenn jemand vermeintlich Rat sucht im Coachinggespräch, sich jedoch vor allem bei der Führungsperson absichern will. Stellt sich die Empfehlung später als falsch heraus, wird die betreffende Person wahrscheinlich versuchen, sich aus der Verantwortung zu stehlen.

Beispiel

In einem IT-Projekt kommt es seitens eines Lieferanten wiederholt zu beträchtlichen zeitlichen Verzögerungen. Die Projektleiterin sieht allmählich das Gesamtziel gefährdet und sucht nach Auswegen, damit das Projekt nicht noch stärker aus der Bahn gerät. Sie bittet ihren Vorgesetzten um Rat, was sie unternehmen könnte und wie sie die nächsten Projektschritte planen soll.

Als die von ihrem Vorgesetzten empfohlenen Massnahmen nach wie vor nicht die gewünschte Verbesserung bringen, weist die Projektleiterin die Verantwortung von sich und stellt sich auf den Standpunkt, ihr Vorgesetzter hätte sie falsch beraten.

9.2 Coachinggespräche führen

Unabhängig von der Fragestellung müssen Sie sich als Coach stets bewusst sein, dass es Aufgabe des Coachee ist, das Problem selbst zu lösen. Sie begleiten ihn auf dem Weg zur Lösungsfindung.

9.2.1 Haltung des Coachs

Beim Coaching gilt: Der Erfolg des Ratsuchenden ist der Erfolg des Coachs! Erfolgreiches Coaching setzt eine **Vertrauensbasis** voraus, die von **Freiwilligkeit,** gegenseitigem **Respekt** und gegenseitiger **Wertschätzung** getragen wird.

Nehmen Sie deshalb die folgende Haltung gegenüber der Rat suchenden Person ein:

- Du bist Experte für die eingebrachte Fragestellung.
- Du bist fähig und bereit, deine Fragestellung selbst zu lösen.
- Der Prozess ist lösungs- und ressourcenorientiert. Ich unterstütze ihn mit passenden Fragen und Interventionen und helfe dir so, die Lösung selbst zu finden.
- Die Lösungen sind situationsgerecht. Du sollst deinen Handlungsspielraum nützen, aber nicht überschreiten.

9.2.2 Leitfaden für das Coachinggespräch

Ihre Aufgabe ist die **Gesprächsführung,** nicht die Problemlösung. Auf das Gespräch wirken Sie aktiv ein, indem Sie

- Vertrauen schenken,
- fragen statt sagen (idealerweise hat die gecoachte Person 80% Gesprächsanteil),
- aktiv zuhören,
- Knackpunkte identifizieren und Themen auf den Punkt bringen,
- an der Sichtweise der gecoachten Person interessiert sind,
- sich zurücknehmen, auch wenn Sie längst eine Lösung hätten,
- im Gespräch wie auch in Ihrem Vorgehen transparent bleiben.

Beispiel

Paola hat mit einer Mitarbeiterin immer wieder Probleme und bittet deshalb ihren Vorgesetzten um Rat. Er überhäuft sie daraufhin mit Tipps: «Also, erst einmal gibst du ihr jetzt mehr Aufgaben. Dann führst du ein klärendes Gespräch. Aber wirklich ein klares! Und wenn sie ihr Verhalten nicht sofort ändert, dann kommst du wieder zu mir und wir schauen zusammen weiter …»

Paola geht unzufrieden aus dem Gespräch, weil ihr die gönnerhaften Anweisungen ihres Vorgesetzten nichts bringen. Mehr geholfen hätten ihr Aufforderungen und Fragen wie die folgenden: «Paola, schildere mir die Situation, in der dich deine Mitarbeiterin so provoziert hat … – Hast du eine ähnliche Situation schon einmal erlebt? Welches sind deine Anteile an der verfahrenen Situation? Wie hast du auf die Provokation reagiert? Was hast du bereits unternommen, um eine Lösung der Probleme zu finden?» Usw.

Die Auflistung in Abb. 9-2 dient als Gedankenstütze für die Vorbereitung und Durchführung eines Coachinggesprächs. Beachten Sie jedoch, dass jedes Gespräch anders verläuft und sowohl vom Thema als auch von den betroffenen Persönlichkeiten geprägt wird.

Abb. [9-2] Leitfaden für das Coachinggespräch

Ablauf	Merkpunkte für das Gespräch
Vorbereitung	• Sich auf die Rolle als Coach einstellen und sich selbst gedanklich zurücknehmen. • Allenfalls Unterlagen für Fachfragen (als Hilfsmittel für den Coachee) bereitstellen.
Gesprächseinstieg	• Vertrauensvolle Atmosphäre schaffen. • Erwartungen klären, Ziele erfragen. • Zeitrahmen bestimmen.
Situationsklärung	• Zum Kern des Problems stossen (aktives Zuhören, offene und konkretisierende Fragen stellen). • Fakten ausarbeiten. (Wie ist die Situation? Welche Anteile haben die Beteiligten?) • System klären. (Wer ist betroffen, wer hat welchen Einfluss?)

Selbsteinsicht	• Der Coachee soll
	  – seine persönliche Betroffenheit wahrnehmen,
	  – seine eigenen Schlüsse aus der Situation ziehen und
	  – den eigenen Handlungsspielraum abstecken: Was liegt in meiner Macht?

Lösungsfindung	• Die Rat suchende Person definiert selbst (!),
	  – wie sie die nächsten Schritte gestalten will,
	  – welche Ziele sie verfolgt,
	  – welche Meilensteine ihr zeigen, dass der eingeschlagene Weg der richtige ist.
	• Falls nötig, Lösung nochmals hinterfragen und auf Ungereimtheiten aufmerksam machen.

Abschluss	• Erwartungen und Ziele aus Gesprächseinstieg überprüfen. • Controlling im Sinne von weiteren Zwischenschritten definieren.

9.2.3 Grenzen des Coachings

Coaching kann nicht alles erreichen. In der Zusammenarbeit stösst es insbesondere an Grenzen, wenn es um eigentliche Führungsaufgaben und nicht um Coachingaufgaben geht oder wenn die Situation den Beizug einer Drittperson erforderlich macht:

- Die **Entscheidungs- und Verantwortungskompetenz** muss gewahrt bleiben. Damit sind Situationen gemeint, in denen eine klare Entscheidung der Führungsperson gefragt ist und nicht ihr Coaching. Dementsprechend ist sie verantwortlich für die Problemlösung und nicht die Rat suchende Person.
- Die **Mitarbeiterförderung** hat Grenzen. Mitarbeitende sollten nicht überfordert werden, die Aufgaben und Kompetenzen sind klar zu regeln und nicht zu überschreiten.
- Das Coaching kennt Grenzen, wenn es um **persönliche, private Probleme** der Mitarbeitenden geht. Dafür sind externe Stellen verantwortlich. Im Arbeitsumfeld sollen Probleme geregelt werden, die vor allem die fachliche Arbeit betreffen.
- Auch Vorgesetzte in der **Rolle als Coach** haben Grenzen. Sie müssen sich selbst eingestehen können, ab wann sie Hilfe von aussen benötigen oder dass sie im vorliegenden Fall ausserstande sind, einen Mitarbeiter zu coachen.
- Als Führungsperson ist der Coach gleichzeitig ein **Teil des Systems,** das während des Coachinggesprächs unter Umständen hinterfragt wird. Eine neutrale Aussensicht durch den Einbezug eines unbeteiligten Dritten in einem solchen Fall wird empfohlen.

Zusammenfassung

Für vielschichtige Problemstellungen genügen Musterlösungen und Patentrezepte oft nicht mehr; es sind individuelle, situative Lösungen gefragt. Coaching setzt hier an als eine lösungsorientierte, zeitlich begrenzte Form der Reflexion und Unterstützung.

Unter Coaching als Führungsaufgabe wird ein **unterstützender Beratungsprozess** verstanden, der das Fördern und Fordern, Anleiten und Helfen, Moderieren und Integrieren der Mitarbeitenden beinhaltet. Grundsätzlich gilt: Der Coach ist für die Gesprächsführung, nicht für die Problemlösung zuständig.

Man unterscheidet drei Coachingformen:

	Fachcoaching	Fallcoaching	Persönliches Coaching
Fragestellung	Sachprobleme	Rollenverständnis	Persönliche Fragen
Fokus	Sache	Mensch / Organisation	Persönlichkeit
Lösung	Problemlösung	Selbsteinsicht	Selbsteinsicht
Mittel zur Lösungsfindung	Ratschläge, Hintergrundwissen	Hilfe zur Selbsthilfe	Hilfe zur Selbsthilfe
Rolle des Coachs	Ratgeber	Impulsgeber	Impulsgeber

Repetitionsfragen

30 Nehmen Sie Stellung zu den folgenden Aussagen.

A] Im Gegensatz zum persönlichen Coaching ist es beim Fachcoaching die Aufgabe des Coachs, das eingebrachte Problem zu lösen.

B] Mein Erfolg als Coach hängt vor allem davon ab, wie ich das Coachinggespräch führe, und weniger davon, dass ich gute Ratschläge erteile.

C] Meinen Mitarbeitenden geht es meist um die eigene Absicherung, wenn sie sich von mir coachen lassen. Indem sie bei mir Rat einholen, übertragen sie mir die Verantwortung für eine gute Lösung.

31 Zeigen Sie anhand eines Beispiels auf, warum der Coach in einem Fachcoaching eine andere Rolle übernehmen muss als im persönlichen Coaching.

32 Was bedeutet «Hilfe zur Selbsthilfe» im Coachinggespräch?

Praxisaufgaben

1 **Reflexion eines Coachinggesprächs**

Reflektieren Sie ein Coachinggespräch, das Sie vor Kurzem geführt haben. Beantworten Sie die folgenden Fragen:

A] Welches war der Anlass für das Coaching?

B] Welche Ziele wurden beim Gesprächseinstieg festgehalten?

C] Welche Lösungen hat die Rat suchende Person selbst definiert?

D] Was haben Sie besonders schwierig gefunden in Ihrer Rolle als Coach?

Teil C
Teamführung und Teamentwicklung

Einstieg

Wenn Menschen sich zusammenfinden, um gemeinsame Interessen zu verfolgen oder sich einer gemeinsamen Aufgabe zu widmen, entstehen Gruppen. So auch im Führungsseminar, an dem Stella, Patrizia, Jean und Miroslav teilnehmen. Mittlerweile haben sie sich in verschiedenen Gruppenarbeiten, die sie gemeinsam lösen mussten, näher kennen- und gegenseitig schätzen gelernt. Sie diskutieren soeben über die Frage: «Welche Bedingungen führen zu Spitzenleistungen im Team?» Schalten wir uns in diese Diskussion ein …

Miroslav: «Am wichtigsten ist für mich, dass die Chemie untereinander stimmt. Wenn ich in ein neues Team komme, spüre ich ziemlich schnell, ob ich mich dort wohl fühlen und entfalten kann oder nicht …»

Jean: «Ein Team funktioniert nicht einfach von selbst, auch wenn man sich noch so gut versteht. Spitzenleistungen schafft es nur dank einer Führung, die weiss, worauf es ankommt. Fingerspitzengefühl ist gefragt …»

Stella: «Meines Erachtens ist der Erfolg weniger von den Persönlichkeiten abhängig, sondern von der gemeinsamen Vision. Es braucht ein motivierendes Ziel, auf das man mit vereinten Kräften hinarbeiten will. Alles Weitere kommt – fast – von selbst …»

Patrizia: «Anspruchsvolle Ziele sind bestimmt wichtig. Wenn sich aber alle im Team als Leithammel sehen oder sich gegenseitig in Schach halten und keiner sich vorzudrängen wagt, dann verpuffen wertvolle Energien. Das Team ist dann mehr mit sich selbst beschäftigt als mit der eigentlichen Aufgabe …»

Die Teamarbeit ist erfolgreich, wenn die Teammitglieder ihre spezifischen Fähigkeiten zum Nutzen aller optimal einsetzen können und dabei auch selbst persönliche Befriedigung finden. In jeder Gruppe spielt sich ohnehin eine bestimmte Dynamik und Rollenverteilung ab. Allerdings verlaufen solche Teambildungsprozesse meist konstruktiver und auch effizienter, wenn sie bewusst gesteuert werden. Von Führungspersonen wird erwartet, dass sie diese Steuerungsrolle in ihrem Team aktiv angehen.

In diesem Teil behandeln wir deshalb Grundlagen der Teamarbeit und der Teamentwicklung:

- Im **Kapitel 10** die Merkmale einer Gruppe und eines Teams und die Erfolgsfaktoren der Teamarbeit
- Im **Kapitel 11** die typischen Phasen der Gruppendynamik und bekannte Rollenmodelle
- Im **Kapitel 12** die Besonderheiten der dezentralen Teamführung
- Im **Kapitel 13** die Moderation von Teamsitzungen

10 Teamarbeit gestalten und fördern

Lernziele Nach der Bearbeitung dieses Kapitels können Sie ...

- die typischen Merkmale einer Gruppe nennen.
- die wichtigsten Erfolgsfaktoren der Teamarbeit und die damit verbundenen Führungsaufgaben erläutern.

Schlüsselbegriffe Aufgabenverteilung, Beziehungsebene, Einzelarbeit, Feedback, Gruppendenken, Gruppennormen, Gruppenstruktur, Information, Kommunikation, Kritik, Kultur, Leitung, Sachebene, Strategie, Struktur, Teamarbeit, Teamentwicklung, Teamfähigkeit, Teamgrösse, Teamklima, Teamziele, TZI, Umfeld, Unterstützung, Wir-Gefühl, Zeitmanagement

Jeder Mensch ist Mitglied verschiedener Gruppen: Wir werden in eine Familie hineingeboren, die erste prägende Gruppe im Leben, und unter Umständen auch in eine religiöse Gemeinschaft aufgenommen. In der Kindheit gehören wir verschiedenen Spiel- und Lerngruppen an, toben uns in Sport- oder Pfadfindergruppen aus und schliessen engere oder losere Freundschaften, die uns allenfalls ein Leben lang begleiten werden. Später treten wir allenfalls einem Verein, einer politischen Partei und weiteren Interessengruppen bei. Privat gehen wir eine Paarbeziehung ein, gründen vielleicht selbst eine Familie ...

Auch im Berufsleben verbringen die meisten von uns einen Grossteil unserer Zeit in einer oder mehreren Gruppen: jeden Tag als Mitglied eines fixen Arbeitsteams im Unternehmen und gelegentlich bei der Mitarbeit in verschiedensten Projektgruppen.

10.1 Merkmale einer Gruppe

«Unter Gruppen und Teams werden zwei oder mehrere Personen verstanden, die über eine gewisse Zeit so zusammenwirken, dass jede Person die anderen Personen beeinflusst und von ihnen beeinflusst wird, die ein gemeinsames Ziel, eine Gruppenstruktur mit Rollen und Normen sowie ein Wir-Gefühl haben.»[1]

Diese Definition enthält die wesentlichen Merkmale einer Gruppe:

- Es handelt sich um eine **Mehrzahl** von Personen, die
- ein gemeinsames **Ziel** haben,
- einen gemeinsamen **Prozess** durchlaufen,
- bei dem sie gemeinsame **Normen** und **Wertvorstellungen** entwickeln,
- sich unterschiedliche **Rollen** innerhalb der Gruppe herausbilden,
- ein «**Wir-Gefühl**» entsteht, das den Zusammenhalt untereinander fördert.

10.1.1 Arbeitsgruppe oder Team

Die Fachliteratur unterscheidet zwischen Arbeitsgruppen und Teams etwa wie folgt:

- Unter einer **Arbeitsgruppe** versteht man eine Mehrzahl von Menschen in einem Unternehmen, einer Schule usw., die in bestimmte **Rahmenbedingungen** eingebettet und entsprechend **organisiert** sind.
- Als **Team** bezeichnet man eine Mehrzahl von Menschen, die eine **gemeinsame Aufgabe** haben und dadurch **in Abhängigkeit zueinander** stehen. Von einem Team spricht man daher auch, wenn es um die besondere **Qualität der Zusammenarbeit** geht: Mit einem ausgeprägten **Teamgeist** ist ein Team zu überdurchschnittlichen Leistungen fähig.

---

[1] Von Rosenstiel, Lutz: Grundlagen der Organisationspsychologie, Stuttgart 2003.

Die folgende Aussage bringt den Unterschied zwischen einer Gruppe und einem Team auf den Punkt: «Auch ein Team ist eine Gruppe, jedoch nicht jede Gruppe ist ein Team.»[1]

Abb. 10-1 illustriert den Unterschied ebenfalls: Während sich eine Gruppe hauptsächlich auf die **Einzelleistungen** der Gruppenmitglieder abstützt, strebt ein Team nach der gemeinsamen Verantwortung für die Ergebnisse. Die **Teamleistung** als Ganzes rückt in den Vordergrund.

Abb. [10-1]   **Gruppe und Team**

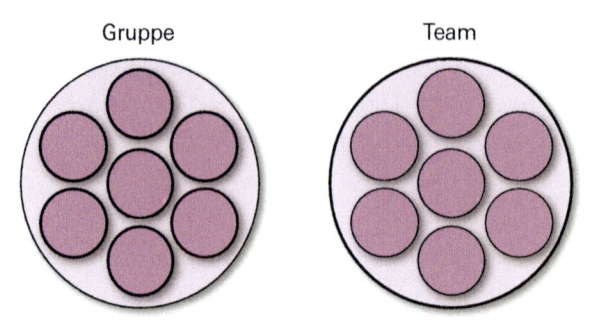

Nach: Stock, Ruth in: Marti, Stefan: Toolbox Führung, Winterthur 2012.

Bei ausserordentlichen Teamleistungen spricht man auch von einem **Synergieeffekt.** Bekannt machte diesen Begriff Harry Igor Ansoff (1918–2002), der als Begründer der strategischen Managementlehre gilt.[2] Die vielzitierte Formel **«2 + 2 = 5»** zeigt den Synergieeffekt der Teamleistung: Die Gesamtleistung ist grösser als die Summe der Einzelleistungen.

Über die ideale **Teamgrösse** gibt es zwar unterschiedliche Auffassungen, doch geht man allgemein davon aus, dass ein gut funktionierendes Team aus **drei bis acht Personen** besteht. Ist das Team grösser, braucht die Abstimmung untereinander mehr Zeit, leidet die Qualität der Zusammenarbeit und droht das Gesamtteam, in Untergruppen zu zerfallen.

Hinweis   Der Einfachheit halber unterscheiden wir in diesem Lehrmittel nicht zwischen Gruppe und Team und verwenden daher beide Begriffe synonym.

10.1.2 Zusammensetzung und Leitung

Eine Gruppe kann sich formell oder informell bilden und die Leitung der Gruppe kann formell oder informell bestimmt werden.

Bei einer **formellen Gruppe** wird die Gruppenzusammensetzung **von aussen bestimmt.** Dies ist bei **Arbeitsgruppen** oder **Projektteams** der Fall, die sich aufgrund von Funktionen (z. B. PR-Abteilung), von Arbeitsprozessen (z. B. Immobilienverwaltung) oder aufgrund der Projektstruktur (z. B. Teilprojekt «Machbarkeitsstudie») bilden. In diesem Sinn ist die formelle Gruppe eine **Zweckgemeinschaft,** die sich unabhängig von den persönlichen Vorlieben «zusammenraufen» muss, um das gemeinsame Ziel zu erreichen.

Viele formelle Gruppen haben eine **formelle Leitung.** Das heisst, die Leitungsperson wird nicht von der Gruppe selbst, sondern von aussen bestimmt, etwa aufgrund der **hierarchischen Stellung.** In Unternehmen ist dies typischerweise bei Abteilungsleitern, Prozessverantwortlichen, Projektleiterinnen oder Fachexperten der Fall.

Eine **informelle Gruppe** bildet sich **freiwillig,** etwa aufgrund persönlicher **Sympathie** und gemeinsamer **Interessen.** Auch sie kann einen bestimmten Zweck verfolgen, wenn sich die Mitglieder z. B. in einem freiwilligen Qualitätszirkel regelmässig über mögliche Prozess-

---

[1] Kauffeld, Simone: Teamdiagnose, Göttingen 2001.
[2] Ansoff, Harry Igor: Corporate Strategy, New York 1965. Deutscher Titel: Strategisches Management, Wiesbaden 1983.

verbesserungen austauschen oder sich in der Freizeit zum Fussballspielen treffen. Vor allem handelt es sich aber um eine Interessengemeinschaft und entsprechend stark ist das Zusammengehörigkeitsgefühl in informellen Gruppen.

Die informelle Leitung bedeutet, dass die Gruppe die Leitungsperson selbst bestimmt. In Absprache mit dem Team übernimmt ein Gruppenmitglied die Leitungsfunktion, z. B. aufgrund seiner besonderen Fähigkeiten oder seiner zeitlichen Verfügbarkeit.

10.2 Erfolgsfaktoren der Teamarbeit

Der Erfolg der Teamarbeit soll nicht dem Zufall überlassen bleiben. Daher braucht es eine bewusst gesteuerte Teambildung bzw. Teamentwicklung. Die Bedürfnisse des Teams zu erkennen, ist ein fortwährender Prozess, denn durch veränderte Rahmenbedingungen, durch neue Aufgaben oder durch einen Wechsel in der Teamzusammensetzung verändert sich jeweils auch das Team als Ganzes.

Vier Erfolgsfaktoren der Teamarbeit müssen zusammenpassen:

- Das Umfeld, d. h. die indirekte Führung (s. Kap. 1.2, S. 10), legt die äusseren Rahmenbedingungen für die Teamarbeit als Strategie, als Strukturen und als Kultur fest.
- Die Aufgaben definieren somit den eigentlichen Zweck der Teamarbeit: Wissen und Fähigkeiten optimal zur Zielerreichung zu nutzen.
- Das Ich als die persönliche Teamfähigkeit ist die Bereitschaft, sich auf die Teambildung einzulassen, die eigene Einstellung zur Teamarbeit und zu den übrigen Teammitgliedern zu reflektieren.
- Das Wir betrifft insbesondere die Gestaltung der Sach- und der Beziehungsebene in der Zusammenarbeit durch klare Regeln der Arbeitsorganisation und durch die bewusste Förderung des Teamgeists.

Abb. [10-2]   Vier Erfolgsfaktoren der Teamarbeit

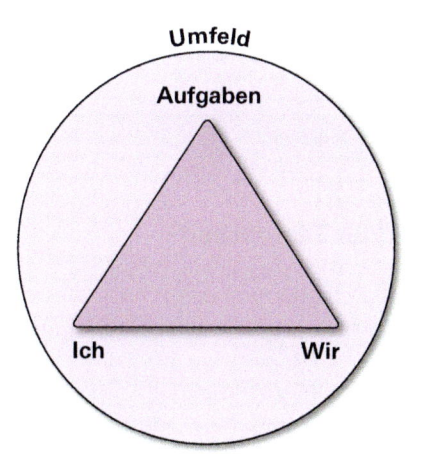

Hinweis	Die vier Erfolgsfaktoren entsprechen der Themenzentrierten Interaktion (TZI), die Ende der 1950er-Jahre unter anderem von der Psychologin Ruth Cohn (1912–2010) als Methode zum Steuern von Gruppenprozessen entwickelt wurde. Der zentrale Gedanke der TZI ist, dass eine Gruppe dann optimal zusammenarbeitet, wenn die Bedürfnisse und Interessen des Einzelnen und jene der Gruppe gleichermassen berücksichtigt werden und das Thema bzw. die Gruppenaufgabe im Augenmerk bleibt. Die TZI bezeichnet die Interessen und Bedürfnisse des Einzelnen als «Ich», die Bedürfnisse der Gruppe als «Wir». «Ich», «Wir» und «Thema / Aufgabe» sind gleichrangig. Sie werden deshalb als die Eckpunkte eines gleichseitigen Dreiecks dargestellt, das seinerseits in ein Umfeld in Form eines kreisförmigen Rahmens eingebettet ist.

Quelle: Nach Cohn, Ruth C.: Von der Psychoanalyse zur themenzentrierten Interaktion, Stuttgart 2009

10.2.1 Umfeld: Rahmenbedingungen schaffen

Die **Unternehmensstrategie** definiert die grundsätzliche Ausrichtung und liefert demzufolge die Ziele und den Auftrag für die Teamarbeit im Unternehmen. Damit dieser Auftrag erfüllt werden kann, müssen auch die Strukturen und die Kultur im Unternehmen die Teamarbeit nachhaltig fördern.

Die herkömmliche hierarchische **Struktur** mit einer Führungsperson an der Spitze, die alle wichtigen Entscheidungen trifft und Aufgaben verteilt, ist vielfach überholt. Um den Herausforderungen des Wettbewerbs gewachsen zu sein, werden vermehrt **vernetzte Strukturen** geschaffen, in denen die Teammitglieder weitgehend selbstorganisiert zusammenarbeiten. Die Führungspersonen übernehmen eine vorwiegend **koordinierende Funktion.**

Eine teamförderliche **Unternehmenskultur** gewährt einen grossen Gestaltungs- und Entscheidungsfreiraum und betont Werte wie Eigeninitiative, Eigenverantwortung, Lösungsorientierung usw. Man spricht in diesem Zusammenhang auch von «**Empowerment**» (engl. für Ermächtigung) und vom «**Mitunternehmertum**». Dies setzt ein Umdenken im Unternehmen voraus, nämlich die Bereitschaft der Führungspersonen, Macht und Kontrolle abzugeben, und die Bereitschaft der Teams, mehr unternehmerische Verantwortung zu übernehmen und sich für das Erreichen gemeinsamer Ziele aktiv zu engagieren.

In Abb. 10-3 sind typische Ansätze für eine teamförderliche Unternehmenskultur aufgelistet.

Abb. [10-3] **Förderung der Teamkultur im Unternehmen**

Von ...	Hin zu ...
Vorgaben	Eigeninitiative
Anordnungen befolgen	Eigenverantwortung
Hierarchiedenken	Vernetzung
Fremdorganisation	Selbstorganisation
Fremdkontrolle	Selbstkontrolle
Reagieren	Agieren
Problemorientierung	Lösungsorientierung
Individualität	Kollektivität

10.2.2 Aufgaben: Einzel- oder Teamarbeit?

Klarheit darüber zu finden, ob es **sinnvoller** und **effizienter** ist, einen Auftrag an ein Team oder an eine Einzelperson zu delegieren, ist eine wichtige Führungsaufgabe.

Nicht immer ist Teamarbeit die geeignete Arbeitsform. Im Gegenteil, viele Aufgaben werden effizienter und auch besser von einer **Einzelperson** oder allenfalls von einem **Zweierteam** erledigt, weil sie sich z. B. klar abgrenzen und damit auch bündeln lassen, Spezialkenntnisse erfordern, wenig Entscheidungsspielraum zulassen, einen geringen Abstimmungsbedarf haben usw.

Für die **Teamarbeit** eignen sich hingegen alle Aufgaben, die eine **Vernetzung** von Wissen und Fähigkeiten erfordern. In den meisten Unternehmen wird dies immer wichtiger. Ein Grund dafür ist der zunehmende Wettbewerb in einem globalen Umfeld, der dazu zwingt, mit Ungewissheit umzugehen und Entwicklungen frühzeitig zu erkennen, um möglichst rasch auf Veränderungen reagieren zu können. Diesem hohen **Anpassungsdruck** ist das eher starre Denken in einzelnen Funktionen und Abteilungen nicht gewachsen.

Zusammenfassend sprechen die folgenden Gründe für die Teamarbeit:[1]

- Ein Team vermag die Stärken des Einzelnen zu aktivieren und dessen Schwächen auszugleichen.
- In einem dynamischen Umfeld, in dem sich die meisten Unternehmen laufend behaupten müssen, verschafft das direkte, flexible Zusammenarbeiten einen Zeitvorteil.
- Innovationsfähigkeit setzt Teamarbeit voraus, da viele Problemstellungen zu komplex sind, als dass ein Einzelner dafür praxisgerechte und umsetzbare Lösungen entwickeln kann.
- Die Auseinandersetzung im Team bildet ein ideales Lernumfeld und hat einen starken Einfluss auf individuelle Einstellungen und Verhaltensweisen.
- Die Zusammenarbeit unter Gleichrangigen entspricht besonders den Werten von Leistungsträgern und der jüngeren Generationen in den Arbeitsprozessen.
- Ein gut funktionierendes Team erledigt nicht einfach seine Aufgaben, sondern organisiert und führt sich dabei zu einem grossen Teil auch selbst. Diese Selbstorganisation und Selbstführung spart zusätzliche Führungs- und Administrationsressourcen ein.

10.2.3 Ich: Teamfähigkeit

Erfolgreiche Teamarbeit setzt die Teamfähigkeit aller Teammitglieder voraus. Nicht alle Mitarbeitenden in einem Unternehmen bringen diese Voraussetzung gleichermassen mit. Manche ziehen die Einzelarbeit vor oder erzielen bessere Arbeitsleistungen aufgrund von klaren Vorgaben. Allgemein als «nicht teamfähig» gelten Eigenbrötler, Besserwisserinnen und Selbstdarsteller, die lieber alles selbst erledigen, sich von anderen nichts sagen lassen oder die Bühne für sich alleine beanspruchen.

Unter Teamfähigkeit wird die Bereitschaft und Fähigkeit verstanden, sich mit den anderen im Team konstruktiv auszutauschen, zu gemeinsamen Lösungen aktiv beizutragen und andere aktiv zu unterstützen.

Dazu tragen insbesondere die folgenden persönlichen Kompetenzen bei:

- Integrationsfähigkeit: Sich selbst in die Gruppe einordnen, ohne seine Persönlichkeit zu verleugnen, die Stärken und Schwächen der einzelnen Teammitglieder akzeptieren.
- Kooperationsbereitschaft: Durch einen offenen Austausch und vertrauensvollen Umgang das Team als Ganzes stärken, mit dem eigenen Wissen und Können andere Teammitglieder unterstützen und auch Unterstützung von anderen annehmen.
- Lösungsorientierung: Sein Wissen, seine Fähigkeiten und Fertigkeiten zugunsten von gemeinsamen Lösungen konstruktiv einbringen und bereit sein, Kompromisse zugunsten des Gesamtinteresses einzugehen.
- Engagement: Sich für das gemeinsame Ziel einsetzen, sach- und ergebnisorientiert handeln und mit anderen «an einem Strick ziehen».
- Veränderungsbereitschaft: Seine Stärken und Schwächen realistisch einschätzen, offen für Feedbacks und Kritik sein und bereit, dazuzulernen und sich konstruktiv damit auseinanderzusetzen.

Die Weiterentwicklung der Teamfähigkeit ist eine wichtige Führungsaufgabe. Die Führungsperson kann sie nur dann vorbildlich erfüllen, wenn sie selbst sich im Alltag als teamfähig erweist.

---

[1] Nach Doppler, Klaus; Lauterburg, Christoph: Change Management – Den Unternehmenswandel gestalten, Frankfurt 2008.

10.2.4 Sach- und Beziehungsebene der Teamarbeit

Jeder zwischenmenschliche Austausch findet auf der Sach- und auf der Beziehungsebene statt. Vom Zusammenspiel dieser beiden Ebenen hängt auch der Erfolg eines Teams ab:

- Die Sachebene betrifft die Ziele und Aufgaben, die das Team zu erfüllen hat.
- Die Beziehungsebene betrifft die Art und Weise, wie die Teammitglieder aufeinander (ein)wirken und zusammenwirken.

Der Eisberg zeigt die Bedeutung der Beziehungsebene für die erfolgreiche Teamarbeit eindrücklich: Der (verborgene) Beziehungs- oder Gefühlsbereich hat einen viel grösseren Einfluss auf den Teamerfolg als der (sichtbare) Sach- oder Aufgabenbereich. Dies wird aber oft erst erkannt, wenn die Teamarbeit harzt und Störungen und Konflikte untereinander das gemeinsame Vorankommen blockieren oder verunmöglichen. Wenn die Beziehungsebene hingegen stimmt, kann sich das Team voll und ganz auf die Sachebene bzw. auf die Ziele und Aufgaben konzentrieren.

Abb. [10-4] Sach- und Beziehungsebene der Teamarbeit

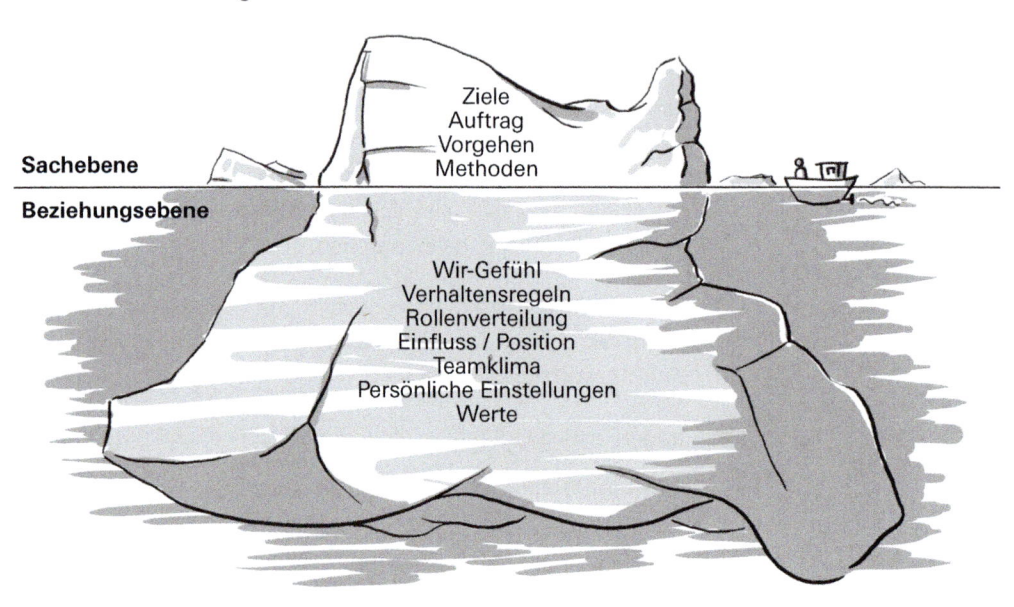

Als Führungsperson fördern Sie die Teamarbeit, indem Sie auf der Sachebene für produktive Arbeitsbedingungen sorgen und auf der Beziehungsebene das Wir-Gefühl stärken.

10.3 Für produktive Arbeitsbedingungen sorgen

Produktive Arbeitsbedingungen begünstigen die effiziente Aufgabenerfüllung bei der Einzelarbeit genauso wie bei der Teamarbeit. Für eine optimale Arbeitsorganisation im Team sorgen Sie durch gemeinsame Ziele, eine klare Aufgabenverteilung, klare Entscheidungswege und ein optimales Zeitmanagement.

Abb. [10-5] Arbeitsorganisation im Team

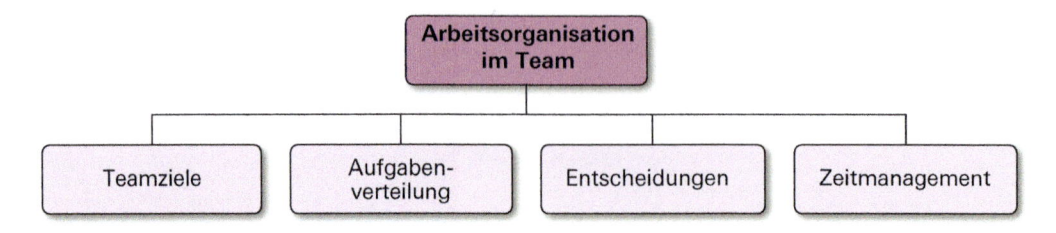

10.3.1 Teamziele

«Wer das Ziel nicht kennt, wird den Weg nicht finden.» Dieser Merksatz gilt für ein Unternehmen genauso wie für eine einzelne Person oder ein Team.

Als Voraussetzung für eine erfolgreiche Zusammenarbeit braucht ein Team zunächst ein **klares gemeinsames Ziel,** das die Frage nach dem **Sinn und Zweck** der Teamarbeit beantwortet und somit auch als Leitbild für dessen Ausgestaltung dient. Dazu kommt jedoch noch eine weitere Anforderung: Je besser das Teamziel mit den eigenen Zielen übereinstimmt, desto grösser ist die **Identifikation** und desto mehr fühlt jeder sich dafür mitverantwortlich. Fehlt die Identifikation, sinkt die Motivation zur Teamarbeit beträchtlich und nehmen stattdessen Gleichgültigkeit und Egoismus überhand.

Ihre Führungsaufgabe ist es, solche Teamziele auszuhandeln und allseits zu klären, dies sowohl innerhalb des Teams als auch z. B. bei Projekten mit dem Auftraggeber. **Unklare Ziele** und **unrealistische Erwartungen** zählen nämlich zu den am häufigsten genannten Ursachen für das **Scheitern der Teamarbeit:**

- Anstelle eines gemeinsamen Ziels gibt es unverbindliche Absichtserklärungen, Pseudoziele oder vage Wunschvorstellungen, die sehr unterschiedlich interpretiert werden.
- Der Auftraggeber hat unrealistische Erwartungen an den «Teamauftrag» oder das Team überschätzt sich selbst und nimmt einen unrealistischen Auftrag entgegen.
- Das Team hat sich zwar ein Ziel gesetzt, stellt dieses mittlerweile aber infrage, ändert es regelmässig ab oder lässt es ausser Acht.

Die mit einem **konkreten Auftrag** verbundenen Ziele erfüllen die fünf **SMART-Kriterien:** messbar, erreichbar, ergebnisorientiert und termingebunden (s. Kap. 6.3.1, S. 68).

10.3.2 Aufgabenverteilung

Um in der Teamarbeit ein optimales Ergebnis zu erreichen, müssen die anfallenden Aufgaben optimal auf die besonderen Fähigkeiten und Möglichkeiten der Teammitglieder verteilt sein:

- Jedes Mitglied sollte seine **individuellen Fähigkeiten** möglichst gewinnbringend einsetzen können. Bei der zweckmässigen Aufgabenverteilung spielen diese zusammen mit der Arbeitserfahrung und der Leistungsfähigkeit eine entscheidende Rolle. Dies garantiert, dass niemand dauerhaft unter- oder überfordert ist.
- Die Aufgaben müssen so gerecht untereinander verteilt werden, dass sie für jedes Teammitglied **zeitlich bewältigbar** sind.

Wahrscheinlich haben Sie in diesem Zusammenhang auch schon die spöttische Bemerkung gelesen oder gehört: «Team heisst: Toll, ein anderer machts!»

Bei der Aufgabenverteilung ist auf das **«Trittbrettfahren»** zu achten, das auf Dauer zu grossen Spannungen im Team führt, besonders bei seinen Leistungsträgern. Als Trittbrettfahrer gelten Teammitglieder, die sich immer wieder durch geschickte Ausreden und andere Verhinderungstaktiken der Aufgabenübernahme entziehen und zulasten anderer vom Teamerfolg profitieren können (s. auch Kap. 7.4, S. 74, Rückdelegation verhindern).

10.3.3 Entscheidungen

Die gemeinsame Arbeit an einer Aufgabe oder an einem Projekt erfordert viele Entscheidungen, die gut aufeinander abgestimmt sein müssen. Um Missverständnissen und Konflikten vorzubeugen, müssen die **Entscheidungsregeln und -kompetenzen** klar sein und von allen verbindlich eingehalten werden. Herrscht darüber Uneinigkeit oder werden die Regeln von Einzelnen systematisch missachtet, behindert dies die Teamarbeit stark oder kann sie sogar ganz zum Erliegen bringen.

Typische Leitfragen zu den Entscheidungsregeln und -kompetenzen sind:

- **Entscheidungsregeln:** Wie werden die Entscheidungsgrundlagen erarbeitet? Nach welchen Kriterien wird entschieden?
- **Entscheidungskompetenzen:** Wer entscheidet in welchen Fällen? Welche Entscheidungen dürfen Einzelne treffen und welche muss das Team gemeinsam treffen?

10.3.4 Zeitmanagement

Das **Management der «gemeinsamen Zeit»** ist in der Teamarbeit besonders wichtig, denn ein **respektloser Umgang** damit wird als einer der grössten **Störfaktoren** gesehen. Dieser zeigt sich z. B. in ergebnislosen Sitzungen, in ausufernden Diskussionen, zwecklosen Debatten, aber auch im bewussten Verhindern von Lösungen oder im Verschieben wichtiger Entscheidungen.

Eine **realistische Zeitplanung** bei der Aufgabenerfüllung schafft **Verbindlichkeit** innerhalb des Teams und nach aussen gegenüber den Auftraggebern. Jedes Teammitglied ist verpflichtet, sich an die **vereinbarten Termine** zu halten und mögliche Verzögerungen sofort zu melden, damit andere Teammitglieder oder Sie als Führungsperson rechtzeitig korrigierend oder unterstützend eingreifen können.

Wenn sich Einzelne im Team dieser Verpflichtung «ungestraft» entziehen können, ist die Erreichung des Teamziels gefährdet. Vor allem aber führt dies zu einem Vertrauensverlust innerhalb des Teams. In der Folge lässt die Verbindlichkeit auch bei anderen Teammitgliedern nach und schleicht sich allmählich Disziplinlosigkeit ein.

10.4 Wir-Gefühl stärken

Das Wir-Gefühl steht für den inneren **Zusammenhalt des Teams** bzw. für den **«Teamgeist»**. Verbunden wird es mit gegenseitigem Vertrauen und Respekt, der Bereitschaft zur gegenseitigen Unterstützung, der Loyalität dem Team gegenüber und dem Stolz, Teil dieses Teams zu sein. Gruppenstruktur und Gruppennormen beeinflussen das Wir-Gefühl erheblich.

Der innere Zusammenhalt wird nicht zuletzt durch Druck von aussen erzeugt, der aufgrund des Auftrags oder durch den Vergleich mit anderen Teams entsteht und zu einem **Wettbewerbsdenken** führt: Wir wollen die Besten sein! Dieses hilft, sich als Team ehrgeizige Ziele zu setzen und die Kräfte zu bündeln, um sich möglichst gut zu behaupten. Trotzdem sollte **Fairness** als Haltung anderen gegenüber gewahrt bleiben: «Wir sind o. k. – ihr seid o. k.»

Immer wieder laufen Teams aber auch Gefahr, sich gegen aussen **abzuschotten**. Dann entwickelt sich das Wir-Gefühl zu einem Gefühl **«wir gegen die anderen»,** das der Haltung entspricht: «Wir sind o. k. – ihr seid nicht o. k.» Längerfristig führt diese Abschottungstendenz jedoch zum eigenen Scheitern, weil es auf der Grundlage von Misstrauen gegen aussen auch innerhalb des Teams nicht möglich ist, konstruktiv zusammenzuarbeiten.

10.4.1 Gruppennormen

Gruppennormen sind **Verhaltensregeln** für den **Umgang miteinander.** Wer dazugehören will, muss sich zu diesen Regeln bekennen und dadurch mit den anderen Mitgliedern einen «sozialen Vertrag» abschliessen. Hält er sich in der Folge nicht daran, muss er mit **Sanktionen** rechnen. Jede Gruppe braucht solche Verhaltensregeln, weil sie zur Stabilität beitragen und den einzelnen Mitgliedern eine **Orientierungshilfe** geben, was sich gehört und was nicht.

Gruppennormen geben Sicherheit. Daraus entsteht aber auch ein **Gruppendruck** oder **Konformitätszwang.** Je stärker man sich mit der Gruppe verbunden fühlt, desto eher ist man bereit, sich diesem Zwang zu beugen: Man passt sich an und verhält sich möglichst gruppenkonform, auch gegen die eigene Überzeugung. Die eigene Meinung oder persönliche Zweifel werden unterdrückt.

Beispiel	Sie haben sich eine Meinung zu einem Thema gebildet und möchten diese in die Teamdiskussion einbringen. Doch stellen Sie fest, dass die übrigen Wortmeldungen in eine ganz andere Richtung laufen und es nun der falsche Moment wäre, dagegenzuhalten. Ihre Meinung würde einige im Team irritieren und von ihnen bestimmt nicht goutiert werden. Sie beschliessen darum, lieber zu schweigen …

In diesem Zusammenhang spricht man auch vom **Gruppendenken** (engl. groupthink). Gemeint ist damit, dass Gruppen unter Entscheidungszwang dazu neigen, andere Standpunkte oder kritische Hinweise auszublenden oder rigoros zu unterbinden. Gegenteilige Ansichten werden nicht als Bereicherung, sondern als Störung oder gar als Angriff bewertet. Um den Teamzusammenhalt zu festigen, werden die **Andersdenkenden bekämpft.** Dies kann so weit gehen, dass unerwünschte, schwierige oder kritische Mitglieder als «Sündenböcke» herhalten müssen und aus dem Team gemobbt werden. Als Folge davon geht die gegenseitige Offenheit verloren und lässt man sich zu **unvernünftigen Fehlentscheidungen** hinreissen, die folgenschwer sein können oder sogar zum eigenen Untergang führen.

Beispiel	Die Zwangsliquidation der einstmals sehr erfolgreichen Fluggesellschaft Swissair im Jahr 2001 war ein besonders einschneidendes Ereignis in der jüngeren Schweizer Wirtschaftsgeschichte.
	Als ein Hauptgrund für das Scheitern gelten krasse Fehlentscheidungen der damaligen Geschäftsleitung, die auf ein ausgeprägtes Gruppendenken und auf eine unzureichende Kontrolle durch den Verwaltungsrat zurückgeführt werden.

10.4.2 Gruppenstruktur

Wer hat einen besonders «guten Draht» zueinander? Wer tauscht sich mit wem besonders häufig aus? Wer bestimmt die Verteilung von Aufgaben? Als Gruppenstruktur oder «Hackordnung» bezeichnet man die **Beziehungsmuster** zwischen den Gruppenmitgliedern. In einer bestehenden Gruppe sind sie ziemlich stabil, geraten aber ins Wanken, wenn z. B. ein neues Mitglied hinzukommt oder ein einflussreiches Mitglied die Gruppe verlässt.

Die Gruppenstruktur zeigt sich als:

- **Affektive Struktur:** die gefühlsmässigen Beziehungen untereinander, d. h. die persönlichen Zu- und Abneigungen der Mitglieder
- **Kommunikationsstruktur:** der Kontakt und Informationsfluss untereinander, wobei der Besitz von Informationen und der Zugang einen wichtigen Machtfaktor in der Teamarbeit darstellen
- **Rollenstruktur:** die Verteilung von Positionen innerhalb der Gruppe und damit verbunden das Ausmass an persönlichem Einfluss und an Macht auf die Teamarbeit

10.4.3 Teamklima

Das Teamklima drückt sich im **Umgang miteinander** aus, so z. B. in der Art und Weise zu kommunizieren, einander Informationen weiterzugeben, Abmachungen einzuhalten, Kritik zu üben oder Konflikte auszutragen und zu lösen, sich gegenseitig zu unterstützen. Als Führungsperson leben Sie diesen Umgang miteinander vor: mit Ihrem Menschenbild, mit Ihrem Führungsstil und mit Ihrer eigenen Teamfähigkeit.

Abb. [10-6] Teamklima

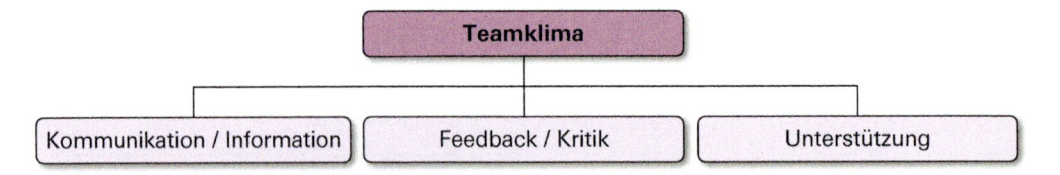

```
                    Teamklima
        ┌───────────────┼───────────────┐
Kommunikation /    Feedback / Kritik    Unterstützung
  Information
```

A] Kommunikation und Information

Kommunikation und Information sind unerlässlich für die gegenseitige Verständigung und für die Beziehungspflege. Erfolgreiche Teams kommunizieren **offen** und **konstruktiv.** Dazu braucht es die Bereitschaft jedes einzelnen Teammitglieds,

- seine **eigene Meinung,** seine Wünsche, Interessen und Gefühle ehrlich auszudrücken,
- den anderen **zuzuhören** und deren Sichtweise zu **verstehen,**
- an der **Meinungsbildung** im Team aktiv teilzunehmen, andere Meinungen zu akzeptieren und Meinungsverschiedenheiten als Bereicherung, nicht als Störung aufzufassen,
- **Missverständnisse** oder Fehlinterpretationen sogleich zu klären und Konfliktanzeichen anzusprechen,
- offen und umfassend zu **informieren** und Wissensvorsprünge und Erfahrungen vorbehaltlos weiterzugeben.

Wenn diese Offenheit in der Kommunikation und der Information fehlt, kommen stattdessen Ironie, Spott oder auch Machtspiele und Intrigen zum Zug. Es wird stundenlang «um den heissen Brei herumgeredet». Wichtige Informationen werden bewusst verschwiegen und stattdessen Gerüchte und Vermutungen verbreitet. Die Meinungen einzelner Teammitglieder werden ignoriert oder unbegründet abgelehnt und statt über Lösungen zu diskutieren, wirft man sich gegenseitig Fehler vor.

Hinweis	Auf die Kommunikation und Information gehen wir im Compendio-Lehrmittel «Kommunikation und Präsentation – Leadership-Modul für Führungsfachleute» vertieft ein.

B] Feedback und Kritik

Die Feedback- und Kritikkultur widerspiegelt das gegenseitige **Vertrauen,** die gegenseitige **Akzeptanz** und **Wertschätzung.**

Teamarbeit führt unweigerlich zu einer **Konfrontation** mit anderen Meinungen, Leistungen und Verhaltensweisen. Diese in Form von **konstruktiven Feedbacks** auszutauschen, zählt zu den Schlüsselfähigkeiten eines Teams.

Die Teamarbeit deckt unweigerlich auch individuelle **Fehler** und **Schwächen** auf. Sachliche, **konstruktive Kritik** zu üben, bedeutet, dies anzusprechen, ohne in einen persönlichen Angriff überzugehen. Kritik konstruktiv entgegennehmen zu können, erfordert die Einsicht und die Bereitschaft, dazulernen zu wollen.

In vielen Teams wird Kritik trotzdem nur zurückhaltend geübt. Typische Gründe dafür sind:

- Angst vor einem Gesichtsverlust: Kritik wird als Blossstellung vor den anderen gesehen.
- Angst vor einem Verlust an Teamgeist: Kritik wird als unnötiges Konkurrenzdenken und als Bedrohung für den Zusammenhalt im Team gesehen.
- Angst vor Ausschluss: Kritik zu üben, wird als Bestrafungsgrund gesehen.
- Falsch verstandene Solidarität: Konfrontation wird mit Unhöflichkeit verwechselt, weshalb andere Teammitglieder meinen, die angegriffene Person beschützen zu müssen.

C] Unterstützung

«Einer für alle – alle für einen!» Dieses viel zitierte Motto guter Teamarbeit drückt treffend das aus, was mit gegenseitiger Unterstützung der Teammitglieder gemeint ist:

- Für die Teammitglieder ist es **selbstverständlich, einander zu helfen,** wenn es die Situation erfordert.
- Gerät ein Teammitglied in **Schwierigkeiten** bei der Aufgabenerfüllung, steht die **Suche nach Lösungen** für diese Schwierigkeiten im Vordergrund und nicht die Fehlersuche, Vorwürfe oder Schuldzuweisungen.
- Die Teammitglieder sind freiwillig bereit, auch selbst einen **Mehreinsatz** zu leisten, um das gemeinsame Ziel zu erreichen. Ihr Beitrag zum Teamergebnis steht über der Erfüllung der eigenen Leistung.

10.4.4 Teamentwicklungsprozesse gestalten

Ein erfolgreiches Team sucht nach neuen Wegen, wenn es an seine **Grenzen** stösst, und gibt nicht auf. Es verlässt sich nicht allein auf gute Erfahrungen und erprobte Abläufe. Im Gegenteil: Es muss offen für **Kritik** sein, von aussen wie auch aus den eigenen Reihen, und bereit sein, seine **Gewohnheiten** zu hinterfragen, um daraus neue **Erkenntnisse** zu gewinnen und gezielte **Verbesserungen** einzuleiten.

Erfolgreiche Teams sind sich bewusst, dass sie sich ebenso beharrlich weiterentwickeln müssen, wie jedes einzelne Teammitglied sich selbst weiterentwickeln muss.

Anlass zur Teamentwicklung geben typischerweise die folgenden Situationen:

- **Neues Arbeits- oder Projektteam:** Die künftige Zusammenarbeit erfolgt in einer neuen oder in einer veränderten Teamzusammensetzung. Im Vordergrund stehen die Klärung des Auftrags bzw. Ziels der gemeinsamen Arbeit und des Vorgehens sowie die Gruppendynamik und Rollenverteilung.
- **Standortbestimmung** in einem bestehenden Team: Gemeinsam wird die bisherige Zusammenarbeit reflektiert, z. B. nach Abschluss eines grösseren Projekts oder einmal jährlich.
- **Strukturelle Veränderungen** im Umfeld: Das Team sieht sich gezwungen, seinen Arbeitsauftrag oder die Zusammensetzung des Teams aufgrund von Veränderungen von aussen anzupassen, z. B. aufgrund einer strategischen Weichenstellung, einer Reorganisation usw.
- **Problemklärung und -lösung:** Schwierigkeiten treten bei der Aufgabenerfüllung oder in der Zusammenarbeit auf, z. B. Meinungsverschiedenheiten über die weiterzuverfolgenden Lösungsvorschläge oder -wege.
- **Konfliktbewältigung:** Zwischen Teammitgliedern oder zwischen der Führungsperson und Teammitgliedern treten zunehmend Spannungen auf der Beziehungsebene auf, die die Zusammenarbeit empfindlich stören oder sogar blockieren.

Als Führungsperson übernehmen Sie eine **zentrale Gestaltungsrolle** in einem kontinuierlichen Teamentwicklungsprozess. Zwar wird das Bedürfnis, stetig weiterzukommen, idealerweise durch das Team selbst ausgelöst, doch liegt es vor allem an Ihnen, das aktuelle Thema aufzugreifen und es gemeinsam mit dem Team zu bearbeiten.

Teamentwicklungsprozesse können Sie auch ohne externe Begleitung durchführen. Dies setzt aber einige Erfahrung und Kenntnisse in der Gruppendynamik und in der Moderation von Gruppenprozessen voraus. In jedem Fall sollten Sie eine **externe Teamberatung** beiziehen, wenn Sie selbst Teil des zu bearbeitenden Problems und somit befangen sind, mit Widerstand gegen Ihre Moderation rechnen müssen oder eine konfliktträchtige Entwicklung voraussehen.[1]

---

[1] Nach: Gellert, Manfred; Nowak, Claus: Teamarbeit – Teamentwicklung – Teamberatung, Meezen 2010.

Zusammenfassung

Eine Gruppe oder ein Team wird definiert als eine **Mehrzahl** von Personen mit einem gemeinsamen **Ziel,** die in einem gemeinsamen **Prozess** gemeinsame **Normen und Wertvorstellungen** bilden, dabei unterschiedliche **Rollen** einnehmen und ein **Wir-Gefühl** entwickeln.

Es gibt zwei Formen der Gruppenbildung und -leitung:

- **Formell** als von aussen bestimmte Zweckgemeinschaft mit einer offiziellen Leitung
- **Informell** als selbst bestimmte Interessengemeinschaft mit einer freiwilligen Leitung

Als vier Erfolgsfaktoren der Teamarbeit gelten:

Erfolgsfaktor	Massnahmen
Umfeld	Teamförderliche äussere **Rahmenbedingungen** schaffen: Strategie, Struktur, Kultur.
Aufgaben	Zweckdienliche Aufträge als **Team-** oder als **Einzelarbeit** erteilen.
Ich	Persönliche Bereitschaft und Fähigkeit zur **konstruktiven Teamarbeit** durch Integrationsfähigkeit, Kooperationsbereitschaft, Lösungsorientierung, Engagement und Veränderungsbereitschaft.
Wir	Sach- und Beziehungsebene der Teamarbeit bewusst fördern durch • **produktive Arbeitsbedingungen:** Teamziele, Aufgabenverteilung, Entscheidungsregeln und -kompetenzen und Zeitmanagement. • **Wir-Gefühl:** Zusammenhalt (Teamgeist) und Umgang miteinander (Teamklima) mittels offener Kommunikation und Information, wertschätzender Feedbacks, konstruktiver Kritik sowie gegenseitiger Unterstützung.

Eine kontinuierliche **Teamentwicklung** sichert den nachhaltigen Teamerfolg. Die Führungsperson fördert diese selbst oder mit externer Unterstützung. Anlass dazu geben typischerweise:

- Neues Arbeits- oder Projektteam bzw. neue Teamzusammensetzung
- Standortbestimmung in einem bestehenden Team (Reflexion)
- Strukturelle Veränderungen im Umfeld
- Problemklärung und -lösung (Meinungsverschiedenheiten)
- Konfliktbewältigung auf der Beziehungsebene

Repetitionsfragen

33 In einem Team gilt die Norm: «Einzelkämpfer haben bei uns nichts zu suchen!» Wie könnte sich diese Norm auf das Verhalten der Teammitglieder auswirken?

34 Welche Erfolgsfaktoren der Teamarbeit werden im folgenden Beispiel genannt?

«Unser Team zeichnet sich durch eine hohe Identifikation aus. Man ist stolz, Teil des Teams zu sein, und ist bereit, die Einzelinteressen zugunsten der Gruppe zurückzustellen. Unser Vorgesetzter trägt wesentlich dazu bei, dass wir als Team erfolgreich sind. Er fordert von uns eine hohe Leistungsbereitschaft, fördert uns aber auch, indem er beispielsweise immer ein offenes Ohr für unsere Anliegen hat und uns bei Schwierigkeiten unterstützt. Selbstverständlich gibt es auch bei uns Konflikte. Das ist normal, wenn Menschen zusammenarbeiten. Wir geben uns Mühe, solche Spannungen konstruktiv zu lösen. Eine wichtige Voraussetzung dafür ist, dass jeder sich öffnet, auch Unangenehmes ansprechen und Fehler machen darf.»

35 Beantworten Sie die folgenden Fragen zu den Erfolgsfaktoren der Teamarbeit:

A] Wie geht ein erfolgreiches Team mit Missverständnissen um?

B] Inwiefern kann ein ausgeprägtes Gruppendenken einem Team schaden?

C] Welche beiden Grundsätze sind für eine ausgewogene Aufgabenverteilung zu beachten?

D] Was versteht man unter der individuellen Integrationsfähigkeit?

Praxisaufgaben

1 **Erfolgsfaktoren der Teamarbeit**

In diesem Kapitel haben Sie sich mit den vier Erfolgsfaktoren der Teamarbeit auseinandergesetzt. Wie gut spielen diese in Ihrem Team zusammen und wo sehen Sie allenfalls einen dringenden Verbesserungsbedarf?

A] Erstellen Sie zunächst für Ihr Team zu jedem der vier Erfolgsfaktoren – Umfeld, Aufgabe, individuelle Teamfähigkeit sowie Sach- und Beziehungsebene der Teamarbeit – eine Liste mit positiven Punkten (Stärken) und mit negativen Punkten (Schwächen).

B] Halten Sie in Stichworten die möglichen Gründe für diese Stärken und Schwächen fest.

C] Wählen Sie nun zwei Schwächen aus, die Sie selbst positiv beeinflussen können. Formulieren Sie pro Schwäche ein konkretes Verbesserungsziel und entwickeln Sie dazu möglichst konkrete Verbesserungsmassnahmen.

11 Gruppendynamik und Gruppenrollen

Lernziele	Nach der Bearbeitung dieses Kapitels können Sie … • typische Merkmale in den einzelnen Phasen eines Teambildungsprozesses bestimmen. • aufgrund von Rollenmodellen das typische Rollenverhalten in einem Team erläutern.
Schlüsselbegriffe	Adjourning, Alpha, Aufbaurollen, Aufgabenrollen, Beobachter, Beta, Dauer, Distanz, dysfunktionale Rollen, Erfinder, Erhaltungsrollen, Forming, Gamma, Gegner, Gruppendynamik, Individualrollen, Koordinator, Macher, Nähe, Norming, Omega, Perfektionist, Performing, Riemann-Thomann-Kreuz, soziodynamische Rangstruktur, Spezialist, Storming, Teamarbeiter, Teambildung, Umsetzer, verhaltensorientierte Rollenfunktionen, Wechsel, Wegbereiter

Jede Gruppe macht verschiedene **Entwicklungsschritte,** bevor sie ihre Stärke voll entfalten kann. Einmal herrschen Begeisterung und Zuversicht, dann wiederum Misstrauen und Unsicherheit. Viele Auseinandersetzungen zwischen den Gruppenmitgliedern spielen sich auf der **Beziehungsebene** ab.

Zudem ist jedes Mitglied **mit sich selbst beschäftigt,** mit seinen persönlichen Absichten, Gefühlen und Erwartungen, und stellt sich etwa die folgenden Fragen:

- Wie kann ich meine eigenen Ziele in dieser Gruppe verwirklichen?
- Wie muss ich mich verhalten, um von den anderen akzeptiert zu werden?
- Unter welchen Bedingungen fühle ich mich in dieser Gruppe wohl?
- Welches ist meine Rolle in dieser Gruppe?

11.1 Gruppendynamik

Kurt Lewin (1890–1947) gilt als Begründer der **Sozialpsychologie,** die sich mit der Gruppenbildung bzw. mit der Gruppendynamik befasst. Nachfolgend gehen wir darauf näher ein: auf das typische Verhalten, auf mögliche Konflikte und auf die Anforderungen an die Gruppenleitung während dieses Entwicklungsprozesses.

Der Psychologe Bruce W. Tuckman veröffentlichte im Jahr 1965 das wohl bekannteste Modell eines gruppendynamischen Prozesses mit folgenden vier Phasen:

1. **Forming:** Sich orientieren (Kennenlernphase).
2. **Storming:** Sich auseinandersetzen (Konfliktphase).
3. **Norming:** Sich finden (Konsens- und Kompromissphase).
4. **Performing:** Ergebnisse erzielen (produktive Arbeitsphase).

Abb. [11-1] Gruppendynamik nach Tuckman

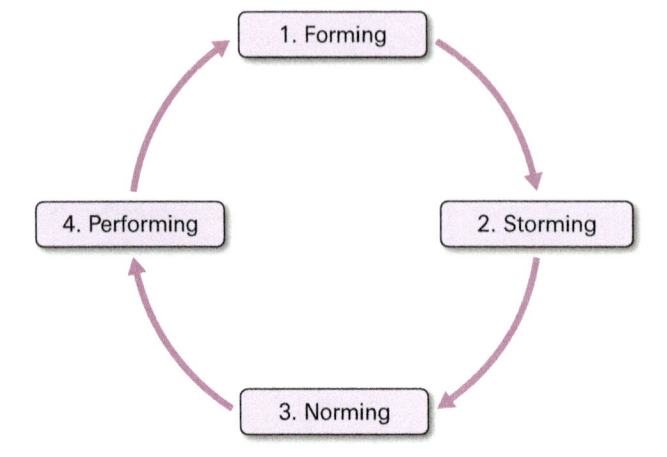

Diese Dynamik ist bei allen sich neu bildenden Gruppen beobachtbar, wenn Menschen aufeinandertreffen und zuerst herausfinden müssen, wie sie den gemeinsamen Weg beschreiten sollen. Wie schnell sich eine funktionierende Gruppe bildet, hängt von den einzelnen Personen ab, von den Umständen, unter denen sie zusammenfinden, und von der Gruppenleitung.

Auch die zeitliche Dauer jeder Phase ist von Gruppe zu Gruppe verschieden: Manche Phasen werden ausgedehnt, andere rasch durchgezogen. Jedoch muss eine Gruppe die Phasen eins bis drei durchlaufen, damit sie die Performing-Phase überhaupt erreichen kann und sich nicht wegen ungelöster Konflikte blockiert. Das Abkürzen oder Umgehen einer oder mehrerer Phasen des gruppendynamischen Prozesses ist somit nicht möglich.

Die vier Phasen können sich wiederholen, wenn sich die Gruppenzusammensetzung ändert, weil z. B. ein Gruppenmitglied neu hinzukommt oder ein anderes die Gruppe verlässt. Veränderte Gruppenziele können ein weiterer Auslöser sein. Man spricht in diesem Zusammenhang auch von einem «Reforming». Häufige Wechsel in der Zusammensetzung oder bei den Zielen sind problematisch, weil die Gruppe immer wieder daran gehindert wird, ihre Stärken in der vierten Phase, im Performing, zu zeigen.

Das Vier-Phasen-Modell nach Tuckman wurde später um das Adjourning (englisch für Auflösung) als fünfte Phase ergänzt. Sie betrifft insbesondere Projektgruppen, die über eine von vornherein beschränkte Zeit intensiv zusammenarbeiten, sich nach der Zielerreichung jedoch wieder auflösen.

11.1.1 Forming

Die Gruppe muss sich zuerst finden und sich formen (englisch «forming»). Daher ist diese erste Phase der Gruppenbildung durch Unsicherheit und Unklarheit geprägt. Man wünscht sich Orientierungshilfen, will sich gegenseitig kennenlernen, sich einschätzen, sich in der Gruppe lose einordnen und herausfinden, welches Verhalten hier akzeptiert ist.

Jedes Gruppenmitglied sucht seinen Platz und seine Rolle in der Gruppe. Die Aufmerksamkeit liegt bei den Personen, weniger bei den gemeinsam zu lösenden Aufgaben oder konkreten Zielen. Dementsprechend verhalten sich in der Regel alle betont höflich und zurückhaltend und das Klima wirkt eher verhalten und gehemmt.

Verhaltensregeln werden nach dem kleinsten gemeinsamen Nenner definiert. Indem sich die Gruppe auf diese Weise nach innen bildet und nach aussen abgrenzt, schafft sie die Voraussetzung für die nächste Phase, das Storming.

In der Forming-Phase braucht es eine straffe, zielgerichtete Leitung. Dazu gehört unter anderem, den Auftrag an die Gruppe oder das zu lösende Problem klar zu definieren und die Rahmenbedingungen bekannt zu geben. Um sich zu finden und zu formen, braucht die Gruppe auch Unterstützung. Mit teambildenden Massnahmen schafft die Gruppenleitung bewusst Möglichkeiten, damit sich die Mitglieder besser kennenlernen. Allerdings dürfen dies keinesfalls «Alibiübungen» sein, weil die Gruppe in dieser Phase schnell das Vertrauen verliert und sich den teambildenden Massnahmen verweigert.

11.1.2 Storming

Nachdem der gemeinsame Nenner definiert ist, wendet man sich den Unterschieden zu. Das bisher freundliche Klima verdüstert sich, weil nun die einzelnen Gruppenmitglieder ihre Geltungs- und Machtansprüche zeigen und sich profilieren wollen. In den Diskussionen prallen verschiedene Vorstellungen über das Ziel oder das Vorgehen aufeinander. Man streitet über Standpunkte, Ideen und Lösungsansätze. Dabei offenbaren sich Interessengegensätze und Meinungsverschiedenheiten, die in der Gruppe vorhanden sind.

In dieser stürmischen Phase (Englisch: Storming) herrschen dementsprechend die Emotionen, Ängste, Wettbewerbsgefühle, Selbstbehauptungstendenzen, Sympathien und Antipathien vor. Diese Zuspitzung macht Sinn: Ausgetragene **Konflikte** ebnen den Weg zum Ziel dieser Phase, eine Organisation der Gruppe zu erreichen. Um sich zu finden und miteinander kooperieren zu können, braucht es einen offenen und ehrlichen Austausch über die verschiedenen Wünsche, Bedürfnisse und Ansichten. So lernt man sich besser kennen und verstehen.

In der Storming-Phase übernimmt die Gruppenleitung die Funktion eines **Prozessbeschleunigers:** Sie schafft Raum für die Konfliktaustragung und sorgt für ein offenes Kommunikationsklima, in dem Missverständnisse und Unsicherheiten geklärt werden können. Der Grundsatz **«Störungen haben Vorrang»** gilt in dieser Phase besonders, denn Konflikte, Missverständnisse und negative Emotionen, die nicht ausgetragen und gelöst werden, holen die Gruppe später wieder ein und werden sie dann umso stärker im produktiven Vorankommen behindern.

11.1.3 Norming

Nach den Auseinandersetzungen gilt es nun, Bilanz zu ziehen: Worauf können wir uns einigen, nachdem wir wissen, dass wir gemeinsam leichter zum Ziel kommen als allein? Die Gruppe sucht nach Lösungshilfen, weil es so wie in der Storming-Phase nicht weitergehen kann. **Nüchternheit** dominiert und es zählt die Fähigkeit, auf Distanz zur bisher vorherrschenden Emotionalität zu gehen.

Die Gruppe geht dazu über, **gemeinsame Regeln** aufzustellen (englisch «norming»). Man ringt sich dabei zu einem **Konsens** durch: «Was wäre unter den jetzigen Umständen das Vernünftigste?» Diese Regeln bilden einen «Gruppenvertrag». Jedes Gruppenmitglied soll dahinterstehen können. Mittlerweile ist die Gruppe attraktiv geworden. Dementsprechend entwickelt sich der **Gruppenzusammenhalt** in der Norming-Phase.

In der Norming-Phase wirkt die Gruppenleitung in erster Linie **unterstützend.** Sie coacht die Gruppe, einen angemessenen **Gruppenvertrag** auszuhandeln, hinter dem jeder stehen kann. Zum Coaching gehört unter Umständen auch, die eher ruhigen oder unerfahrenen Mitglieder gezielt einzubinden und die eher wortführenden oder erfahrenen Mitglieder nötigenfalls zu bremsen.

11.1.4 Performing

In den vorherigen Phasen der Gruppenbildung wurden die Energien überwiegend für die Beziehungsarbeit eingesetzt. Nun hat die Gruppe jene Beständigkeit erreicht, dank der man sich nun gemeinsam an die Arbeit machen und **produktiv tätig** werden kann. Sie kann ihre Energien für das Erzielen von **Ergebnissen** (englisch «performing») nutzen.

Die Gruppenmitglieder engagieren sich und können sich dabei auch profilieren. Der Gruppenvertrag wird folglich in der Performing-Phase einer Art **«Wirklichkeitstest»** unterzogen. Er muss sich bewähren und wird im weiteren Verlauf zwangsläufig leichter oder stärker angepasst, damit die Kooperation auch in Zukunft gut funktionieren kann.

In der Performing-Phase tritt die Gruppenleitung möglichst in den **Hintergrund.** Sie delegiert die Verantwortung für die produktive Zusammenarbeit bewusst an die Gruppe und greift nur ein, wenn dies ausdrücklich gewünscht wird oder wenn Unsicherheiten auftreten. Die Gruppe soll das gewachsene Vertrauen eigenverantwortlich nutzen. Trotzdem sollte die Gruppenleitung wachsam bleiben, um mögliche Rückschritte oder Konflikte frühzeitig wahrnehmen und nötigenfalls korrigierend eingreifen zu können. Dazu helfen regelmässige **Standortbestimmungen** und **Erfolgskontrollen.** Bleibt die Gruppe über längere Zeit in der Performing-Phase, ist es besonders wichtig, auch Teilerfolge, das Erreichen von Zwischenzielen und Meilensteinen, zu feiern.

11.1.5 Adjourning

In das Adjourning bzw. in die Auflösungsphase kommen Gruppen, die nach Zielerreichung getrennte Wege gehen. Das ist z. B. bei Projektgruppen nach Projektabschluss der Fall. Auf der Sachebene präsentiert die Gruppe die Ergebnisse ihrer Arbeit, und damit auch ihren Gruppenerfolg. Gleichzeitig ist sie sich bewusst, dass die inzwischen gefestigten Beziehungen bald enden werden, was ein Gefühl der Leere und einen mehr oder weniger grossen Trennungsschmerz auslöst.

Allerdings wird diesem Schmerz oft zu wenig Beachtung und Zeit geschenkt, sodass man mit einem unguten Gefühl auseinandergeht und entsprechend skeptisch sich in die nächste Gruppe begibt.

Deshalb übernimmt die Gruppenleitung in der Adjourning-Phase wieder eine aktive Gestaltungsaufgabe. Sinnvoll ist, eine Abschlusssitzung einzuberufen zu folgenden Themen:

- Rückschau: Wichtige Ereignisse und Entwicklungsschritte bewusst noch einmal aufleben lassen nach dem Motto «Weisst du noch ...?».
- Auswertung: Das Erreichte und das Nichterreichte reflektieren und Erkenntnisse als «lessons learned» ableiten.
- Abschied: Noch nicht vollständig geklärte Probleme loslassen, um versöhnlich auseinanderzugehen.
- Zeremonie: Eine gemeinsame Schlussfeier oder ein gemeinsames Schlussessen veranstalten.

11.2 Gruppenrollen

Jede Form des Zusammenlebens erfordert gewisse Verhaltensregeln, an die sich die Beteiligten halten sollten. Dazu gehört auch die Rollenverteilung in einer Gruppe, denn jede Rolle erfüllt eine bestimmte Funktion innerhalb der Gruppe mit den damit verbundenen Rechten und Pflichten. Dazu gehört auch die Erwartung an ein der betreffenden Rolle entsprechendes rollenkonformes Verhalten. Ob die betreffende Person dafür die idealen Eigenschaften mitbringt, ist zunächst nicht entscheidend. Oft wählt ein Teammitglied seine Rolle auch nicht freiwillig, sondern erhält sie von der Gruppe «zugewiesen».

Beispiel	Wenn jemand die Führungsrolle in einer Gruppe erhält, erwarten die übrigen Gruppenmitglieder, dass diese Person auch die damit verbundenen Aufgaben ausübt.

Es gibt verschiedene Gründe, warum wir uns rollenkonform verhalten:

- Aus Einsicht in die Notwendigkeit: Dank meiner Kompromissbereitschaft z. B. können wir als Gruppe unser Ziel erreichen.
- Wegen der Aussicht auf Belohnung und Anerkennung: Indem ich z. B. sehr zuverlässig bin, mache ich mich in der Gruppe beliebt.
- Zur Vermeidung von Sanktionen, Missachtung oder Geringschätzung: Wenn ich mich z. B. als besonders loyales Gruppenmitglied erweise, sichere ich mir auch langfristig einen Platz in dieser Gruppe.

Die Verteilung der Gruppenrollen garantiert eine gewisse Stabilität in der Gruppe. Daher bleibt sie oft über längere Zeit beständig.

Nachfolgend stellen wir Ihnen vier Rollenmodelle vor, die verschiedene Sichtweisen auf die Rollenverteilung anbieten:

- Status im Team: die soziodynamische Rangstruktur nach Schindler
- Persönlichkeitsmerkmale: das Riemann-Thomann-Modell
- Aufgabenverteilung im Team: die verhaltensorientierten Rollenfunktionen nach Brocher und das dynamische Rollenmodell nach Belbin

Diese Rollenmodelle sollen Sie dazu anregen, sich mit Ihrer eigenen Rolle, mit der Rollenverteilung in Ihrem Team und mit den besonderen Anforderungen an Sie als Führungsperson zu auseinanderzusetzen.

11.3 Soziodynamische Rangstruktur nach Schindler

In den 1950er-Jahren entwickelte der Psychoanalytiker **Raoul Schindler** die «soziodynamische Rangstruktur». Dieses Modell zeigt die typische **Rangdynamik** in Gruppen: Die einzelnen Mitglieder nehmen bestimmte Rangpositionen ein und die Gruppe bildet sich immer in Abgrenzung zu einem «Gegner».

Alpha nimmt die Führungsposition in der Gruppe ein und lenkt **Gamma** aktiv. **Omega** positioniert sich als interne Opposition, indem es Alpha hinterfragt oder auch offen kritisiert. Abseits der Dreiecksbeziehung zwischen Alpha, Gamma und Omega wirkt **Beta** ausgleichend. Ausserhalb der Gruppe befindet sich der **Gegner**.

Abb. 11-2 zeigt die soziodynamische Rangstruktur nach Schindler. Die durchgezogenen Pfeile symbolisieren die direkten Verbindungen und die gestrichelten Pfeile die indirekten Verbindungen zwischen den Rangpositionen innerhalb der Gruppe.

Abb. [11-2]   **Rangpositionen nach Schindler**

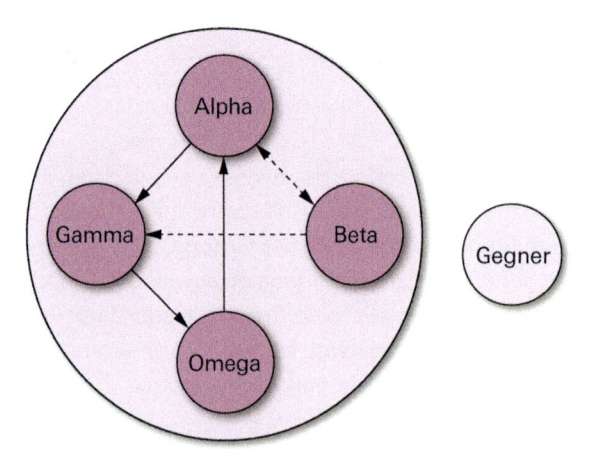

11.3.1 Alpha

Die Alpha-Position **führt** die Gruppe aktiv und **repräsentiert** sie nach aussen. Es hängt nicht von bestimmten Persönlichkeitsmerkmalen ab, dass jemand die Alpha-Position einnimmt. Vielmehr muss diese Person ihren Anspruch darauf geltend machen und es braucht die Bereitschaft der übrigen, sie in dieser Position anzuerkennen.

Der Inhaber der Alpha-Position muss folglich **«einer von uns»** sein. Seine Ziele sind die Ziele der Gruppe, sein Erfolg oder Misserfolg steht für den Erfolg oder Misserfolg der Gruppe. Bestehen darüber Zweifel, machen sich Angst und Unsicherheit in der Gruppe breit. Um seine Position zu festigen, appelliert Alpha deshalb an die «Schicksalsverbundenheit» der Gruppe. Der Schwur des Staatsoberhaupts auf die Verfassung ist ein typischer symbolischer Akt für einen solchen Appell.

11.3.2 Beta

Der Inhaber der Beta-Position kennt die **Interessen der Gruppe** sehr genau. In vielen Situationen wirkt er beratend oder vermittelnd und übernimmt dadurch eine **indirekte Führungsrolle.** Er überzeugt durch klare Argumente, besondere Fähigkeiten oder aussergewöhnliche Leistungen.

Seine Unabhängigkeit verleiht Beta eine gewisse Autorität und «Narrenfreiheit», die ihm auch Alpha zugesteht. Allerdings wird Beta wird bei einem Sturz von Alpha oftmals mitgerissen oder bei Misserfolgen als Sündenbock «geopfert».

Andererseits hat Beta gute Aussichten, selbst die Alpha-Position einzunehmen, wenn sich in der Gruppe Opposition gegen Alpha bildet. Beta bleibt somit ein potenzieller Gegenspieler von Alpha, weil er die Gruppe bei einem Umbruch anführen könnte.

11.3.3 Gamma

Die Gamma-Position ermöglicht die anonyme Mitgliedschaft in einer Gruppe. Deren Inhaber wollen nicht im Mittelpunkt stehen und keine besondere Verantwortung übernehmen. Darum ordnen sie sich lieber unter und tragen als loyale Gefolgsleute von Alpha aktiv zur Gruppenleistung bei. Gamma bekämpft Omega als den (gemeinsamen) Gegner innerhalb der Gruppe.

Es gibt verschiedene Rollenausprägungen von Gamma:

- Der Mitläufer ist der arbeitsame, stille und loyale Gefolgsmann von Alpha.
- Der Helfer setzt sich aktiv für Alpha ein und wird dadurch von ihm besonders zuvorkommend behandelt.
- Der Ideologe überwacht die Einhaltung von Normen und hat entsprechend hohe Ansprüche an sich selbst. Oftmals hat er mehr Sympathien gegenüber Beta als gegenüber Alpha.

Wenn sich allerdings oppositionelle Gedanken zu verbreiten beginnen, deutet dies auf einen Zerfall der bisherigen Gamma-Strukturen hin. Alpha versucht sich dann die Gefolgschaft von Gamma durch Omnipräsenz und gruppenbetonte Aktivitäten weiterhin zu sichern.

11.3.4 Omega

Die Omega-Position ist die Aussenseiterrolle innerhalb der Gruppe, die auch als «Sündenbock» oder als «schwarzes Schaf» bezeichnet wird. Omega kritisiert Alpha und stellt die unbequemen Fragen. Dadurch zieht es die Aggressionen der Gruppe auf sich oder wird von der Gruppe in die Aktivitäten nicht mehr miteinbezogen.

Paradoxerweise braucht die Gruppe diesen inneren Gegner, um sich besser zu stabilisieren. Insgesamt hat Omega aber weniger Einfluss auf die Gruppe als der äussere Gegner.

11.4 Riemann-Thomann-Kreuz

Die Grundlage für das Riemann-Thomann-Kreuz lieferte der deutsche Psychologe Fritz Riemann. Er verfasste in den 1970er-Jahren eine tiefenpsychologische Studie zu den «Grundformen der Angst», die auf vier menschlichen Grundstrebungen basiert: Nähe, Distanz, Dauer und Wechsel. Jeder Mensch kennt diese vier Grundstrebungen, zeigt sie jedoch nicht gleichermassen nach aussen.

Der Schweizer Psychologe Christoph Thomann hat dieses Modell als Riemann-Thomann-Kreuz für die Arbeitswelt weiterentwickelt.[1] Jeweils zwei Grundstrebungen und deren Werte stehen in einem Spannungsverhältnis zueinander:

1. Nähe (Beziehungsorientierung) versus Distanz (Aufgabenorientierung)
2. Dauer (Sicherheitsorientierung) versus Wechsel (Veränderungsorientierung)

---

[1] Thomann, Christoph: Klärungshilfe – Konflikte im Beruf, Reinbek bei Hamburg 2003.

Abb. [11-3] Riemann-Thomann-Kreuz

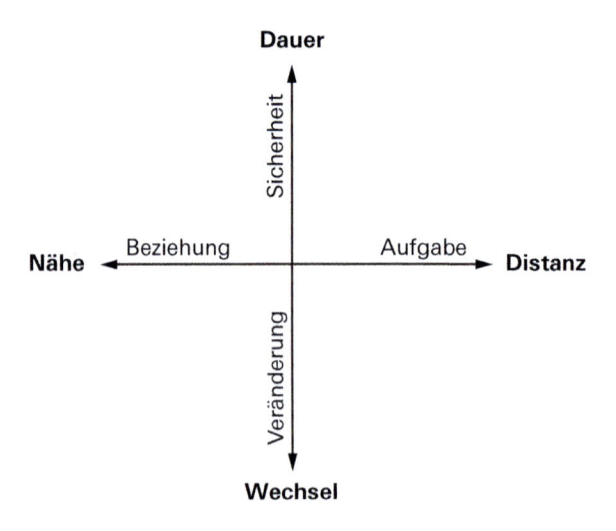

```
                    Dauer
                     ▲
                     │
                  Sicherheit
                     │
       Beziehung     │    Aufgabe
Nähe ◄───────────────┼───────────────► Distanz
                     │
                  Veränderung
                     │
                     ▼
                   Wechsel
```

11.4.1 Nähe – Distanz

Die Nähe- bzw. die Distanzstrebung kreist um die Frage: Wie viel **Zuneigung** und **Verbundenheit** bzw. wie viel **Abgrenzung** und **Selbstständigkeit** brauche ich?

Näheorientierte Menschen ziehen typischerweise Moderations-, Teamentwicklungs- oder Personalmanagementfunktionen vor, während distanzorientierte Menschen sich gerne als Fachautoritäten, Kritiker oder Einzelkämpfer behaupten.

Abb. 11-4 stellt das typische Arbeitsverhalten der Nähe- und Distanzstrebung vor.

Abb. [11-4] **Arbeitsverhalten von Nähe – Distanz**

Nähe	Distanz
• Braucht ein gutes Arbeitsklima, um sich entfalten zu können. • Schafft eine persönliche Atmosphäre im Team. • Schätzt persönliche Kontakte. • Bevorzugt kooperative Arbeitsformen (Teamsitzungen, -lösungen, -entscheidungen). • Übernimmt gerne eine Vermittlerrolle. • Bevorzugt ein situatives, reaktives und gefühlsmässiges Vorgehen. • Tut sich schwer mit dem Setzen von Prioritäten. • Leidet unter zwischenmenschlichem Stress.	• Zieht individuellen Arbeitsstil vor. • Glaubt nicht an ein harmonisches Arbeitsklima. • Legt Wert auf Ordnung und weiss immer, wo er was findet. • Arbeitet lieber allein. • Hilft sich lieber selbst, als andere zu beanspruchen. • Kann gut Nein sagen. • Empfindet Sitzungen rasch als unnötige «Plauderstündchen». • Schottet sich bei Stress ab.

11.4.2 Dauer – Wechsel

Die Dauer- bzw. die Wechselstrebung kreist um die Frage: Wie viel **Berechenbarkeit** und **Zuverlässigkeit** bzw. wie viel **Abwechslung** und **Spontaneität** brauche ich?

Menschen mit einer ausgeprägten Dauerstrebung übernehmen typischerweise Organisations-, Planungs- oder Controllingfunktionen, wogegen Menschen mit einer ausgeprägten Wechselstrebung ihre Stärken in Funktionen entfalten können, die Innovation, Flexibilität und Kreativität verlangen.

Abb. 11-5 stellt das typische Arbeitsverhalten der Dauer- und Wechselstrebung vor.

Abb. [11-5] Arbeitsverhalten von Dauer – Wechsel

Dauer	Wechsel
• Ist besonders auf die eigenen Ressourcen, Termine und Fristen bedacht. • Schätzt klare Hierarchien, Verantwortungs- und Kompetenzbereiche. • Fordert transparente Entscheidungsabläufe. • Bevorzugt eine systematische Ordnung (Ablagesystem, Listen, Planung). • Betrachtet Kontrolle als selbstverständliche Notwendigkeit. • Wirkt rasch belehrend, wenn er helfen will. • Sucht bei Stress und in schwierigen Situationen nach Ursachen, Schuld und Konsequenzen.	• Schätzt ein problemlos-heiteres, oberflächliches Arbeitsklima. • Braucht individuelle Gestaltungsmöglichkeiten bezüglich Arbeitsplatz, Arbeitszeiten, Arbeitsstil usw. • Ist chaotisch hinsichtlich Ordnung und Termineinhaltung. • Kann sich rasch entscheiden, denkt zukunftsorientiert. • Liefert viele Ideen, tut sich aber schwer mit dem Durchziehen von Ideen. • Ist kontaktfreudig und spontan. • Ist bei Stress oder Zeitdruck besonders leistungsfähig.

11.4.3 Positionierung innerhalb der Grundstrebungen

Bei der Interpretation der vier Grundstrebungen und bei der Selbst- oder Fremdeinschätzung ist Folgendes zu beachten:

- Jeder Mensch vereinigt eine **Mischung aus sämtlichen Strebungen** in sich, allerdings mit unterschiedlich starker Gewichtung.
- Jeder Mensch erlebt sich **in verschiedenen Situationen** immer wieder anders. Daher geht es in diesem Modell nicht um eine eindeutige Zuordnung. Vielmehr gilt es, alle vier Grundstrebungen als gleichwertig und als notwendig zu akzeptieren. Selbstverständlich sind jedoch nicht alle in jeder Situation gleichermassen erwünscht oder angebracht.
- Ein Arbeitsteam entwickelt seine wahre Stärke, wenn es lernt, die individuellen **Unterschiede zu nutzen,** anstatt sie verkleinern oder vermeiden zu wollen.

Beispiel Patrizia, Stella, Jean und Miroslav haben einen Fragebogen zum Riemann-Thomann-Kreuz ausgefüllt. Die Auswertung ergibt folgendes Bild:

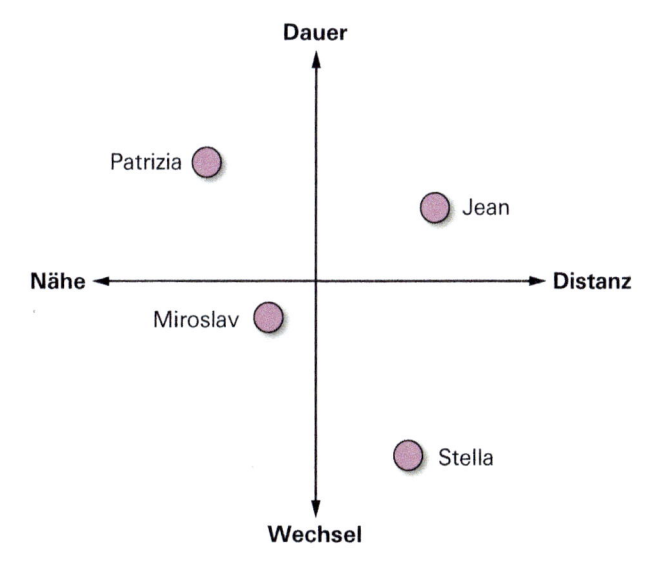

- **Patrizia** gilt mit ihrer Dauer-/Nähestrebung als sehr zuverlässig, diszipliniert und gut organisiert und auch als loyale, umgängliche Person.
- **Stella** nimmt mit ihrer ausgeprägten Wechsel-/Distanzstrebung eine fast gegenteilige Position zu Patrizia ein. Sie gilt als kreative und innovative Querdenkerin, die sich lieber um Konzepte als um Details kümmert und sich durch Strukturen rasch eingeengt fühlt.
- **Jean** zeigt eine ausgeprägte Distanzstrebung und tendiert zur Dauerstrebung. Er gilt als sachliche, ziel- und verantwortungsbewusste Person, die von seinem Umfeld, aber auch von sich viel fordert.
- **Miroslav** ist ziemlich ausgeglichen positioniert und tendiert zur Nähe-/Wechselstrebung. Er gilt als vielseitig, pragmatisch und als jemand, der sich auf neue Situationen gut einstellen kann.

11.5 Verhaltensorientierte Rollenfunktionen nach Brocher

Eine Gruppe wird erst dann arbeitsfähig, wenn sie verschiedene Rollen in einem **ausgewogenen Verhältnis** vereinigt. Will nämlich niemand oder wollen alle führen, möglichst schnell vorwärtsmachen oder sich ausschliesslich der eigenen Befindlichkeit widmen, fehlt die Ausgewogenheit.

Der Sozialpsychologe Tobias Brocher (1917–1998) entwickelte Ende der 1960er-Jahre ein Modell mit drei verhaltensorientierten Rollenfunktionen:[1]

- **Aufgabenrollen** konzentrieren sich auf die **Sachebene** der Gruppenarbeit, d.h. auf die gemeinsamen **Ziele** und die damit verbundenen **Aufgaben.** Sie setzen sich dafür ein, dass die Gruppe möglichst effizient arbeiten kann. Ihrer Auffassung nach sind die Bedürfnisse und Befindlichkeiten einzelner Gruppenmitglieder demgegenüber zweitrangig.
- **Aufbau- und Erhaltungsrollen** kümmern sich hauptsächlich um die **Beziehungsebene** und sorgen für ein gutes **Gruppenklima.** Ihr Beitrag zum Gruppenerfolg wird oft unterschätzt, da er im Vergleich zum inhaltlichen Beitrag der Aufgabenrollen weniger gut sichtbar ist. Allerdings kann eine Gruppe erst dann zusammenarbeiten, wenn sie Spannungen lösen und Kompromisse finden kann. Deshalb kommen Aufbau- und Erhaltungsrollen zu Beginn der Gruppenbildung und in Krisensituationen besonders zum Tragen.
- **Individualrollen** zeigen ein **selbstbezogenes Verhalten** und werden daher auch als **dysfunktionale Rollen** bezeichnet. Sie **stören die Gruppenarbeit** und werden als egoistisches, nicht konformes Verhalten bekämpft. Individualrollen decken jedoch vielfach auch die tiefer liegende Probleme in der Gruppe auf und sollten deshalb genauer betrachtet werden.

In Abb. 11-6 sind die typischen Verhaltensweisen dieser drei Rollenfunktionen aufgelistet.

Abb. [11-6] **Verhaltensorientierte Rollenfunktionen nach Brocher**

Aufgabenrollen	• **Initiative ergreifen** durch Problemanalyse, Ideensuche, Lösungsentwicklung und Vorbereitung der Entscheidungsfindung. • **Informationen zusammentragen** durch Fragen, Abklärungen und Einholen anderer Meinungen. • **Informationen weitergeben** aufgrund von Erfahrungen, Know-how, Hintergrundinformationen von persönlichen Kontakten usw. • **Eigene Meinung abgeben** zu Vorschlägen und Beiträgen anderer. • **Lösungen ausarbeiten** durch Aufgabenkoordination, Dokumentation und Überprüfung der Aufgabenerfüllung.
Aufbau-/Erhaltungs-rollen	• **Ermutigen** durch Freundlichkeit, Anteilnahme und ausdrückliche Zustimmung, dafür sorgen, dass alle zu Wort kommen. • **Gruppengefühle ansprechen** aufgrund der Reaktionen von Gruppenmitgliedern. • **Verbindlichkeit schaffen** für die allseitige Einhaltung von Gruppenentscheidungen. • **Übereinstimmung** (Konsens) in der Gruppe regelmässig prüfen, Schwierigkeiten und Lösungsmöglichkeiten ermitteln. • Bei **Konflikten** vermitteln: negative Gefühle abbauen, Harmonie wiederherstellen, Spannungen vermindern, für Humor sorgen.
Individualrollen (dysfunktionale Rollen)	• **Aggressionen:** verletzende Äusserungen gegenüber anderen. • **Blockieren:** Ablenken der Diskussion vom eigentlichen Thema, prinzipielle Kritik und Zurückweisung anderer Ideen. • **Selbstdarstellung:** Sich in den Mittelpunkt rücken, ständig das Wort ergreifen, besonders laut reden, mehr Redezeit beanspruchen als andere, die Gruppe für eigene Ziele ausnutzen. • **Rivalisieren und Paktieren:** Die Unterstützung anderer für eigene Vorschläge und Ideen suchen, die Bildung von Untergruppen vorantreiben. • **Clownerie:** Sich lustig machen, lächerliche Ideen einbringen usw. • **Rückzug:** demonstrativ passives Verhalten in der Gruppe, Nebengespräche suchen, geistig abwesend sein.

[1] Brocher, Tobias: Gruppenberatung und Gruppendynamik, Renningen 1999.

Grundsätzlich kann man aufgrund des Rollenverhaltens nicht auf den Charakter der einzelnen Personen schliessen. Vielmehr übernimmt jedes Gruppenmitglied seine Rollenfunktion, je nach Situation und Erfordernis der Gruppe, und kann sie demzufolge im weiteren Verlauf auch ändern. Manchmal lohnt es sich sogar, einem Mitglied eine bestimmte Rolle bewusst zuzuweisen, etwa: «Spiel du bitte den kritischen Geist und sag uns, wo unsere Schwächen sind!» Erst wenn ein Gruppenmitglied ständig eine dysfunktionale Rolle spielt, passt es womöglich nicht in die betreffende Gruppe oder eignet sich nicht für die Gruppenarbeit.

11.6 Teamrollenmodell nach Belbin

In den 1970er-Jahren untersuchte der englische Psychologe Raymond Meredith Belbin[1] bei Lerngruppen die persönlichen Eigenschaften und den damit verbundenen Beitrag zur Teamarbeit. Daraus leitete er insgesamt neun Teamrollen ab, die er in drei Gruppen zusammenfasste: kommunikations-, handlungs- und wissensorientierte Teamrollen. Jede Teamrolle leistet dabei einen gleichwertigen Beitrag zur Teamarbeit und zeigt bestimmte Stärken und Schwächen.

In Abb. 11-7 sind für die neun Rollen die typischen Eigenschaften als Stärken und Schwächen und ihr Beitrag zur Teamarbeit zusammengefasst.[2]

Abb. [11-7] Teamrollen nach Belbin: Eigenschaften und Beitrag zur Teamarbeit

	Rolle	Eigenschaften	Beitrag zur Teamarbeit
Kommunikationsorientiert	Koordinator / Integrator (Coordinator)	Ruhig, selbstsicher, beherrscht, vertrauensvoll, konsequent, dominant, manipulativ	Der Koordinator ist selbstsicher, entschlussfreudig, erkennt die Stärken und Schwächen im Team, weist Aufgaben zu und achtet darauf, dass das gewünschte Ergebnis erreicht wird.
	Wegbereiter / Weichensteller (Resource Investigator)	Extravertiert, kommunikativ, umgänglich, optimistisch, neugierig, abschweifend, flüchtig	Der Wegbereiter vertritt Teamideen nach aussen, erschliesst wichtige Kontakte im Umfeld, pflegt diese intensiv und nutzt sie auch für die Suche nach alternativen Lösungen.
	Teamarbeiter (Teamworker)	Kooperativ, diplomatisch, humorvoll, empfindsam, passiv, unentschlossen	Der Teamworker überlässt anderen die Führung, bleibt eher im Hintergrund, ist hilfsbereit, sorgt für ein harmonisches Arbeitsklima und beschwichtigt in Konfliktsituationen.
Handlungsorientiert	Macher (Shaper)	Dynamisch, leistungsmotiviert, herausfordernd, mutig, belastbar, provokativ, hektisch	Der Macher übernimmt Verantwortung, konzentriert sich auf das Wesentliche, kann sich gut entscheiden, geht zügig und entschlossen ans Werk und scheut keine Hürden.
	Umsetzer (Implementer)	Systematisch, diszipliniert, pragmatisch, effizient, unflexibel, konservativ	Der Umsetzer denkt zielorientiert, entwickelt die zur Umsetzung erforderlichen Arbeitspläne und Strukturen und arbeitet methodisch.
	Perfektionist (Completer, Finisher)	Gewissenhaft, exakt, anspruchsvoll, vorsichtig, pingelig, ängstlich, kann nicht delegieren	Der Perfektionist achtet auf eine genaue Einhaltung der Vorgaben, hat einen hohen Qualitätsanspruch und legt Wert auf genaue Kontrollen, damit keine Fehler passieren.
Wissensorientiert	Erfinder / Neuerer (Plant)	Originell, unkonventionell, intelligent, kreativ, sprunghaft, radikal, nicht kritikfähig	Der Erfinder denkt strategisch und unkonventionell, findet auch für schwierige Probleme eine Lösung, wobei ihn der «grosse Wurf» mehr interessiert als Details.
	Beobachter (Monitor, Evaluator)	Besonnen, nüchtern, logisch, introvertiert, objektiv, kritisch, überheblich, zynisch	Der Beobachter geht auf Distanz, verschafft sich einen guten Überblick, wägt die Konsequenzen einer Lösung ab und hat ein gutes Urteilsvermögen.
	Spezialist (Specialist)	Sachlich, präzise, engagiert, egozentrisch, einseitig interessiert, belehrend	Als Experte steuert der Spezialist das notwendige Fachwissen bei, schliesst Informationslücken und trägt somit zur Professionalisierung der Teamarbeit bei.

[1] The Belbin Guide: Succeeding at Work, erhältlich bei www.belbin.de.
[2] Nach: van Dick, Rolf; West, Michael A.: Teamwork, Teamdiagnose, Teamentwicklung, Göttingen 2013.

Auch das Rollenmodell nach Belbin geht davon aus, dass ein Team erst dann gut funktioniert, wenn es eine gewisse **Vielfalt** (Heterogenität) von Eigenschaften in sich vereinigt und dementsprechend auch die **neun Rollen besetzen** kann: Ein Erfinder, der immer wieder neue Ideen entwickelt, braucht eine Beobachterin, die diese Ideen kritisch prüft. Eine Macherin, die mutig und eifrig ans Werk gehen will, braucht einen Koordinator, der besonnen bleibt und ausgewogene Entscheidungen herbeiführt usw. Dieselbe Person kann in einem Team jedoch auch mehrere Rollen besetzen.

Zusammenfassung

Gemäss dem Modell von B. W. Tuckman durchlaufen gruppendynamische Prozesse vier entscheidende Phasen:

1. In der **Forming-Phase** lernen sich die Gruppenmitglieder gegenseitig kennen. Die Bewältigung der gemeinsamen Aufgabe steht noch nicht im Vordergrund.
2. In der **Storming-Phase** decken die Gruppenmitglieder ihre unterschiedlichen Vorstellungen auf. Meinungsverschiedenheiten, Konflikte und Machtkämpfe werden ausgetragen.
3. In der **Norming-Phase** entwickelt sich der Gruppenzusammenhalt, indem die Rollen verteilt und gemeinsame Regeln aufgestellt werden.
4. In der **Performing-Phase** wird die Gruppe produktiv tätig und konzentriert sich auf die Zielerreichung.

Wenn das Team sich nach der Zielerreichung auflöst, kommt die **Adjourning-Phase** als fünfte Phase hinzu. Sie ist geprägt vom Teamerfolg einerseits und von einer gewissen Leere und Trennungsschmerz andererseits.

Ein **Reforming** ergibt sich insbesondere bei einer veränderten Teamzusammensetzung.

Die **Rollenverteilung** innerhalb eines Teams regelt die Aufgaben, Rechte und Pflichten der Teammitglieder, von denen erwartet wird, dass sie sich rollenkonform einbringen.

Ansatz	Grundlagen und Ausprägungen des Ansatzes
Soziodynamische Rangstruktur (Schindler)	In jeder Gruppe entwickelt sich eine **Rangdynamik,** aus der sich folgende Positionenverteilung ergibt: • **Alpha:** Gruppenführung, Repräsentant nach aussen • **Beta:** versteckte Gruppenführung, potenzieller Gegenspieler von Alpha • **Gamma:** Gefolgsleute von Alpha, anonyme Mitglieder • **Omega:** Gegenspieler von Alpha und dadurch Aussenseiter oder inneres Feindbild Der **Gegner** steht ausserhalb der Gruppe und verkörpert somit das äussere Feindbild, von dem sich die Gruppe abzugrenzen bemüht.
Riemann-Thomann-Kreuz (Riemann / Thomann)	Vier **menschliche Grundstrebungen** zeigen sich auch im Arbeitsverhalten. Jeweils zwei stehen in einem Spannungsverhältnis zueinander: • **Nähe – Distanz** • **Dauer – Wechsel** Jeder Mensch besitzt sämtlichen Grundstrebungen, lebt diese aber unterschiedlich stark und in verschiedenen Situationen auch anders aus.
Verhaltensorientierte Rollenfunktionen (Brocher)	Ein Team wird arbeitsfähig, wenn es drei **Verhaltensweisen** vereinigt: • **Aufgabenrollen:** Konzentration auf Sachebene, Aufgabe und Zielerreichung • **Aufbau- und Erhaltungsrollen:** Konzentration auf Beziehungsebene, Gruppenklima • **Individualrollen** (dysfunktionale Rollen): selbstbezogenes Verhalten und dadurch Behinderung der Gruppenarbeit
Dynamisches Rollenmodell (Belbin)	Ein funktionierendes Team vereinigt insgesamt neun unterschiedlich ausgeprägte Eigenschaften und Verhaltensmuster, die einander ausgleichen: • **Kommunikationsorientiert:** Koordinator, Wegbereiter, Teamarbeiter • **Handlungsorientiert:** Macher, Umsetzer, Perfektionist • **Wissensorientiert:** Erfinder, Beobachter, Spezialist

Repetitionsfragen

36 Welche Positionen in der Rangstruktur nach Schindler werden nachfolgend beschrieben?

A] Kennt die Interessen der Gruppe sehr genau.

B] Engagiert sich aktiv für die Gruppenleistung, will jedoch nicht im Mittelpunkt stehen.

C] Stellt unbequeme Fragen und wird dadurch als Aussenseiter angesehen.

D] Argumentiert nicht, sondern agiert.

37 Welcher Phase des gruppendynamischen Prozesses ordnen Sie die folgenden Ereignisse zu?

A] Die Gruppenmitglieder besinnen sich auf die Vernunft und beginnen gemeinsam, für alle tragbare Ziele zu definieren.

B] Es kommt zu heftigen Streitereien zwischen einzelnen Gruppenmitgliedern.

C] Die Gruppe entfaltet ihre volle Leistungsfähigkeit.

D] Man beäugt sich gegenseitig und weiss nicht recht, was man voneinander halten soll.

38 Welcher Rolle nach Belbin lassen sich die folgenden Beschreibungen zuordnen?

A] Als begnadeter Netzwerker ist Armin der «Aussenminister» des Teams.

B] Barbaras Scharfsinn halten zu wenig ausgereifte Ideen nicht stand.

C] Christian liefert seine tadellose Arbeit immer pünktlich ab.

39 Warum ist es wichtig, genauer hinzuschauen, wenn die Individualrollen in einem Team auffallend häufig vertreten sind?

40 Ordnen Sie die folgenden Aussagen einer Grundausrichtung im Riemann-Thomann-Kreuz zu.

A] Aurelia kann mit den regelmässigen Teamsitzungen nicht viel anfangen. Sie beteiligt sich nicht gerne an langwierigen Diskussionen und empfindet diese als vertane Zeit.

B] Bruno bezeichnet sich als einen unverbesserlichen Optimisten. Er kann sich rasch entscheiden und ist den anderen immer einen Schritt voraus.

C] Einige Teammitglieder beneiden Claire um ihre Disziplin und ihre Zielstrebigkeit. Sie schätzt es sehr, bei der Arbeit auf sich alleine gestellt zu sein.

D] Dorian gilt als «Beichtvater» des Teams. Er geniesst grosses Vertrauen und wird gerne als Vermittler eingesetzt.

E] Esther fühlt sich in chaotischen Situationen ausgesprochen unwohl; umso mehr schätzt sie die klaren hierarchischen Verhältnisse, die an ihrer jetzigen Arbeitsstelle herrschen.

12 Dezentrale Teams führen

Lernziele	Nach der Bearbeitung dieses Kapitels können Sie … • die Besonderheiten dezentraler Teams benennen. • die Erfolgsfaktoren und die Teambildung in dezentralen Teams beschreiben.
Schlüsselbegriffe	Arbeitsorganisation, Beziehungen, Face-to-Face-Team, Globalisierung, Home-Office, Kommunikationsmedien, Multikulturalität, scrum meeting, Teamarbeit, Teambildung, Teamziele, Verhaltensregeln, Vielsprachigkeit, virtuelles Team

Unter einem dezentralen oder auch virtuellen Team versteht man ein Team, das **orts-** und oft auch **zeitunabhängig** für ein **gemeinsames Ziel** in einem Projekt oder in einer dauerhaften Aufgabe zusammenarbeitet. Da sich die Teammitglieder an verschiedenen Standorten befinden, treffen sie sich selten bis gar nie von Angesicht zu Angesicht (Englisch: face to face). Stattdessen tauschen sie sich vorwiegend über **Kommunikationsmedien** aus.

Beispiel

- Die Aussendienstmitarbeitenden eines Versicherungskonzerns betreuen die Kunden in ihrer Region, bilden aber zusammen das Beratungsteam für das Kundensegment «KMU».
- Ein internationales Projektteam entwickelt eine Softwareapplikation für eine Schweizer Grossbank. Es setzt sich aus weltweit tätigen bankinternen Mitarbeitenden der verschiedenen Abteilungen und aus externen Softwarespezialisten zusammen.
- Sechs selbstständig tätige Dozierende entwickeln von ihren Home-Offices aus gemeinsam den Lehrgang «Leadership SVF» für eine Schule mit Standorten in der ganzen Schweiz.
- Eine Schweizer Tageszeitung richtet in Australien eine Aussenstelle mit fünf Journalistinnen ein, die das Onlineportal der Zeitung während der Schweizer Nachtzeit betreuen.

12.1 Herausforderungen dezentraler Teamarbeit

In vielen Unternehmen gibt es die virtuelle Teamarbeit heute schon. Man geht davon aus, dass sie in Zukunft noch stärker verbreitet sein wird, unter anderem aus folgenden Gründen:

- In vielen Branchen ist die **Globalisierung** weit vorangeschritten. Immer mehr Unternehmen sind weltweit tätig. An den einzelnen Standorten gibt es keine autonomen Abteilungen mehr und die Mitarbeitenden arbeiten stattdessen in virtuellen Teams zusammen.
- Die **Informations- und Kommunikationstechnologien (ICT)** ermöglichen die zeit- und ortsunabhängige Kommunikation, Datennutzung und -steuerung. Dies vereinfacht die virtuelle Projektarbeit genauso wie das «ferngesteuerte» Abwickeln von Routinearbeiten.
- Dank ICT wurde die **Flexibilisierung der Arbeitsplätze** in den letzten Jahren vorangetrieben. Dabei sind vor allem die folgenden Trends feststellbar:
  - **Virtuelle Projektarbeit:** Projektmitarbeitende arbeiten als «Freelancer» von ihrem Home-Office aus gemeinsam an einem Projekt.
  - **Outsourcing:** Ausgewählte Dienstleistungen werden an dezentral geführte Teams in einem anderen Land oder Kontinent vergeben.
  - **Home-Office:** Vermehrt bieten Unternehmen ihren Mitarbeitenden die Möglichkeit, zumindest einen Teil ihrer Büroarbeit von zu Hause aus zu erledigen.

Hinweis

In diesem Lehrmittel wird ein «dezentrales Team» auch «virtuelles Team» genannt, da in der Praxis beide Bezeichnungen vorkommen.

Weil «virtuell» auch «nicht echt» bedeuten kann, ist zu betonen, dass ein virtuelles Team genauso ein echtes Team ist wie ein sogenanntes Face-to-Face-Team, aber von unterschiedlichen Standorten aus zusammenarbeitet.

Für ein Face-to-Face-Team wird in diesem Zusammenhang auch die Bezeichnung «konventionelles Team» verwendet.

Die Zusammenarbeit in einem dezentralen Team stellt **hohe Anforderungen** an alle Beteiligten. So sind der Informationsaustausch, die Aufgabenverteilung, die Terminkoordination, das gegenseitige Vertrauen usw. bereits in Face-to-Face-Teams anspruchsvoll. Für virtuelle Teams bedeuten diese Voraussetzungen für eine erfolgreiche Teamarbeit eine noch grössere Herausforderung. Das Sprichwort «aus den Augen, aus dem Sinn» drückt dies anschaulich aus.

Nachfolgend werden die in Abb. 12-1 aufgeführten vier Herausforderungen etwas genauer beschrieben.

Abb. [12-1]   **Herausforderungen dezentraler Teamarbeit**

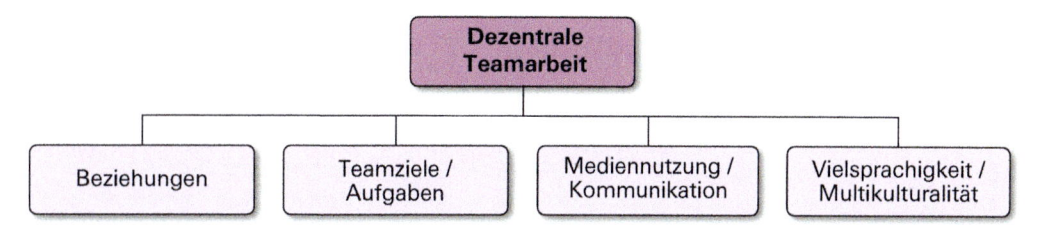

```
                    Dezentrale
                    Teamarbeit
        ┌──────────┬──────┴──────┬──────────────┐
   Beziehungen  Teamziele /  Mediennutzung / Vielsprachigkeit /
                 Aufgaben    Kommunikation   Multikulturalität
```

12.1.1 Beziehungen

Der **persönliche Kontakt** zwischen den Teammitgliedern ist **stark eingeschränkt**. Via Internet kann man sich zwar «live» sehen und hören, aber ein wichtiger Teil der gegenseitigen Wahrnehmung bleibt verborgen, nämlich die **Stimmungen,** die wir vor allem **nonverbal** über Mimik und Gestik ausdrücken. Dies erschwert es, ein Gefühl für die Bedürfnisse anderer Teammitglieder zu entwickeln.

Über längere Zeitabschnitte arbeitet jedes Teammitglied an seinen Aufgaben, organisiert und kontrolliert sich weitgehend selbst und sollte sich dennoch dem Team verbunden fühlen. In virtuellen Teams fehlt jene **soziale Kontrolle,** die in Face-to-Face-Teams automatisch erfolgt. Dementsprechend fordert diese Arbeitsform eine ausgeprägte Eigenmotivation und -verantwortung sowie eine hohe Selbstorganisation.

Erfolgreiche Teamarbeit erfordert gegenseitiges **Vertrauen** und die **Kooperationsbereitschaft** aller Beteiligten. Weil sich die Teammitglieder oft nicht persönlich kennen, ist es in virtuellen Teams schwieriger, dieses Fundament aufzubauen. Insbesondere in heiklen Arbeitsphasen oder bei konfliktträchtigen Themen kann dies zu massiven **Störungen** führen, die sich virtuell (z. B. in einer Video- oder Skypekonferenz) oft nicht oder nur schwer beseitigen lassen.

Es besteht keine oder nur vereinzelt die Möglichkeit für ein **spontanes Treffen** und den damit verbundenen **informellen Informationsaustausch**. Dieser Mangel führt auch dazu, dass in virtuellen Teams oft das nötige **Hintergrundwissen** übereinander fehlt: über die persönlichen Fachkenntnisse, Fertigkeiten und Stärken, Verhaltensweisen, sprachlichen Barrieren usw. Diese Schwierigkeiten lassen sich teilweise durch den Social-Media-Austausch überwinden.

12.1.2 Teamziele und Aufgaben

Bei der dezentralen Teamarbeit besteht die Gefahr der **Isolation**. Als Folge davon sinken die **Motivation** und das **Commitment** bezüglich Ziel- und Aufgabenerfüllung. Dies zeigt sich typischerweise in häufigen Termin- und Prioritätenverschiebungen oder in einer schlechteren Arbeitsqualität. Dementsprechend müssen virtuelle Teams in der Regel **straffer geführt** werden als konventionelle Teams.

Die räumliche Trennung erschwert den spontanen Austausch von **Feedbacks** und eine ausgewogene, faire **Mitarbeiterbeurteilung.** Zwar lassen sich die individuellen Arbeitsergebnisse überprüfen, doch erfordert ein gutes Teamergebnis auch die gegenseitige Unterstützung und Wertschätzung, das zuverlässige Einhalten von Vereinbarungen, einen konstruktiven Umgang mit Krisensituationen usw.

Weil das Risiko für Unklarheiten, Fehlannahmen und Missverständnisse in virtuellen Teams noch grösser ist als in konventionellen Teams, braucht es eine **regelmässige Abstimmung** der Ziele, Aufgaben und Arbeitsergebnisse. Manche virtuellen Teams halten deshalb täglich und zu einem vorgeschriebenen Zeitpunkt ein sogenanntes **«scrum meeting»** im Internet ab.[1] Dabei informieren sich die Teammitglieder gegenseitig, woran sie am Vortag gearbeitet haben, welche Probleme es dabei gab und welche Lösungen sie gefunden haben. Ausserdem diskutieren sie die aktuellen Tagesaufgaben und allfällig nötige Anpassungen in den Aufgaben oder im Vorgehen.

Das «scrum meeting» folgt bewusst einem starren Ablauf, damit sich die Teilnehmenden klar und diszipliniert verständigen und mögliche Probleme besser aufdecken können.

12.1.3 Mediennutzung und Kommunikationsform

Die Kommunikation findet überwiegend über **elektronische Medien** statt. Von allen Teammitgliedern wird daher eine hohe Mediennutzungskompetenz erwartet. Ein zu grosses Gefälle führt zu Unverständnis, Ungeduld und zu Abspaltungen innerhalb des Teams.

Kommuniziert wird **vorwiegend schriftlich** als E-Mail-, Twitter- und SMS-Nachrichten. Diese Kommunikation mag effizienter und praktischer sein. Sie ist aber auch unpersönlicher und anfälliger für Missverständnisse, da der Absender nicht direkt und / oder nicht unmittelbar eine Rückmeldung auf seine Botschaft erhält und im Ungewissen bleibt, wie der Empfänger seine Botschaft interpretiert und darauf reagiert. Um solche Hürden zu überwinden und einen direkteren Kontakt herzustellen, empfiehlt es sich daher, sich **regelmässig** auch **mündlich auszutauschen.**

12.1.4 Vielsprachigkeit und Multikulturalität

In internationalen Teams ist die **Arbeitssprache** meist Englisch und somit nicht die Muttersprache aller Mitglieder. Unterschiedlich gute Sprachkompetenzen können zu Missverständnissen und Unsicherheiten führen und das Vorankommen in der Teamarbeit behindern. Gezielte Sprachkurse helfen nur bedingt, zumal die dafür notwendige Zeit oftmals fehlt.

Zu den sprachlichen Hürden kommen **kulturelle Unterschiede** hinzu, die bei der Teambildung eine wichtige Rolle spielen. Sie betreffen die Arbeitseinstellung, Werte in der Zusammenarbeit, das Hierarchiedenken, die Selbstorganisation, das Kommunikations- und Konfliktlösungsverhalten usw. Daher muss auch ein dezentrales Team gemeinsame **Verhaltensregeln** aufstellen, sich zu deren Einhaltung verpflichten und bereit sein, allfällige Verstösse konsequent zu thematisieren.

In diesem Zusammenhang ist auch die **interkulturelle Kompetenz** zu einer Schlüsselanforderung an die internationale Zusammenarbeit geworden. Darunter versteht man die Fähigkeit, sich mit Personen aus anderen Kulturen **erfolgreich zu verständigen:** ihnen offen und wertfrei begegnen, ihre Gepflogenheiten erfassen und daraus ein Verhalten ableiten, das für die betreffende Situation als angemessen gilt.

---

[1] «Scrum», englisch für «Gedränge», wird als Begriff unter anderem in der Softwareentwicklung verwendet und steht für eine sich laufend den Gegebenheiten anpassende, flexible Vorgehensweise.

12.2 Führungsaufgaben

Die Führungsaufgaben bleiben bei virtuellen Teams grundsätzlich dieselben wie bei konventionellen Teams. Aufgrund der besonderen Herausforderungen der Zusammenarbeit ergeben sich jedoch teilweise andere Schwerpunkte. Allgemein lässt sich dazu sagen: Dezentrale Teams erfordern eine straffere Führung als Face-to-Face-Teams.

12.2.1 Teambildungsprozess gestalten

Die Teambildung hängt bei virtuellen Teams insbesondere von den **Kontaktmöglichkeiten** und der schon **bestehenden Beziehung** zwischen den Mitgliedern ab. Die Gruppendynamik verläuft einfacher, wenn man sich bereits persönlich kennt, in früheren Projekten erfolgreich zusammengearbeitet hat oder wenn das Team zu Beginn der Zusammenarbeit ausreichend Gelegenheit bekommt, sich persönlich kennenzulernen und sich auch über sprachliche und kulturelle Grenzen hinweg zu finden.

Das Ziel der Teambildung ist, die Phasen der Gruppendynamik (Forming, Storming, Norming, Performing) so zu durchlaufen, dass das virtuelle Team möglichst rasch **produktiv zusammenarbeiten** kann. In Abb. 12-2 werden die besonderen Aspekte bei virtuellen Teams sowie die Führungsaufgaben zusammengefasst.

Abb. [12-2]   Teambildung in virtuellen Teams

Phase	Besonderheiten bei virtuellen Teams	Aufgaben der Führungsperson
Forming	Die Forming-Phase dauert meist länger, besonders dann, wenn das Team keine Gelegenheit hat, sich z. B. an einer Kick-off-Sitzung persönlich kennenzulernen.	• Wenn möglich eine Kick-off-Sitzung einberufen, an der sich die Mitglieder face-to-face treffen. • Das Kennenlernen aktivieren durch die Einrichtung virtueller Austausch-Plattformen. • Die Verhaltensregeln und die Regeln der Arbeitsorganisation von Anfang an thematisieren.
Storming	In der Storming-Phase werden insbesondere die interkulturellen Probleme sichtbar (unterschiedliche kulturelle Werte, Verhaltensweisen und sprachliche Barrieren). Diese müssen zwingend so bereinigt werden, dass die Bereitschaft zur gemeinsamen Zielerreichung vorhanden ist.	• Genügend Zeitpuffer für die Storming-Phase einplanen (deutlich mehr als in konventionellen Teams). • Auf Probleme der virtuellen Kommunikation besonders gut achten (Sprach- und interkulturelle Probleme). • Probleme sofort thematisieren.
Norming	Ein virtuelles Team braucht meist länger, bis es in der Norming-Phase ankommt. Für alle verbindliche Verhaltens- und Arbeitsorganisationsregeln gemeinsam festzulegen, ist daher eine «Muss»-Bedingung für den Zusammenhalt und für die produktive Arbeit.	• Darauf achten, dass alle Teammitglieder über die notwendige Medienkompetenz verfügen, um produktiv zusammenarbeiten zu können. • Auf die konsequente Einhaltung der Verhaltens- und Arbeitsorganisationsregeln achten. Missachtungen sanktionieren, um Verbindlichkeit sicherzustellen. • Erwartungen an die Qualität der Arbeitsergebnisse definieren, an die sich alle halten müssen. • Gründe für Einberufung virtueller Teamsitzungen festlegen.
Performing	Die einzelnen Teammitglieder arbeiten meist sehr selbstständig an ihren Aufgaben. Je nach Aufgabenstellung und Teamstruktur tauschen sie sich untereinander wenig aus. Die Performing-Phase in virtuellen Teams ist deshalb meist effizienter als in konventionellen Teams.	• Regelmässige Feedbacks an jedes Teammitglied, ausdrückliche Anerkennung von Einzelleistungen. • Den Wissensaustausch aktiv fördern, Ideen oder fachliche Probleme im gesamten Team austauschen. • Wenn nötig die gegenseitige Unterstützung bei der Aufgabenbewältigung fördern (virtuelle Kleinteams bilden).

12.2.2 Arbeitsorganisationsregeln

Bei dezentralen Teams ist die Arbeitsorganisation noch wichtiger für eine **ergebnisorientierte Zusammenarbeit** als bei konventionellen Teams. An diese Regeln müssen sich alle gleichermassen halten. Ihre Einhaltung zu kontrollieren und Verstösse konsequent zu sanktionieren, ist Führungsaufgabe:

- **Fixe Besprechungszeiten:** Zu den scrum meetings oder anderen Formen der fortlaufenden Arbeitsbesprechung kommen regelmässige Teamkonferenzen hinzu. Um auch diese effizient zu leiten, sollte die Führungsperson frühzeitig die Traktanden bekanntgeben und schriftliche vorzubereitende Aufträge erteilen.
- **Fixe Reaktionszeiten auf E-Mails:** Bei virtuellen Teams kann das einzelne Teammitglied nicht spontan vorbeikommen und etwas klären. Jede Information, Entscheidung oder Anfrage erfordert deshalb eine Antwort innerhalb eines im Voraus festgelegten Zeitraums.
- **Verbindliche Anweisungen:** Es gilt die Regel: «Schreibe auf, was du machst. Und mache, was geschrieben steht.» Die effiziente Zusammenarbeit ist nur gewährleistet, wenn alle Teammitglieder und die Führungsperson sich darauf verlassen können, dass Anweisungen korrekt umgesetzt und allfällige Abweichungen sofort gemeldet werden.
- **Einheitliches Dokumenten- und Berichtsmanagement:** Je klarer die Anforderungen definiert sind, desto geringer ist das Risiko fehlender oder überflüssiger Informationen in Dokumenten oder Berichten, die zwischen den Teammitgliedern ausgetauscht werden. Für die Sicherung der Informationen und Arbeitsergebnisse ist die laufende Ablage aller Dokumente auf dem gemeinsamen Datenserver unumgänglich.

12.2.3 Verhaltensregeln

Da sich ein virtuelles Team – wenn überhaupt – persönlich nur sporadisch trifft, braucht es insbesondere eine gut funktionierende Kommunikation. Die Führungsperson muss die Bereitschaft und Fähigkeit dazu vorleben und die Teammitglieder darin unterstützen, trotz der örtlichen Distanz einen möglichst aktiven Austausch zu pflegen:

- **Offenheit:** Aufgaben- oder personenbezogene Probleme sofort, offen und ehrlich besprechen. Für dezentrale Teams ist diese Offenheit besonders wichtig, zumal es in manchen Kulturen als brüskierend gilt, jemanden zu kritisieren oder sich zu Fehlern zu äussern.
- **Toleranz:** Ein respektvoller Umgang ist auch bei der virtuellen Zusammenarbeit eine Grundvoraussetzung. Das «unpersönliche» Kommunikationsmedium Computer und die Multikulturalität machen diese Anforderung nicht einfacher. Umso wichtiger ist es, die Teammitglieder für ein gegenseitiges Verständnis zu sensibilisieren und dafür, dass «der Sender für seine Botschaften verantwortlich ist».
- **Coaching:** Die Führungsperson übernimmt eine wichtige Koordinations- und Unterstützungsfunktion bei virtuellen Teams, die diese noch mehr brauchen als konventionelle Teams, um Sicherheit und Stabilität zu gewinnen. Dazu gehört der regelmässige Austausch mit der Führungsperson, aber auch das Fach-, Fall- und persönliche Coaching (s. Kap. 9, S. 86).

Zusammenfassung

Dezentrale oder virtuelle Teams arbeiten orts- und oft auch zeitunabhängig für ein gemeinsames Ziel zusammen. Daraus ergeben sich spezielle Bedingungen für die Teamarbeit:

Kriterium	Beschreibung
Beziehungen	• Veränderte Wahrnehmung von Stimmungen, Nähe und Distanz aufgrund des eingeschränkten persönlichen Kontakts • Risiko geringerer Vertrauens- und Kooperationsbereitschaft • Mangelndes Hintergrundwissen übereinander
Teamziele, Aufgaben	• Motivations- und Commitmentprobleme wegen Isolationsgefühl • Eingeschränkte Möglichkeiten für Feedbacks und Beurteilungen • Hoher Abstimmungsbedarf
Mediennutzung, Kommunikation	• Hohe Anforderungen an Mediennutzungskompetenz • Vorwiegend schriftliche Kommunikation
Vielsprachigkeit, Multikulturalität	• Mehr Unsicherheit und Missverständnisse wegen der Arbeitssprache • Kulturelle Unterschiede in Verhalten und Kommunikation

Unterschiede zeigen sich auch im Teambildungsprozess:

1. **Forming:** Dauert meist länger als bei konventionellen Teams.
2. **Storming:** Interkulturelle Probleme sind zu beseitigen, um Zielerreichung zu ermöglichen.
3. **Norming:** Zwingend verbindliche Arbeitsorganisations- und Verhaltensregeln definieren.
4. **Performing:** dank der Selbstständigkeit meist effizienter als in konventionellen Teams.

Für die effiziente Zusammenarbeit sind die **Arbeitsorganisationsregeln** bei virtuellen Teams besonders wichtig. Sie bestehen aus fixen Besprechungszeiten und Reaktionszeiten auf E-Mails, die Einhaltung von Anweisungen sowie einem einheitlichen Dokumenten- und Berichtsmanagement.

Eine gut funktionierende Kommunikation ist unerlässlich bei dezentralen Teams. Offenheit, Toleranz und Coaching gehören zu den wichtigsten **Verhaltensregeln.**

Repetitionsfragen

41	Dezentrale Teams haben weniger oder gar keine Möglichkeiten, sich persönlich zu begegnen. Nennen Sie zwei Auswirkungen dieser Einschränkung auf die Beziehungsebene des Teams.
42	Beschreiben Sie mindestens zwei Aufgaben der Führungsperson bei der Teambildung von dezentralen Teams in der Norming-Phase.
43	Weshalb ist es bei virtuellen Teams besonders wichtig, dass jedes Mitglied sich genau an die Anweisungen hält?

13 Sitzungen moderieren

Lernziele	Nach der Bearbeitung dieses Kapitels können Sie … • erklären, wie Sitzungen vorbereitet und durchgeführt werden. • Sitzungen ziel- und teilnehmerorientiert leiten.
Schlüsselbegriffe	Beschlussprotokoll, Fragetechnik, konstruktiver Kommunikationsstil, Moderationsmethoden, Moderationstechnik, Moderationszyklus, Nachbearbeitung, Sitzungsleitung, Sitzungsnachbereitung, Sitzungsvorbereitung, Sitzungsziel, Spielregeln, Zeitmanagement

«Hauptsache, wir haben darüber geredet …» Diese oder eine ähnlich bissige Bemerkung hört man nach mancher Sitzung. Die Teilnehmenden finden, sie hätten ihre Zeit mit ziel- und uferlosen Diskussionen über nebensächliche Probleme verschwendet. Diese Zusammenkunft hätte man sich ersparen können!

Dies ist ein bedenkliches Fazit, denn viele Führungspersonen wenden einen beträchtlichen Anteil ihrer Arbeitszeit für Sitzungen, Workshops oder Tagungen auf. Hand aufs Herz: Wie viele Stunden pro Woche verbringen Sie an solchen Treffen? Und wie viele davon sind so ergiebig, dass sich der Aufwand gelohnt hat?

In diesem Kapitel behandeln wir einige wichtige Grundlagen, die Sie bei der Vorbereitung, Durchführung und Nachbereitung von Sitzungen unterstützen sollen. Zuvor gilt es jedoch zu klären, ob es überhaupt notwendig ist, für ein bestimmtes Thema eine Sitzung anzusetzen, oder ob sich andere Kommunikationsformen besser eignen dafür.

13.1 Notwendigkeit von Sitzungen prüfen

«Braucht es dafür wirklich eine Sitzung?» Stellen Sie sich diese Frage immer, bevor Sie eine Sitzung einberufen. Im Zweifelsfall wählen Sie besser eine andere Kommunikationsform, wie z. B. eine Einzelbesprechung, einen Telefonanruf, den schriftlichen Austausch per E-Mail usw.

Sitzungen sichern den **Informationsaustausch** in der Zusammenarbeit und festigen den **Zusammenhalt** im Team, wenn es z. B. darum geht, die Zwischenergebnisse der einzelnen Projektmitarbeitenden für die gemeinsame weitere Projektarbeit zu erörtern, Probleme in Arbeitsprozessen oder Konflikte in der Zusammenarbeit zu lösen.

Überprüfen Sie die **Notwendigkeit** einer Sitzung anhand der folgenden fünf Kriterien:

1. **Nutzen:** Schafft die gemeinsame Sitzung einen echten **Mehrwert** gegenüber anderen Kommunikationsformen? Dieser Mehrwert muss nicht unbedingt objektiv messbar sein. Ein Treffen kann auch für die Teambildung, für die Beziehungspflege oder für die Vertrauensbildung in heiklen Situationen wertvoll sein.
2. **Aufwand – Nutzen:** Rechtfertigt der gewünschte Nutzen den entsprechenden Zeitaufwand? Eine Berechnung hilft, diese Frage zu beantworten: Multiplizieren Sie die Stundenlohnkosten der Teilnehmenden mit der Anzahl Sitzungsstunden. Ist die Sitzung diesen Betrag wirklich wert?
3. **Verbindlichkeit:** Müssen die anstehenden Entscheidungen gemeinsam getroffen werden, weil z. B. alle für deren Umsetzung mitverantwortlich sind?
4. **Mitwirkung:** Können alle Teilnehmenden etwas Wichtiges zum Sitzungserfolg beitragen?
5. **Synergien:** Lassen sich dadurch, dass man an einen Tisch sitzt, besondere Wirkungen erzielen? So kann ein Austausch «von Angesicht zu Angesicht» dazu beitragen, auf der Sachebene und gleichzeitig auch auf der Beziehungsebene einen entscheidenden Schritt weiterzukommen.

In Abb. 13-1 sind typische Gründe für die Einberufung einer Sitzung aufgelistet.

Abb. [13-1]   Gründe, eine Sitzung einzuberufen

Informations-austausch	• **Informieren** über ein komplexes, heikles, konfliktträchtiges oder ausserordentliches Thema, z. B. über ein bedeutendes Ereignis oder Projekt, über Vorgaben, Beschlüsse, Massnahmen von grösserer Tragweite usw. • **Sich gegenseitig orientieren,** z. B. über den Projektfortschritt, den aktuellen Geschäftsverlauf usw.
Problemlösung	• **Analysieren** und **Beurteilen** von Ursachen, Zusammenhängen und Auswirkungen eines Problems. • **Prozessprobleme** diskutieren und bereinigen, z. B. Klärung von Schnittstellen. • **Lösungsideen** sammeln und entwickeln, z. B. in einem gemeinsamen Brainstorming.
Entscheidungs-findung	• **Meinungen, Standpunkte** oder **Bedenken** darlegen, z. B. bei schwierigen Entscheidungen, Veränderungsvorhaben usw. • **Entscheidungen** fällen dank gemeinsam entwickelten Entscheidungskriterien, -regeln und -verfahren.
Konfliktlösung	• **Probleme in der Gruppe** diskutieren und bereinigen, z. B. Konflikte in der Zusammenarbeit.

13.2 Sitzung vorbereiten

Ein produktiver Sitzungsverlauf hängt nicht nur von den Teilnehmenden ab. In erster Linie ist die Sitzungsleitung dafür verantwortlich.

Beispiel

Bettina ist erst seit kurzer Zeit im Team. Auf Montagmorgen um 8.00 Uhr ist die nächste Teamsitzung angekündigt. Genauere Informationen dazu hat Bettina nicht erhalten. Auf ihre Frage nach den Traktanden und der Sitzungsdauer antwortet ein Kollege: «Das weiss man im Voraus nie so genau. Wir besprechen, was gerade ansteht. Meistens brauchen wir etwa 1.5 Stunden, aber daraus können schon auch mal zwei oder drei Stunden werden.» – Am Montagmorgen ist Bettina als Einzige rechtzeitig im Sitzungszimmer. Erst allmählich treffen einige Kollegen ein, begrüssen sie freundlich, genehmigen sich einen Kaffee und beginnen, angeregt miteinander zu plaudern.

Mit rund zehn Minuten Verspätung kommt dann auch der Teamleiter hinzu. Sofort wird er von Einzelnen in Beschlag genommen, weshalb er schliesslich die Teamsitzung fast eine halbe Stunde später als angekündigt eröffnet. Bettina macht sich auf einen ebenso chaotischen weiteren Sitzungsverlauf gefasst …

Eine Sitzung ist schlecht vorbereitet, wenn niemand genau weiss, weshalb man nun zusammensitzt, und wenn sich niemand für das Zeitmanagement und für die Auswahl der Besprechungsthemen verantwortlich fühlt.

Achten Sie deshalb auf eine zweckmässige inhaltliche, organisatorische und persönliche Sitzungsvorbereitung.

13.2.1 Inhaltliche Vorbereitung

Vier Fragen müssen Sie bei der inhaltlichen Vorbereitung der Sitzung beantworten können:

- Worum geht es und was soll erreicht werden? (Thema und Sitzungsziele)
- Wer muss bzw. soll dabei sein? (Teilnehmerkreis)
- Wer soll die Sitzung moderieren? (Sitzungsleitung)
- Wann und wie soll was behandelt werden? (Traktandenliste, Moderationsleitfaden)

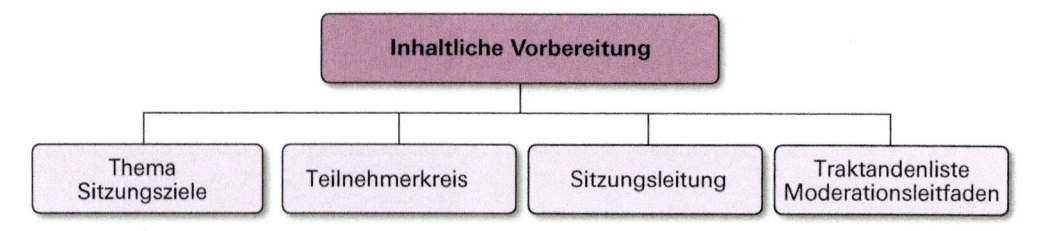

Abb. [13-2] Inhaltliche Vorbereitung einer Sitzung

```
                    Inhaltliche Vorbereitung
         ┌──────────────┬──────────────┬──────────────┐
      Thema        Teilnehmerkreis  Sitzungsleitung  Traktandenliste
   Sitzungsziele                                     Moderationsleitfaden
```

A] Thema und Sitzungsziele

Welche Absichten verfolgen Sie mit dieser Sitzung? Welche konkreten Ergebnisse erwarten Sie? Welche Beschlüsse wollen Sie «unter Dach und Fach» bringen?

Definieren Sie das zu behandelnde **Thema** oder die Themen so **knapp** und **klar,** dass alle Teilnehmenden verstehen, worum es an der Sitzung gehen soll.

Machen Sie sich bewusst, was Sie an der Sitzung erreichen können – und was nicht. Formulieren Sie schon im Voraus die Sitzungsziele so konkret wie möglich.

Eindeutige, klare und **messbare Sitzungsziele** erleichtern allen Beteiligten das zielgerichtete Diskutieren, das effiziente Problemlösen und das umsichtige Entscheiden. Die SMART-Formel unterstützt Sie dabei (s. Kap. 6.3.1, S. 68).

Beispiel

Das Sitzungsziel «Verbesserung des Betriebsklimas» ist zu wenig konkret.

Falls es darum geht, eine Standortbestimmung vorzunehmen und Massnahmen zur Verbesserung des Betriebsklimas zu sammeln, könnte das Sitzungsziel lauten: «Die Sofortmassnahmen zur Verbesserung des Betriebsklimas sind definiert.»

B] Teilnehmerkreis

Wer muss zwingend an der Sitzung teilnehmen? Wer könnte auch noch zum gewünschten Ergebnis beitragen? Wählen Sie die Teilnehmenden sorgfältig aus anhand der folgenden Kriterien:

- **Betroffene zu Beteiligten machen:** Laden Sie alle Personen ein, die von den Informationen, Entscheidungen, vom Problem oder Konflikt direkt betroffen sind.
- **Verbündete finden:** Laden Sie Schlüsselpersonen ein, die dank ihrem Wissen, ihren Erfahrungen, ihrer Einstellung oder ihrem Einfluss etwas Wichtiges beitragen können.
- **Gruppengrösse beachten:** Ein intensiver und gleichzeitig produktiver Austausch ist nur bei einer beschränkten Teilnehmerzahl möglich. Vielfach liegt die ideale Gruppengrösse bei fünf bis maximal zehn Personen. Bedenken Sie, dass sich mit jeder zusätzlichen Person, die mitdiskutiert, auch der Zeitaufwand für die Sitzung erhöht.

Optimieren Sie die **zeitliche Beanspruchung** von Fachpersonen, etwa von externen Lieferanten, von der Personal- oder vom IT-Verantwortlichen, deren Teilnahme nur für ein bestimmtes Traktandum notwendig ist. Planen Sie dieses Traktandum wenn möglich am Sitzungsanfang oder unmittelbar nach einer grösseren Pause.

C] Sitzungsleitung

Fragen Sie sich kritisch, wer die **Moderationsrolle** am besten ausüben kann: Wollen und können Sie diese Sitzung selbst leiten oder wäre es sinnvoller, damit einen neutralen Moderator zu beauftragen?

Moderation ist vom lateinischen Wort «moderatio» abgeleitet und bedeutet Lenkung, Steuerung oder Mässigung. Unter Moderation verstehen wir die **ziel- und prozessorientierte Leitung** von Arbeitsbesprechungen oder Workshops mit mehr als zwei Teilnehmenden.

Dank einer professionellen **Moderation**

- können sich alle Teilnehmenden aktiv und gleichberechtigt einbringen.
- bleibt ein offenes, respektvolles und lösungsorientiertes Besprechungsklima gewahrt.
- verläuft die Auseinandersetzung mit dem Thema zielbewusst und strukturiert.

In vielen Sitzungen übernimmt der Teamleiter oder die Projektleiterin die Moderation. Dem steht nichts im Wege, wenn es z. B. um einen regelmässigen Informationsaustausch oder um das gemeinsame Lösen von einfacheren Sachproblemen geht. In anderen Situationen kann eine solche **Doppelrolle** jedoch zu einem **Zielkonflikt** führen, der sich ungünstig auf das Ergebnis auswirkt:

- Eine **Leitungsperson** verfügt dank ihrer Stellung über mehr Einfluss als die «gewöhnlichen» Teilnehmenden und läuft folglich Gefahr, die Gruppe zu **dominieren**. Wer zugleich seine eigenen Interessen vertritt, ist versucht, diese durchsetzen und die Sitzung in die entsprechende Richtung zu steuern.
- Ein **Moderator** sorgt für Meinungsvielfalt und Offenheit, indem sich **alle Teilnehmenden gleichermassen einbringen** können. Er darf sich nicht mit seinen eigenen Beiträgen in den Vordergrund drängen oder einseitig Partei für eine Sache oder Person ergreifen.

In bestimmten Situationen braucht es zwingend eine **neutrale Moderation**. Eine Moderatorin, die «von aussen» kommt, ist unabhängiger. Sie kann die Moderationsrolle **unvoreingenommen** und mit mehr **Abstand** und **Übersicht** ausüben. Die folgenden Umstände sprechen für den Beizug einer neutralen Moderatorin:

- Alle Teilnehmenden wollen sich uneingeschränkt auf die **inhaltliche Diskussion** konzentrieren.
- Das zu bearbeitende Thema ist **«heikel»**: Die Teilnehmenden sind emotional stark betroffen oder der Vorgesetzte ist selbst Teil des Problems und somit befangen.
- Das Thema wurde «unmoderiert» schon **mehrmals erfolglos diskutiert**. Dabei sind Fronten entstanden, die zu verhärten drohen oder bereits verhärtet sind.
- Die Gruppe setzt sich aus Mitgliedern **verschiedener Führungsebenen** zusammen und es ist zu befürchten, dass die hierarchische Ordnung den offenen Meinungsaustausch behindert.

D] Traktandenliste und Moderationsleitfaden

Bei regelmässig stattfindenden Sitzungen stehen die Themen meist schon im Voraus fest. Bereiten Sie in diesem Fall eine **Traktandenliste** mit einem detaillierten **Zeitplan** vor, in der die inhaltlichen **Prioritäten** berücksichtigt sind. Grundsätzlich gehören die wichtigsten Traktanden an den Beginn der Sitzung, weil mangels Zeit dann «nur» die weniger wichtigen vertagt werden müssten. Sorgen Sie dafür, dass sich auch die Teilnehmenden inhaltlich vorbereiten können, indem Sie ihnen alle erforderlichen **Unterlagen** rechtzeitig zukommen lassen.

Halten Sie die folgende Faustregel für das Zeitmanagement ein: Verplanen Sie höchstens 80% der gesamten Sitzungszeit und reservieren Sie die restlichen **rund 20% als Pufferzeit** für Unvorhergesehenes, zusätzliche Diskussionspunkte, Kurzpausen usw.

Dank dem gezielten Einsatz von **Moderationstechniken** (s. Kap. 13.5, S. 137) lassen sich die Diskussion und die Arbeit in der Gruppe besser strukturieren. Eine solche methodische Unterstützung ist besonders bei **schwierigen Sitzungsthemen** hilfreich, wenn z. B. die Ursachen für ein Problem oder für einen Konflikt zu analysieren oder heikle Entscheidungen zu fällen sind.

Bereiten Sie für eine solche Sitzung einen detaillierten **Moderationsleitfaden** vor. Er enthält den Inhalt und das Ziel jedes Vorgehensschritts, die dafür geplanten Moderationstechniken, Hilfsmittel und das Zeitbudget.

Abb. [13-3] Moderationsleitfaden (Beispiel)

Vorgehens-schritt	Inhalt / Thema	Ziel	Moderationstechnik	Hilfsmittel	Zeit (Min.)
Einsteigen	Sitzungseröffnung Ziele und Vorgehen	Klarheit schaffen	Folienpräsentation	Beamer	5'
Vorstellungs-runde	Kurze Vorstellungsrunde	Gegenseitiges Kennenlernen	Einzelbefragung	–	10'
Erwartungen	Teilnehmererwartungen klären	Gutes Arbeits-klima schaffen	Punktabfrage	Flipchartplakat, Klebepunkte	10'
Standort-bestimmung	Die Zusammenarbeit ist konstruktiv / hinderlich, weil …	Argumente sammeln	Thesen Pro / Kontra	Karten / Pinnwand	15'
Bewerten	Pro / Kontra der heutigen Regelungen ermitteln	Prioritäten kennen	Kartenabfrage	Karten / Pinnwand	30'
(Pause)					10'
Ideenfindung	Verbesserungsmöglich-keiten entwickeln	Gemeinsame Lösungen finden	Abfrage auf Zuruf	Flipchart	20'
…	…	…	…	…	…
(Pufferzeit)	Unvorhergesehenes				(30')
Total					180'

Hinweis Bei bestimmten Anlässen, wie z. B. bei einem Gruppenkonflikt, ist es schwierig, das Vorgehen im Voraus detailliert zu planen. Die jeweils nächsten Schritte müssen dann laufend und unter Umständen gemeinsam mit den Teilnehmenden festgelegt werden. Diese Ad-hoc-Planung ist anspruchsvoll und setzt die entsprechenden Moderationserfahrungen voraus.

13.2.2 Organisatorische Vorbereitung

Organisatorische Mängel können die Sitzungsatmosphäre empfindlich belasten: wenn z. B. der Arbeitsraum zu eng ist für ein ungestörtes Arbeiten, die Präsentation am Beamer unlesbar ist oder das Mineralwasser für die Teilnehmenden fehlt.

Organisieren Sie deshalb Ihre Sitzungen sorgfältig. Dazu gehören die Planung der räumlichen Infrastruktur, der Medien und Moderationshilfsmittel, der Sitzungspausen, des Verpflegungs- und Unterkunftsangebots, der Protokollführung und die Einladung an die Teilnehmenden.

Abb. [13-4] Organisatorische Vorbereitung einer Sitzung

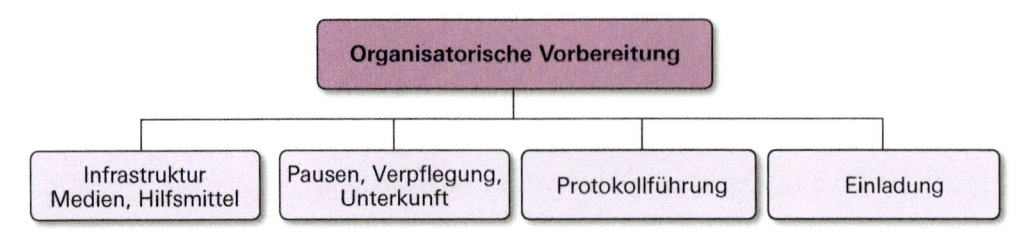

```
                Organisatorische Vorbereitung
        ┌───────────────┬───────────────┬───────────────┐
   Infrastruktur   Pausen, Verpflegung,  Protokollführung   Einladung
   Medien, Hilfsmittel   Unterkunft
```

A] Infrastruktur, Medien und Hilfsmittel

Achten Sie darauf, dass der Ort und die Räumlichkeiten dem Anlass und den Teilnehmenden entsprechen und das Wohlbefinden positiv beeinflussen. Wählen Sie Sitzungsräume, die gross genug und ruhig sind und die sich für die inhaltliche Arbeit eignen. Es müssen z. B. bequeme Stühle und Tische vorhanden sein, ausserdem eine angenehme Beleuchtung und Raumtemperatur sowie die Möglichkeit, regelmässig zu lüften.

Als Sitzordnung für die Besprechung im Plenum wird meist die «U-Form» oder die Anordnung der Tische in einem Rechteck oder Oval gewählt, für das gemeinsame Arbeiten in den Gruppenräumen der «runde Tisch».

Auf die Einsatzmöglichkeiten von Präsentationsmedien gehen wir hier nicht näher ein. Prüfen Sie rechtzeitig, welche Medien und Moderationshilfsmittel Sie einsetzen wollen und welche vor Ort bereits vorhanden sind.

B] Pausen, Verpflegung und Unterkunft

Längere Sitzungen erfordern regelmässige Pausen, da die Aufmerksamkeit und die Diskussionsfreude allmählich nachlassen. Gönnen Sie den Teilnehmenden ungefähr alle 60 bis 90 Minuten eine Erholungszeit von 10 bis 15 Minuten.

Ein Unterbruch ermöglicht den Teilnehmenden, sich nach hitzigen Diskussionen «abzukühlen» und sich wieder zu sammeln. Viele nutzen die Pausen auch, um ihre eingegangenen Mails und Smartphone-Nachrichten zu checken. Wenn Sie dazu regelmässig Gelegenheit geben, lassen sich die Teilnehmenden einfacher dafür gewinnen, ihre elektronischen Geräte während der Sitzung auszuschalten und ihre Aufmerksamkeit ausschliesslich auf die Diskussion oder die gemeinsame Arbeit zu richten.

Eine ausgewogene, leicht bekömmliche Verpflegung, ausreichend Getränke und bei mehrtägigen Workshops ein komfortables Übernachtungsangebot mit Sport- und anderen Freizeitaktivitäten tragen massgeblich zum Wohlbefinden der Teilnehmenden bei.

C] Protokollführung

In den meisten Fällen reicht ein Beschlussprotokoll aus, das in knapper Form und übersichtlich die folgenden Informationen enthält:

- Datum, Uhrzeit und Ort
- Anlass für die Sitzung und / oder Sitzungsziel
- Teilnehmende
- Eingeladene Personen, die nicht teilnehmen konnten («Entschuldigt»)
- Name der protokollführenden Person
- Der Reihenfolge nach die einzelnen Traktanden bzw. Besprechungspunkte
- Beschlüsse, Ergebnisse und Massnahmen (inklusive Terminen und Verantwortlichkeiten)
- Noch offene Punkte bzw. Traktanden, die auf die nächste Sitzung verschoben wurden
- Falls vereinbart, Zeitpunkt der Nachfolgesitzung
- Verteiler für das Protokoll («Kopie geht an …»)

Bestimmen Sie wenn möglich schon im Voraus die protokollführende Person. Meist will nämlich niemand diese Aufgabe freiwillig übernehmen und der Moderator sollte sie grundsätzlich nicht übernehmen. Seine Aufmerksamkeit gilt der Sitzungsleitung, nicht der Protokollierung. Verfasst er das Protokoll im Nachhinein und «aus dem Gedächtnis», bleibt es vermutlich lückenhaft oder zu einseitig auf seinen Blickwinkel beschränkt.

Idealerweise delegieren Sie die Protokollführung deshalb an jemanden, der sich voll darauf konzentrieren kann, weil er sich nicht aktiv an den Diskussionen beteiligen muss. Weil dafür eine zusätzliche Person erforderlich ist, müssen Sie aber kritisch prüfen, ob sich dieser

Aufwand für den betreffenden Anlass lohnt. Aber auch, dass diese Person von den Teilnehmenden akzeptiert wird als «unbeteiligte Zuhörerin» und nicht die Dynamik in der Sitzungsrunde stört.

D] Einladung

Halten Sie alle für die Sitzung notwendigen Informationen in der Einladung an die Teilnehmenden fest. Zur vollständigen Sitzungseinladung gehören:

- **Warum:** Anlass, Sinn und Nutzen
- **Wann:** genauer Zeitpunkt und geplante Dauer
- **Wo:** Ort und Anfahrtsweg
- **Was:** Traktandenliste mit Themen, Sitzungszielen und Vorbereitungsaufträgen
- **Wie:** geplanter Ablauf, geplantes Vorgehen
- **Wer:** Teilnehmerliste, Sitzungsleitung / Moderation und Protokollführung
- **Weiteres:** Frist für Zu- oder Absage, Kontaktperson für Rückfragen, Bekleidung (Dresscode), Hinweise für Freizeit-/Sportmöglichkeiten usw.

Abb. 13-5 fasst die wichtigsten organisatorischen Vorbereitungspunkte zusammen.

Abb. [13-5] **Checkliste für die organisatorische Vorbereitung einer Sitzung**

Ort, Räumlichkeiten, Sitzordnung	• Erforderliche Anzahl Räume (Plenum und Gruppenräume) • Raumgrösse (je nach Anzahl Teilnehmender) • Sitzordnung im Plenum und in den Gruppenräumen
Moderationsmedien, -hilfsmittel	• Erforderliche Medien (Beamer, Pinnwände, Flipcharts, Whiteboards, Computer usw.) • Medientechnische Infrastruktur (Steckdosen, Verlängerungskabel, Internet-/WLAN-Verbindung, Verdunkelung usw.) • Erforderliche Moderationshilfsmittel (Pinnwandpapier, Flipchartbögen, Papier, Folien, Karten, Stifte, Nadeln, Kleber usw.)
Pausen	• Pausenrhythmus und -länge • Pausengestaltung
Verpflegung	• Pausengetränke / Snacks im Plenum / in den Gruppenräumen • Verpflegungsangebot am Morgen / Mittag / Abend • Besondere Wünsche, wie z. B. vegetarisches Essen, Früchte usw.
Unterkunft	• Erforderliches Übernachtungsangebot bei mehrtägigen Veranstaltungen • Freizeitmöglichkeiten vor Ort
Protokollführung	• Protokollform • Zuständige Person für die Protokollführung
Einladung	• Formales: Form der Einladung, Zeitpunkt, Absender und Verteiler • Inhaltlich vollständige Einladung: Anlass, Sinn und Nutzen, Zeitpunkt, Dauer, Ort und Anfahrtsweg, Themen (Traktanden), Sitzungsziele und Vorbereitungsaufträge, Ablauf / Vorgehen, Teilnehmerliste und weitere wichtige Informationen

13.2.3 Persönliche, innere Vorbereitung

Die **Akzeptanz der Teilnehmenden** ist für den Moderationserfolg entscheidend. Je «heikler» ein Thema ist, desto stärker ist mit Widerstand zu rechnen, der sich auch gegen die moderierende Person richten kann. Klären Sie die Akzeptanzfrage mit dem Auftraggeber sorgfältig ab, wenn Sie **Bedenken** haben. Bleiben diese weiterhin bestehen, sollten Sie die Moderationsaufgabe nicht übernehmen.

Im Gegensatz zur inhaltlichen und organisatorischen Vorbereitung geht es bei der inneren Vorbereitung um die **Selbstklärung.** Die Leitfragen in Abb. 13-6 helfen, sich innerlich auf die Sitzung vorzubereiten. Richten Sie Ihren Blick dabei auf die Sach- und auf die Beziehungsebene.

Abb. [13-6] Leitfragen für die eigene, innere Vorbereitung

Sachebene	• Wie sehe ich den Sachverhalt (das Problem, den Konflikt usw.)? • Welche zusätzlichen Informationen brauche ich allenfalls? • Welche Moderationsziele verfolge ich? • Was will ich unbedingt ansprechen? • Welchen Beitrag erwarte ich von den Teilnehmenden? • Was wäre aus meiner Sicht ein gutes Sitzungsergebnis?
Beziehungsebene	• Welche Rolle nehme ich in dieser Sitzung ein? • Gibt es möglicherweise einen Rollenkonflikt (z. B. als Moderator und als Vorgesetzter)? • Welche Interessen verfolge ich (persönlich oder in meiner Rolle)? • Wie schätze ich die Akzeptanz der Teilnehmenden von mir in der Moderationsrolle ein?

Die Moderationsrolle erfolgreich zu meistern, stellt hohe Anforderungen an die Methoden- und Sozialkompetenz:

- **Neutral bleiben:** sich gegenüber allen Teilnehmenden gleich offen zeigen.
- **Fingerspitzengefühl beweisen:** «wissen», wann es Zurückhaltung und wann es ein Eingreifen oder aktive Unterstützung braucht.
- **Erfahren sein:** den Moderationsprozess und die Moderationstechniken so beherrschen, dass man Sicherheit ausstrahlt und gleichzeitig nicht aufdringlich wirkt.
- **Authentisch bleiben:** so natürlich auftreten, dass es zur Person passt und die Moderationsrolle nicht antrainiert oder aufgesetzt wirkt.

13.3 Sitzung durchführen

Unabhängig davon, ob eine Besprechung eine Stunde dauert oder sich ein Workshop über mehrere Tage hinzieht, hilft ein **systematisches, strukturiertes Vorgehen,** die Sitzungsziele in der vorgesehenen Zeit besser und effizienter zu erreichen. Dieses Vorgehen zu lenken, ist deshalb eine Hauptaufgabe der Sitzungsleitung.

Der **Moderationsprozess** lässt sich in drei Phasen mit insgesamt sechs Vorgehensschritten gliedern: Einsteigen, Arbeiten (Sammeln, Auswählen, Bearbeiten und Planen) sowie Aussteigen.

Abb. [13-7] Moderationsprozess

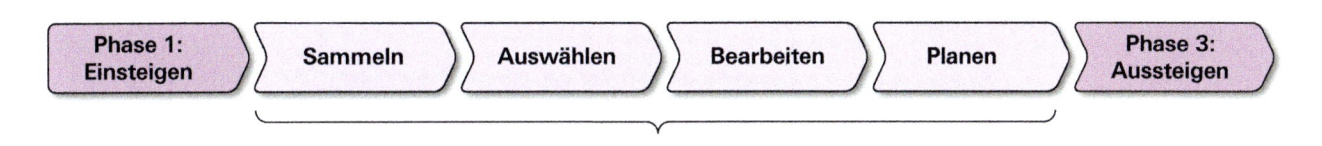

Phase 1: Einsteigen → Sammeln → Auswählen → Bearbeiten → Planen → **Phase 3: Aussteigen**

Phase 2: Arbeiten

Nach: Seifert, Josef W.: Visualisieren, Präsentieren, Moderieren, Offenbach 2009.

13.3.1 Phase 1: Einsteigen

Das Ziel der Einstiegsphase ist, die **Voraussetzungen** für eine konstruktive und produktive Arbeitsatmosphäre zu **schaffen.** Dazu müssen die Teilnehmenden über die gemeinsame inhaltliche Arbeit orientiert sein, die Erwartungen klären, sich gegenseitig kennenlernen und gemeinsame Regeln entwickeln.

Abb. [13-8] Checkliste für Phase 1: Einsteigen

Einsteigen	Sitzungseröffnung	• Sitzung pünktlich beginnen. • Persönliche Begrüssung, motivierende Einstiegsworte. • Vorstellungsrunde, falls sich die Teilnehmenden nicht kennen.
	Erwartungen, Ziele und Regeln	• Erwartungen der Teilnehmenden erfahren. • Allfällige Vorbehalte oder Störungen besprechen. • Zielsetzung der gemeinsamen Arbeit festlegen. • Verhaltensregeln für die Sitzung vereinbaren.
	Zeitplan und Vorgehensweise	• Zeitplan vorstellen und absprechen. • Vorgehensweise festlegen.
	Protokoll	• Protokollform und -führung bestimmen.

13.3.2 Phase 2: Arbeiten

Auf die Einstiegsphase folgt die **Arbeitsphase,** die aus den vier Vorgehensschritten Sammeln, Auswählen, Bearbeiten und Planen besteht. Man spricht auch vom **«Performing»,** denn die Gruppe konzentriert sich nun auf die Sachthemen. Sie ist bestrebt, die gesteckten Ziele und die an sie gestellten Erwartungen zu erfüllen und entsprechende Ergebnisse vorzuweisen. Falls an der Sitzung mehrere Traktanden behandelt werden, wiederholen sich die vier Vorgehensschritte bei jedem Traktandum.

A] Sammeln

Zunächst müssen die Teilnehmenden **denselben inhaltlichen Wissensstand** haben, folglich müssen alle inhaltlichen Verständnisfragen geklärt sein. Danach legt der Moderator den Teilnehmenden eine möglichst konkrete Frage- oder Problemstellung vor, zu der sie ihre **Themenwünsche** oder **Ideen** formulieren. Diese werden zusammengetragen und für alle sichtbar aufgelistet. – Die folgenden Leitfragen helfen beim Sammeln:

- Was genau wollen wir behandeln?
- Welche Aspekte des Themas, Problems, Konflikts usw. sind bekannt?
- Welche weiteren Aspekte sollten miteinbezogen werden?

B] Auswählen

In einem nächsten Konkretisierungsschritt wird die Themenliste **geordnet** und werden die **Prioritäten** für die inhaltliche Weiterbearbeitung festgelegt. – Die folgenden Leitfragen helfen beim Auswählen:

- Welche Themen müssen weiterverfolgt werden, um die Zielsetzung zu erreichen?
- Welche Themen sind vordringlich, welche besonders wichtig?
- Was kann sofort bearbeitet, was muss vertagt werden?

C] Bearbeiten

Die Gruppe bearbeitet die ausgewählten Themen **möglichst selbstständig.** Die Moderationsaufgaben beschränken sich auf die **Unterstützung** und **Beratung** bei auftretenden Schwierigkeiten:

- **Produktive Arbeitsbedingungen** aufrechterhalten: Unterstützen Sie die Gruppe methodisch bei der Visualisierung, bei der Strukturierung von Diskussionspunkten oder bei der Erarbeitung von zielgerichteten Ergebnissen.
- **Ziel** im Auge behalten: Greifen Sie ein, wenn die Gruppe riskiert, sich in Details zu verlieren oder sich inhaltlich zu verzetteln.
- **Störungen** erkennen und lösen: Thematisieren Sie einen allfälligen Widerstand oder Konfliktanzeichen in der Gruppe.

D] Planen

Im letzten Schritt der Arbeitsphase werden möglichst konkrete Massnahmen definiert und wird entschieden, welche in den **Massnahmenplan** aufzunehmen und später umzusetzen sind. Für eine übersichtliche Darstellung verwenden Sie am besten ein einheitliches Raster:

- **Was?** (Massnahme, Auftrag)
- **Wer** mit wem? (Verantwortlichkeiten)
- **Bis wann?** (Termin)
- **Wie?** (Vorgehensweise)

Die Zuweisung der Termine, Verantwortlichkeiten und Vorgehensweisen schafft **Klarheit** und **Verbindlichkeit:**

- Inhaltliche Missverständnisse lassen sich sofort ausräumen und spätere Fehlinterpretationen vermeiden, weil jeder weiss, was er zu tun hat.
- Die Umsetzung der Massnahmen ist einfacher zu kontrollieren.

Abb. [13-9]   **Checkliste für Phase 2: Arbeiten**

Sammeln	Gemeinsame inhaltliche Ausgangslage	• Alle auf den gleichen Wissensstand bringen. • Alle notwendigen Informationen weitergeben. • Inhaltliche Verständnisfragen klären.
	Themen-/Ideenfindung	• Frage- oder Problemstellung klar formulieren. • Themenwünsche / Ideen aufnehmen. • Themenwünsche für alle sichtbar visualisieren.
Auswählen	Strukturierung	• Themenliste strukturieren: Themen zusammenfassen und ordnen («clustern»). • Inhaltliche Schwerpunkte finden.
	Prioritäten	• Auswahl- bzw. Prioritätenfrage an Teilnehmende stellen. • Gewählte Themen in der Reihenfolge darstellen, in der sie bearbeitet werden sollen.
Bearbeiten	Vorgehensmethode	• Vorgehensmethode vorschlagen oder bestimmen lassen. • Themenbearbeitung gemäss den gewählten Vorgehensmethoden.
Planen	Massnahmenplan	• Raster für Massnahmenplan entwickeln, z. B. in Tabellenform: «Was?», «Wer?», «Mit wem?», «Bis wann?», «Wie?» • Massnahmen gemäss dem Raster konkretisieren. • Massnahmen terminieren. • Verantwortlichkeiten zuordnen. • Kontrollmechanismus vereinbaren.

13.3.3 Phase 3: Aussteigen

Das Ziel der **Abschlussphase** ist, dass die Teilnehmenden die Sitzung in einer positiven Stimmung und mit dem festen Vorsatz verlassen, die beschlossenen Massnahmen umzusetzen. «Der erste Eindruck wirkt, der letzte bleibt.» Sorgen Sie als Moderatorin bewusst dafür, dass das Treffen getreu diesem Motto ausklingt.

Geben Sie den Teilnehmenden die Gelegenheit, die gemeinsame Arbeit zu reflektieren und ihr **Feedback** zum Sitzungsverlauf, zur Gruppe und zur Sitzungsleitung abzugeben. Dadurch lassen sich **Erkenntnisse** über das eigene Verhalten, die Dynamik in der Gruppe, das gemeinsame Vorgehen, die Zielerreichung usw. gewinnen und konkrete Verbesserungsansätze für ein nächstes Treffen ableiten.

Das Feedback kann frei gestaltet sein oder anhand von vorbereiteten **Feedbackfragen** erfolgen, wie z. B. den folgenden:

- Wie gut wurden Ihre persönlichen Erwartungen erfüllt?
- Wie gut wurden die Zielsetzungen erreicht?
- Wie zufrieden sind Sie mit dem Ergebnis dieser Sitzung?
- Wie empfanden Sie die Zusammenarbeit in der Gruppe?
- Was war hinderlich, hat gestört oder könnte ein anderes Mal besser gemacht werden?

Noch **Unerledigtes** oder noch **offene Themen** müssen ebenfalls vor dem Abschluss zur Sprache kommen und das weitere Vorgehen festgelegt werden. Je nachdem braucht es zusätzliche **Folgeveranstaltungen.** Ein ausdrückliches Dankeschön zum Abschluss gehört selbstverständlich dazu und drückt die Wertschätzung gegenüber den Teilnehmenden aus.

Abb. [13-10] Checkliste für Phase 3: Aussteigen

Aussteigen	Offene Punkte	• Nicht bearbeitete Themen in Themenspeicher aufnehmen. • Vereinbaren, wie mit den noch offenen inhaltlichen Punkten zu verfahren ist.
	Rückblick und Ausblick	• Vorgehen reflektieren und Zielerreichung bewerten. • Feedback zum Gruppenprozess geben. • Nicht bearbeitete Themen in Themenspeicher aufnehmen.
	Verabschiedung	• Sich bei der Gruppe für die Mitarbeit bedanken. • Sich bei allen Teilnehmenden persönlich verabschieden.

13.4 Konstruktives Sitzungsklima

Moderieren ist eine doppelte **Prozessbegleitungsaufgabe:** das inhaltliche Vorgehen lenken (d. h. die Sachebene) und den Gruppenprozess gestalten (d. h. die Beziehungsebene). Zu einem **konstruktiven Sitzungsklima** tragen Sie auf der Sachebene mit einem bewussten Zeitmanagement, mit einem klaren Vorgehen und mit verbindlichen Ergebnissen bei. Auf der Beziehungsebene helfen klare Verhaltens- und Kommunikationsregeln.

13.4.1 Zeitmanagement

Befolgen Sie zwei einfache Regeln, die in der Praxis oft gar nicht so einfach umsetzbar sind:

- Beginnen Sie mit der Sitzung immer **pünktlich.**
- Schliessen Sie die Sitzung immer **pünktlich** ab.

Mit einem konsequenten Zeitmanagement verschaffen Sie sich den Ruf, die Sitzungsleitung «im Griff zu haben». Pünktlichkeit färbt auf die Teilnehmenden ab und fördert ihr **diszipliniertes Verhalten.** Warten Sie nur in Ausnahmefällen auf verspätete Teilnehmende, bis Sie die Sitzung eröffnen. Sonst müssen Sie bestimmt öfters warten, bevor Sie starten können.

Geben Sie gleich zu Beginn das **Zeitbudget pro Traktandum** bekannt. Weisen Sie im Sitzungsverlauf unmissverständlich darauf hin, wenn die vorgesehene Zeit für das betreffende Traktandum abzulaufen droht. Behalten Sie auch bei hitzigen Diskussionen den Zeitplan im Auge, sonst riskieren Sie, dass Sie Sitzungen regelmässig überziehen oder einen Teil der Traktanden immer wieder vertagen müssen. Delegieren Sie die Zeitkontrolle an einen anderen Teilnehmer, wenn Sie selbst Mühe mit dem Einhalten von Zeitbudgets haben oder mit der Sitzungsleitung stark beansprucht sind.

Holen Sie bei den Teilnehmenden am Anfang der Sitzung das **Einverständnis** mit den **Sitzungszielen** und mit dem **Vorgehen** ausdrücklich ab. Womöglich setzen nämlich einzelne Teilnehmende andere Prioritäten und sind entsprechend enttäuscht oder verärgert, falls «ihre» Traktanden z. B. erst an den Schluss gesetzt wurden.

Allfällige **Vorbehalte** sollten Sie offen diskutieren und wenn nötig den Zeitplan für einzelne Traktanden (nicht aber die Gesamtdauer der Sitzung) anpassen, das Vorgehen und / oder die Traktandenliste ändern.

Unabhängig davon, wie engagiert die Teilnehmenden über ein Thema diskutieren, nimmt ihre Aufmerksamkeitsspanne allmählich ab. Machen Sie deshalb regelmässig **Pausen.** Kurzpausen bieten sich zwischen zwei Traktanden an; spätestens nach jeweils 60 bis 90 Minuten sollten Sie die Sitzung auf alle Fälle für eine offizielle «Auszeit» unterbrechen.

13.4.2 Visualisierung von Zusammenhängen oder Zwischenergebnissen

Nutzen Sie die **Präsentationsmedien,** wie Flipchart, Whiteboard oder Beamer, um komplexere Zusammenhänge oder Zwischenergebnisse für alle sichtbar aufzuzeigen. Dadurch lässt sich in mehrerer Hinsicht wertvolle Zeit gewinnen:

- Eine Sache **auf den Punkt** bringen: Das Thema, die Ausgangslage oder das Problem ist schneller erklärt.
- **Zusammenhänge** aufzeigen: Je besser verständlich die inhaltlichen Verbindungen sind, desto engagierter können alle Teilnehmenden mitdiskutieren.
- **Aufmerksamkeit** erzeugen: Ein visualisierter Meinungsbildungs- oder Bewertungsprozess schafft Transparenz. Die Diskussion wird dadurch auf das Wesentliche gelenkt und die Teilnehmenden weichen weniger vom Thema ab.
- Ein **gemeinsames Verständnis** fördern: Visualisierte Diskussionsergebnisse oder Entscheidungen verringern unnötige Wiederholungen, inhaltliche Missverständnisse oder Fehlinterpretationen.

13.4.3 Verbindlichkeit

In vielen Sitzungen werden zwar **Vereinbarungen** über das **weitere Vorgehen** getroffen oder **Aufträge** verteilt, doch erweisen sie sich oftmals als zu wenig verbindlich. Bei «Lippenbekenntnissen» bleibt es nicht einfach darum, weil sich die Teilnehmenden nachträglich ihrer Verantwortung entziehen wollen. Vielfach werden die Vereinbarungen oder Aufträge zu wenig konkret definiert, sodass sie im Alltag leicht wieder vergessen gehen. Halten Sie deshalb sämtliche Sitzungsergebnisse **schriftlich** in einem **Massnahmenplan** fest.

Mehr Verbindlichkeit schaffen Sie auch, indem Sie gemeinsam mit der Gruppe die **Ergebnisse mit den Zielen abgleichen** und die notwendigen **Schlussfolgerungen** daraus ziehen. Es empfiehlt sich, diese Überprüfung nicht erst am Schluss, sondern möglichst nach jedem Traktandum zu machen.

13.4.4 Auf die Teilnehmenden eingehen

Als Moderatorin leben Sie jene **positive, konstruktive Grundhaltung** vor, die Sie auch von den Teilnehmenden erwarten. Diese drückt sich aus, indem Sie

- zu allen Teilnehmenden regelmässig **Blickkontakt** halten,
- ihnen bewusst und **aktiv zuhören,**
- sich gegenüber allen gleich **offen** verhalten,
- ihre Anliegen, Fragen, Äusserungen und Stimmungen **ernst nehmen** und darauf bestmöglich eingehen.

Eine besondere Herausforderung sind vermeintlich **schwierige Teilnehmende,** die sich störend verhalten. Oftmals versteckt sich hinter der destruktiven Kritik, den ausufernden Ausführungen oder der demonstrativen Passivität eine **versteckte Botschaft** an die Sitzungsleitung oder an die Gruppe. Dies direkt anzusprechen, ist heikel und kann Widerstand provozieren, nicht nur bei der betreffenden Person, sondern auch bei den anderen Teilnehmenden.

Die Tipps in Abb. 13-11 können Ihnen helfen, mit solchen schwierigen Situationen besser umzugehen.

Abb. [13-11] **Umgang mit Störungen**

Störung	So reagieren	Beispiele
Langfädige Monologe	Höflich darauf hinweisen oder unterbrechen.	• Sie haben Ihre Meinung sehr ausführlich dargelegt. Ich schlage vor, dass die anderen nun ebenfalls zu Wort kommen. • Ich erlaube mir, Sie kurz zu unterbrechen und zusammenzufassen, was ich so weit verstanden habe … • Bitte denken Sie an die knappe Zeit, die wir für dieses Thema haben. Sagen Sie in einem Satz, worum es Ihnen geht.
Unnötige Wiederholungen und Abweichungen vom Thema	Höflich darauf hinweisen oder unterbrechen.	• Ich glaube, diesen Punkt haben wir bereits abgehakt. • Ich kann nicht erkennen, welchen neuen Sachverhalt Sie damit einbringen wollen. • Wo sehen Sie den Zusammenhang mit unserem Thema?
Unverständliche Fachsprache	Besser verständliche Erläuterungen einfordern.	• Diese Fachbegriffe sind nicht allen geläufig. Können Sie das bitte nochmals so erklären, dass auch wir Laien es verstehen? • Leider kann ich Ihrer Aussage fachlich nicht ganz folgen. Bitte versuchen Sie, die Zusammenhänge etwas einfacher aufzuzeigen.
Persönliche Angriffe	An Spielregeln und Sachorientierung erinnern.	• Schuldzuweisungen bringen uns nicht weiter. Begründen Sie darum Ihre Meinung, anstatt andere anzugreifen. • Ich erinnere Sie an die Spielregeln. Unterlassen Sie bitte solche persönlichen Angriffe.
Behauptungen	Um Fakten oder Beweise bitten.	• Können Sie Ihre Aussage durch entsprechende Daten untermauern? • Können Sie Ihre Aussage näher begründen?
Ins Wort fallen	An die Spielregeln erinnern.	• Bitte lassen Sie Herrn X erst ausreden. • Ich glaube, Herr X war noch nicht fertig. Gedulden Sie sich bitte noch einen Moment. • Bitte respektieren Sie die Reihenfolge der Wortmeldungen.
Killerphrasen	Durch die Bitte um Sachargumente «auflaufen» lassen.	• Ihrer Meinung nach ist diese Lösung unmöglich. Können Sie uns aufzeigen, weshalb Sie zu diesem Schluss kommen? • Sie weisen auf die Nachteile und Risiken hin. Erkennen Sie auch Vorteile oder Chancen – wenn ja, welche?
Teilnahmslosigkeit, Passivität	Zur Stellungnahme auffordern oder nach den Gründen für das Schweigen fragen.	• Gerne möchte ich auch Ihre Meinung erfahren. • Gibt es einen besonderen Grund, dass Sie sich nicht äussern wollen? • Ich habe den Eindruck, Sie wollen dazu noch nicht Stellung nehmen. Haben Sie Fragen, die zuerst geklärt werden müssten?

13.4.5 Verhaltensregeln für die Sitzung vereinbaren

Wer in eine neue Gruppe kommt, fragt sich unweigerlich: Was darf ich hier und was nicht? Wie stehen die anderen Mitglieder zu mir und wie zueinander?

Um sich in der Gruppe offen austauschen und zusammenarbeiten zu können, braucht es gemeinsame Verhaltensregeln. Diese müssen zu Beginn der Sitzung **gemeinsam vereinbart** werden. Bei Bedarf können im Sitzungsverlauf aber auch neue Regeln hinzukommen. Alle Teilnehmenden haben die Verhaltensregeln zu **befolgen.** Wenn Sie feststellen, dass einzelne Teilnehmende dies missachten, müssen Sie einschreiten und sie höflich, aber bestimmt an die Verhaltensregeln erinnern.

Halten Sie die Regeln **schriftlich** fest. Formulieren Sie diese möglichst positiv als **Handlungsanweisungen** und nicht negativ als Verbote. Für die Visualisierung eignet sich z. B. ein Flipchartblatt.

Beispiel «Wir lassen einander ausreden» (positive Formulierung) statt «Wir dürfen einander nicht ins Wort fallen» (negative Formulierung).

Abb. 13-12 gibt eine Auswahl bewährter Verhaltensregeln für Sitzungen.

Abb. [13-12]   Typische Verhaltensregeln für Sitzungen

Regel	Beschreibung
Störungen haben Vorrang	Störungen, wie Vorbehalte, Ärger, Uneinigkeit, Müdigkeit oder Lustlosigkeit, mindern die Arbeitsfähigkeit und eine inhaltliche Weiterarbeit ist nicht mehr sinnvoll. Solche Störungen müssen daher erkannt, angesprochen und bearbeitet werden. Vielfach liegt diese Aufgabe beim Moderator.
Ich-Botschaften	Die eigene Meinung immer als Ich-Botschaft formulieren. Die Kommunikation wird dadurch echter und ehrlicher.
Nur für sich selbst sprechen	Für sich selbst sprechen, heisst auch, auf Interpretationen zu verzichten. Nicht darüber, was andere gesehen, empfunden und gemeint haben könnten, sollten oder müssten. Vielmehr werden die anderen Teilnehmenden gefragt, wie sie etwas gesehen, verstanden oder erlebt haben. Der Umgang miteinander wird dadurch respektvoller, authentischer und klarer.
Nur einer spricht – die anderen hören zu	Unterbrechungen, Seitengespräche und wildes Durcheinanderreden führen zu keinem Ziel und behindern den Fortgang der Arbeit. Zur Disziplin und zum respektvollen Umgang miteinander gehört es, andere ausreden zu lassen und ihnen dabei aufmerksam zuzuhören.
Andere Meinungen zulassen	Killerphrasen, wie z. B. «Das haben wir längst schon ausprobiert!», bringen jede konstruktive Auseinandersetzung zum Erliegen. Die Meinung anderer Personen zuzulassen, ist daher eine wichtige Gruppenregel, die auch in Sitzungen vorbehaltlos gelten muss.
Sich kurzfassen / beim Thema bleiben	Wenn die Teilnehmenden ihr Fachwissen und ihre Erfahrungen einbringen, kann dies zu ausschweifenden Voten führen. Auch gibt es Personen, die zu endlos scheinenden Monologen ausholen und gerne vom eigentlichen Thema abschweifen. Sich kurzzufassen, ermahnt alle, sich auf das Wesentliche zu beschränken.
Mitverantwortung tragen	Nicht immer können sich alle Teilnehmenden mit den erarbeiteten Ergebnissen gleich gut anfreunden. Wenn Einzelne sie aber gegen innen oder aussen untergraben, werden die Beschlüsse sinnlos. Daher ist es wichtig, dass alle sich zum Beschlussfassungsmodus und zu ihrer Mitverantwortung bekennen.

13.5   Moderationstechniken einsetzen

Im Folgenden stellen wir ausgewählte Moderationstechniken kurz vor. Wir beschränken uns auf solche, die keine besondere Erfahrung erfordern und sich vielfältig einsetzen lassen.

Abb. [13-13]   Moderationstechniken

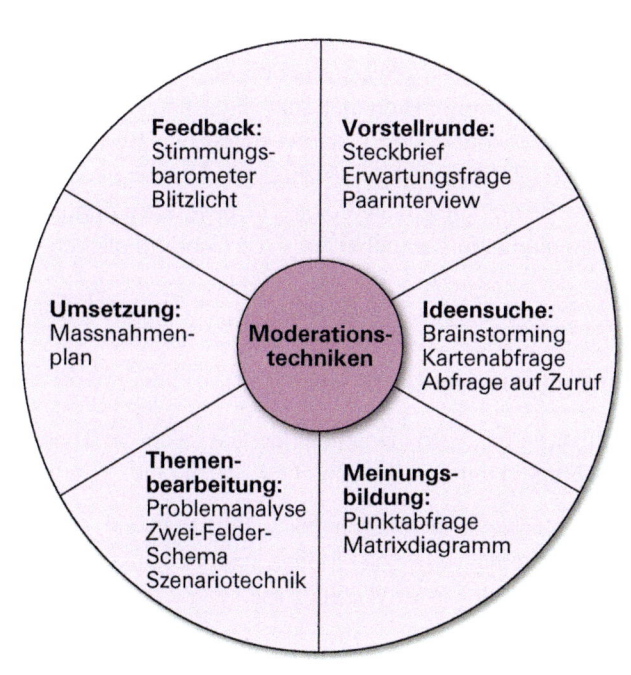

Moderationstechniken

- **Feedback:** Stimmungsbarometer, Blitzlicht
- **Vorstellrunde:** Steckbrief, Erwartungsfrage, Paarinterview
- **Ideensuche:** Brainstorming, Kartenabfrage, Abfrage auf Zuruf
- **Meinungsbildung:** Punktabfrage, Matrixdiagramm
- **Themenbearbeitung:** Problemanalyse, Zwei-Felder-Schema, Szenariotechnik
- **Umsetzung:** Massnahmenplan

13.5.1 Vorstellrunde

In einer Vorstellrunde sollen sich die Teilnehmenden gegenseitig besser kennenlernen. Die folgenden drei Varianten dienen dazu, diesen Austausch etwas zu strukturieren:

- Der **Steckbrief** gibt berufliche und persönliche Merkmale vor, anhand deren sich die Teilnehmenden der Gruppe vorstellen, wie z. B.: «Ich arbeite im Team …», «Für dieses Projekt engagiere ich mich, weil …», «In meiner Freizeit interessiere ich mich besonders für …».
- Das **Paarinterview** ist eine Variante des Steckbriefs, bei der sich jeweils zwei Teilnehmende gegenseitig interviewen. Anschliessend stellen sie ihren Interviewpartner der Gruppe vor.
- Bei der **Erwartungsabfrage** legen die Teilnehmenden ihre Erwartungen oder Vorbehalte offen. Sie ergänzen einen vorbereiteten Satzanfang, z. B. «Besonders wichtig ist mir …», «Keinesfalls will ich …».

13.5.2 Ideensuche

Je nachdem, ob Sie die Ideensuche möglichst frei halten oder bewusst steuern wollen, eignen sich die folgenden drei Moderationstechniken:

- Im **Brainstorming** äussern die Teilnehmenden ihre Gedanken frei und ungehemmt (seien sie noch so aussergewöhnlich), greifen andere Ideen auf und spinnen sie weiter. Sämtliche Beiträge werden notiert, denn die Quantität steht vor der Qualität. Es sollen möglichst viele Ideen zusammenkommen.
- Bei der **Kartenabfrage** beantworten die Teilnehmenden eine bestimmte Frage schriftlich auf Pinnwandkärtchen. Der Übersichtlichkeit halber werden die eingesammelten Karten an der Pinnwand nach bestimmten Kriterien gruppiert.
- Die **Abfrage auf Zuruf** ist mit der Kartenabfrage vergleichbar. Auf dem Flipchart werden die Antworten für alle sichtbar notiert.

13.5.3 Meinungsbildung

Für die Meinungsbildung und als Entscheidungshilfe gibt es unzählige Moderationstechniken. Wir stellen davon lediglich zwei vor, die sich vielfältig einsetzen lassen:

- Bei der **Punktabfrage** erhalten die Teilnehmenden Klebepunkte. Ihre Meinung oder Wahl zeigen sie, indem sie diese Punkte auf einen vorgefertigten Raster kleben. Das Ergebnis wird anschliessend gemeinsam besprochen.
- In einem **Matrixdiagramm** kann man seine Einschätzung auf zwei Kriterien abstützen, die miteinander in Beziehung stehen. Einen möglichen Grundraster bieten z. B. die beiden Kriterien der Dringlichkeit und der Wichtigkeit. Aus der Einstufung der einzelnen Themen ergibt sich die Bearbeitungsreihenfolge: Die besonders dringlichen und besonders wichtigen Themen sind sofort zu behandeln, die nicht dringlichen und unwichtigen Themen fallen weg.

13.5.4 Themenbearbeitung

Dank einer strukturierten Vorgehensmethode lässt sich ein Thema oder Problem gezielter bearbeiten. Gleichzeitig behält man während der Bearbeitung einen besseren Überblick:

- Mit dem **Problemanalyseschema** beleuchtet man ein Thema oder Problem anhand vorgegebener Kriterien. Typische Kriterien sind: Wie äussert sich das Problem? – Welches sind mögliche Ursachen? – Was könnte man dagegen tun? – Welche Hindernisse könnte es geben?
- Im **Zwei-Felder-Schema** wird ein Thema grob bewertet. In den beiden Feldern stehen die Kriterien dazu, wie z. B.: Was spricht dafür? (Pro) – Was spricht dagegen? (Kontra), Vorteile – Nachteile oder Aufwand – Nutzen.

- Bei der Szenariotechnik geht es um den bewussten Blick in die Zukunft. Die Teilnehmenden schätzen eine Entwicklung ab anhand der Struktur: wahrscheinlichstes Szenario – schlechtestes Szenario (worst case) – bestes Szenario (best case).

13.5.5 Umsetzung

Im Massnahmenplan (s. S. 133) lässt sich die Umsetzung von Massnahmen detailliert planen und übersichtlich darstellen: Was macht wer bis wann und wie?

13.5.6 Feedback

Für die gemeinsame Reflexion der Sitzung und das Feedback eignen sich unter anderem die folgenden Moderationstechniken:

- Im Stimmungsbarometer geben die Teilnehmenden ihre momentane Stimmungslage mit einem Klebepunkt in einem vorbereiteten Bewertungsraster bekannt. Anschliessend wird das dadurch entstandene Stimmungsbild gemeinsam besprochen.
- Das Blitzlicht dient ebenfalls der Offenlegung aktueller Stimmungen. Jeder Teilnehmende erhält dabei die Gelegenheit, sich zu äussern, wie z. B. zur Frage «Wie fühle ich mich jetzt?», «Was beschäftigt mich gerade?» oder «Was freut mich besonders?».

13.6 Sitzung nachbearbeiten

Die Reflexion dient dazu, das Geschehene bewusst nochmals Revue passieren zu lassen, Erkenntnisse daraus zu gewinnen und mögliche Konsequenzen für eine nächste vergleichbare Situation zu ziehen. Die Verbesserungsansätze können die Vorbereitung der Sitzung, die Themenwahl, Ihre Moderation im Sitzungsverlauf, die Atmosphäre in der Gruppe oder vermeidbare Störungen usw. betreffen.

Abb. 13-14 listet mögliche Reflexionsfragen für die Sitzungsnachbearbeitung auf.

Abb. [13-14]   **Checkliste für die Selbstreflexion einer Sitzung**

Vorbereitung	• War ich als Sitzungsleiterin / Moderator ausreichend vorbereitet? • Worauf war ich nicht vorbereitet?
Durchführung	• Wie verlief die Sitzung aus meiner Sicht? • Welche methodischen, technischen, organisatorischen oder zwischenmenschlichen Probleme gab es? • Wie trug ich zur Lösung dieser Probleme bei?
Ziele	• Welche Ziele wurden erreicht und welche nicht? • Warum wurden bestimmte Ziele nicht erreicht?
Teilnehmende / Gruppenklima	• Waren die «richtigen» Teilnehmenden anwesend, wer hat gefehlt oder war vergebens dabei? • Wie motiviert waren die Teilnehmenden? • Wie war das Sitzungsklima?
Fazit und Erkenntnisse	• Ist die Sitzung aus meiner Sicht ein Erfolg oder Misserfolg? • Welches sind die Hauptgründe für den Erfolg oder Misserfolg? • Wo sehe ich welches Verbesserungspotenzial? • Was mache ich ein nächstes Mal anders und wie?

Worte ohne Taten sind in der Regel wirkungslos. Zur Nachbearbeitung gehört deshalb, für eine konsequente Umsetzung der Sitzungsbeschlüsse zu sorgen und diese auch zu kontrollieren. Stellen Sie den Teilnehmenden das Sitzungsprotokoll so bald wie möglich zur Verfügung (am besten nach spätestens zwei Tagen).

Zusammenfassung

Typische **Anlässe** für die Einberufung einer Teamsitzung sind: die gegenseitige Information besonders wichtiger oder heikler Themen, die Lösung eines Problems und die gemeinsame Entscheidungsfindung oder Konfliktlösung.

Die zweckmässige **Sitzungsvorbereitung** umfasst:

Inhaltliche Vorbereitung	• Thema und Sitzungsziele konkretisieren. • Teilnehmerkreis bestimmen. • Sitzungsleitung bestimmen: selbst oder eine Drittperson. • Traktandenliste und Moderationsleitfaden entwerfen.
Organisatorische Vorbereitung	• Infrastruktur, Medien und Moderationshilfsmittel auswählen. • Pausen einplanen, Verpflegung und Unterkunft organisieren. • Protokollform und -führung bestimmen. • Sitzungseinladung an die Teilnehmenden verschicken.
Eigene, innere Vorbereitung	• Sachebene: eigene Sicht des Sachverhalts, der Ziele, Erwartungen und Ergebnisse • Beziehungsebene: Klärung der Rolle, der eigenen Interessen und der Akzeptanz

Die erfolgreiche **Durchführung der Sitzung** lässt sich durch ein strukturiertes Vorgehen und den Einsatz geeigneter Moderationstechniken unterstützen:

Moderationsprozess			Moderationstechniken
Einsteigen		• Sitzungseröffnung • Erwartungen, Ziele, Regeln • Vorgehensweise, Zeitplan • Protokoll	• Steckbrief • Paarinterview • Erwartungsabfrage
Arbeiten	Sammeln	• Gemeinsame inhaltliche Ausgangslage • Themen-/Ideenfindung	• Brainstorming • Kartenabfrage • Abfrage auf Zuruf
	Auswählen	• Strukturierung. • Prioritäten setzen.	• Punktabfrage • Matrixdiagramm
	Bearbeiten	• Vorgehensmethode bestimmen.	• Problemanalyseschema • Zwei-Felder-Schema • Szenariotechnik
	Planen	• Massnahmen entwickeln.	• Massnahmenplan
Aussteigen		• Offene Punkte • Rückblick und Ausblick • Verdankung • Verabschiedung	• Stimmungsbarometer • Blitzlicht

Typische Moderationsaufgaben während der Sitzung sind:

- **Zeitmanagement:** Pünktlich anfangen und aufhören, Zeitplan zu Beginn der Sitzung vorstellen und während der Sitzung konsequent kontrollieren, Einverständnis über Zeitplan oder Reihenfolge der Themen einholen.
- **Visualisierung:** Komplexere Zusammenhänge und Zwischenergebnisse aufzeigen.
- **Verbindliche Ergebnisse:** Schriftliche Massnahmenpläne formulieren, die Zielerreichung bei jedem Traktandum kontrollieren.
- **Anteilnahme:** Auf die Teilnehmenden eingehen, positive und konstruktive Grundhaltung auch im Umgang mit Störungen vorleben, Wertschätzung zeigen.
- **Verhaltensregeln:** Gemeinsam vereinbarte Verhaltensregeln einhalten, deren Verletzung konsequent sanktionieren.

Die zweckmässige **Sitzungsnachbearbeitung** umfasst:

- Reflexion: Erkenntnisse gewinnen und Konsequenzen ziehen.
- Sitzungsbeschlüsse festhalten und Umsetzung kontrollieren.
- Sitzungsprotokoll den Teilnehmenden weiterleiten.

Repetitionsfragen

44 Begründen Sie stichwortartig, weshalb Sie für die folgenden Anlässe eine Teamsitzung einberufen oder nicht einberufen würden.

A] In den letzten Wochen ist die Fehlerquote im Team auffällig stark gestiegen.

B] Ideen für die Jubiläumsfeier des Unternehmens zusammentragen.

C] Eine zusätzliche Niederlassung ist in Bern eröffnet worden.

45 Beantworten Sie die beiden Fragen einer Person, die noch wenig Moderationserfahrung hat.

A] Warum sollte ich die Traktanden priorisieren, bevor ich den Sitzungsablauf plane?

B] Wie kann ich dafür sorgen, dass die Verhaltensregeln konsequent eingehalten werden?

46 Welcher Phase des Moderationsprozesses ordnen Sie die folgenden vier Aktivitäten zu?

A] Relevante Themen mittels Kartenabfrage zusammentragen.

B] Massnahmen terminieren und Verantwortlichkeiten zuordnen.

C] Erwartungen der Teilnehmenden klären.

D] Feedback der Teilnehmenden einholen.

47 In welchen Situationen sollten Sie als Führungsperson eine Sitzung nicht selbst moderieren, sondern die Moderation an eine neutrale Person delegieren?

Nennen Sie zwei solche Situationen.

Praxisaufgaben

1 **Sitzungsnachbearbeitung**

Vielleicht haben Sie kürzlich selbst eine Sitzung geleitet? Wir empfehlen Ihnen, Ihre Moderationsleistung bewusst zu reflektieren, z. B. gemäss der Checkliste für die Reflexion einer Sitzung in Abb. 13-14, S. 139. Sie können daraus wertvolle Lehren für eine nächste solche Aufgabe ziehen.

A] Halten Sie drei Punkte fest, auf die Sie in Ihrer Moderationsleistung stolz sind.

B] Beschreiben Sie drei Punkte, die Sie künftig bewusst verbessern wollen.

C] Formulieren Sie zu jedem Verbesserungspunkt eine konkrete Massnahme.

Teil D
Anhang

Antworten zu den Repetitionsfragen

1 Seite 17 — Zuordnung Führungsaktivitäten:

Direkte Führung	Indirekte Führung	Führungsaktivitäten
☐	☒	Gestaltung der Arbeitsprozesse im Unternehmen
☒	☐	Mitarbeiterbeurteilungsgespräch
☒	☐	Aufträge an die Mitarbeitenden erteilen
☐	☒	Neudefinition der Produkt-/Marktstrategie der Geschäftseinheit XY
☒	☐	Entwicklung der Teamkultur
☐	☒	Entwicklung der Unternehmenskultur

2 Seite 17 — (Kommentar)

Ihre Erklärung sollte im Wesentlichen die folgenden Ansätze enthalten:

- Lokomotivfunktion hinsichtlich der sachbezogenen Zielerreichung, indem die Führungsperson die Ausrichtung auf die Ziele vorlebt und die entsprechenden Management- oder Führungsfunktionen wahrnimmt.
- Kohäsionsfunktion hinsichtlich der mitarbeiterbezogenen Zielerreichung, indem die Führungsperson Vertrauen bildet, Sicherheit vermittelt und für den Zusammenhalt (Kohäsion) im Team sorgt. Dazu nimmt sie Führungs- bzw. Leadershipaufgaben wahr.

3 Seite 17

A] Sanktionsmacht

B] Charismatische Macht oder persönliche Autorität

C] Legitimationsmacht

4 Seite 27

A] Theorie Y

B] Theorie X

C] Theorie X

5 Seite 27

Mit der Redewendung «Wasser predigen und Wein trinken» ist gemeint, dass sich diese Topmanager selbst nicht an die Tugenden halten, die sie von anderen erwarten, z. B. von ihren Mitarbeitenden.

Diese Kritik ist vor allem laut geworden im Zusammenhang mit millionenschweren Boni und weiteren Entschädigungen, die Topmanager trotz offensichtlicher Misserfolge bezogen. Gleichzeitig warben sie in der Öffentlichkeit um Verständnis dafür, dass das Unternehmen im Zuge eines Sparprogramms die Löhne der Mitarbeitenden kürzen oder einen Stellenabbau tätigen müsse, um sich künftig besser behaupten zu können.

6 Seite 27

A] Generation Y

B] Babyboomer

C] Generation Y

D] Generation X

7 Seite 27

A] Unbewusste Erwartungen

B] Uneingestandene Erwartungen

8 Seite 35

Typische Merkmale des kooperativen Führungsstils: konsequenter Einbezug in die Entscheidungsfindung, Interessenausgleich im Team, Vertretung nach aussen.

9 Seite 35	A] Die Entwicklungsstufe 2 besagt, dass die betreffende Mitarbeiterin bereits einige Kompetenz und Motivation zeigt, aber noch nicht in der Lage ist, eine bestimmte Aufgabe selbstständig zu erfüllen. Sie braucht Lenkung und Unterstützung seitens der Führungsperson. Der integrative Führungsstil passt zur Entwicklungsstufe 2, weil er stark aufgabenbezogen (lenkend) und stark mitarbeiterbezogen (unterstützend, lobend) ist.
	B] Diese Aussage widerspricht dem Reifegradmodell. «Ins kalte Wasser geworfen werden» deutet an, dass diese Person noch über zu wenig Wissen und Können verfügt und sich trotzdem selbst behaupten muss. Nach dem Reifegradmodell müsste eine solche Person entweder durch einen direktiven oder integrierenden Führungsstil geführt werden.
10 Seite 36	A] 9.9-Führungsstil
	B] 1.9-Führungsstil
	C] 9.1-Führungsstil
	D] 1.1-Führungsstil
11 Seite 36	Die transaktionale Führung betont den Austausch von Leistungen und Gegenleistungen: Die Erfüllung von Erwartungen und Zielen soll entsprechend belohnt werden.
12 Seite 36	Es ist grundsätzlich schwierig, aufgrund einer einzigen Aussage einen bestimmten Führungsstil zu bestimmen. Möglich wären jedoch folgende Zuordnungen im Kontinuum-Modell:
	A] Kooperativ oder auch partizipativ
	B] Patriarchalisch oder auch konsultativ
	C] Demokratisch oder auch delegativ
13 Seite 50	Mögliche Beurteilung:
	Hanspeter nimmt irrtümlicherweise an, dass die Arbeitsleistung und -qualität davon abhängt, wie detailliert und genau er kontrolliert. Weniger wäre mehr, denn Hanspeters «Kontrollsucht» wirkt bevormundend und ist somit demotivierend. Er erzieht die Mitarbeitenden damit zu unselbstständigen Mitarbeitenden, die darauf bedacht sind, keine Fehler zu machen, und sich dementsprechend auch nicht besonders engagieren.
14 Seite 50	(Kommentar)
	Aus Ihrem Praxisbeispiel muss hervorgehen, dass die betreffende Entscheidung von den Mitarbeitenden auf der dafür untersten möglichen Stufe getroffen wird. Beim Subsidiaritätsprinzip gilt, dass die übergeordnete Stelle nur jene Aufgaben selbst erledigen soll, zu denen untergeordnete Stellen nicht in der Lage sind.
15 Seite 50	Argumente für eine sorgfältige Planung:
	• Zeitgewinn bei der Umsetzung dank seriöser Vorbereitung
	• Effizientere und effektivere Zielerreichung dank optimalem Ressourceneinsatz
	• Besserer Überblick über laufende Aufgaben und Projekte
	• Einfachere Priorisierung von Aufgaben / Leistungen
16 Seite 50	Dieser Auftrag ist unklar und unvollständig. Der Auftragnehmer weiss weder, was er genau zu tun hat, noch bis wann, wie usw. – Eine solche Auftragserteilung genügt höchstens dann, wenn es sich hier um ein eingespieltes Team handelt, der Auftragnehmer viel Erfahrung in der Auftragsbearbeitung hat und diese auch weitestgehend selbstständig erledigt.

17 Seite 62	(Kommentar)	

An Ihrem Beispiel sollte der folgende Unterschied erkennbar sein:

- Positiver Motivationszyklus: Eine sich verstärkende Wirkung wird erzielt, wenn von der Führungsperson eine positive Erwartung ausgeht. Sie ermutigt die Mitarbeitenden, die daraufhin die Aufgaben erfolgreicher bewältigen und ihr Selbstvertrauen stärken können. Der Erfolg gibt der Führungsperson in ihren positiven Erwartungen recht.
- Negativer Teufelskreis der Demotivierung: Hier wird ebenfalls eine sich verstärkende, aber negative Wirkung erzielt, indem die Führungsperson eine negative Erwartungshaltung mitbringt. Sie traut den Mitarbeitenden wenig zu, verhält sich dementsprechend vorsichtig und kritisch, was bei den Mitarbeitenden zu Frustrationen führt. Sie erledigen ihre Aufgaben nur halbherzig und mit weniger Selbstvertrauen. Der Misserfolg gibt der Führungsperson in ihren negativen Erwartungen recht.

18 Seite 62 — Hygienefaktoren:

☐	Sinnstiftende Arbeit
☐	Vielfältige Karrierechancen
☒	Garantierte Lohnerhöhung
☒	Flexible Arbeitszeit
☐	Positive Kundenfeedbacks

19 Seite 62 — Mögliche Argumente gegen die Aussage sind:

- Positive Erwartungen an die Mitarbeitenden führen zu besseren Resultaten (Motivationszyklus).
- Verantwortungsvolle Aufgaben richtig delegieren führt zu einer Entlastung der Vorgesetzten und wirkt für die Mitarbeitenden motivierend (Motivationsinstrument Delegation).
- Interessante Arbeit und die entsprechende Verantwortung sind wichtige Motivatoren (Zwei-Faktoren-Theorie).

20 Seite 62 — Die eigene Bereitschaft, etwas Besonderes zu leisten (Wollen), reicht nicht aus. Ich muss auch fähig sein, diese Leistung zu erbringen (Können), und brauche günstige äussere Umstände (Dürfen), damit ich die notwendige Zuversicht entwickle, ans Ziel zu kommen.

21 Seite 70

- Es handelt sich bei dieser Formulierung («Sie kümmern sich …») nicht um ein Ziel, sondern um eine Tätigkeit; das Kriterium **R** (result-oriented) ist somit nicht gegeben. **M** (measurable) ist ebenfalls nicht gegeben, weil «intensiver» kein klarer Massstab ist. Ausserdem fehlt beim Kriterium **S** (specific) eine konkrete Aussage, was mit «sich kümmern» konkret gemeint ist (geht es z. B. um die Betreuung am Arbeitsplatz, um die Einbindung in das Team usw.?).
- Möglicher Verbesserungsvorschlag: «Am 31.3.20xx können die beiden Lehrlinge die in ihrer Stellenbeschreibung definierten Aufgaben selbstständig erledigen.»

22 Seite 70 — Regelmässige Abgleiche braucht es aus folgenden Gründen:

- Unternehmen bewegen sich in einem dynamischen System. Womöglich werden vereinbarte Ziele hinfällig oder verändern sich, sodass Anpassungen in der Zielvereinbarung notwendig werden. Sich inzwischen als unrealistisch oder nicht erfüllbar erweisende Ziele müssen ebenfalls gestrichen bzw. angepasst werden.
- Zwischenbesprechungen dokumentieren den Arbeitsfortschritt und ermöglichen der Führungsperson, allfällige Fehlentwicklungen rechtzeitig zu korrigieren.

23 Seite 70	A]	Die Zielvereinbarung legt fest, welches Endresultat erreicht werden soll, jedoch nicht, wie es erreicht werden soll. Die Mitarbeitenden werden zum selbstständigen Handeln motiviert und es liegt an ihnen, den Weg zum Ziel zu bestimmen und entsprechend Verantwortung zu übernehmen.
	B]	Ja, qualitative Ziele können ebenfalls vereinbart werden. Wichtig dabei ist, einen entsprechenden qualitätsbezogenen Hilfsmassstab oder Leistungsstandard zu vereinbaren.
	C]	Die beiderseitige Formulierung legt die Zielvorstellungen offen und bietet eine Diskussionsgrundlage für die Vereinbarung. Dadurch erhöht sich die Identifikation mit den angestrebten Zielen.
24 Seite 76		Im vorliegenden Fall ist Miroslavs Delegationsverhalten zu kritisieren. Obwohl er die Aufgabe an seine Mitarbeiterin delegiert hat, greift er nun plötzlich ein, ohne dass er zuvor bei der Mitarbeiterin den Stand der Abklärungen überprüft hat. Mirsolav beginnt, die Aufgabe selbst zu erledigen. Dies kommt einer Rückdelegation gleich.
25 Seite 76	A]	Seitens der Chefin echte Zuversicht zu spüren, wirkt motivierend.
	B]	Fehlende Anerkennung und Aufmerksamkeit wirken demotivierend.
	C]	Zu wenig Handlungsspielraum für die Aufgabenerfüllung zu erhalten, wirkt demotivierend.
26 Seite 76	A]	Delegierbare Sonder- oder Projektaufgabe
	B]	Nicht delegierbare Repräsentationsaufgabe
	C]	Nicht delegierbare direkte Führungsaufgabe
	D]	Delegierbare Routineaufgabe
27 Seite 85		(Kommentar)
		Aus Ihrem Beispiel sollte hervorgehen, dass die Potenzialbeurteilung von Mitarbeitenden eine wichtige Entscheidungsgrundlage für die Nachfolgeplanung im Unternehmen bildet, nämlich zu erkennen, wer für welche Laufbahnentwicklung infrage kommen könnte.
28 Seite 85		Mögliche Fragen zur eigenen, inneren Vorbereitung betreffend die Beziehungsebene: • Wie stehe ich zur Mitarbeiterin? • Als wie gut / vertrauensvoll schätze ich unsere Beziehung ein? • Welcher Eindruck vom Mitarbeiter ist bei mir aus früheren Gesprächen haften geblieben? • Welche Interessen will ich im Gespräch verfolgen?
29 Seite 85	A]	Sehr gut: ausdrücklich, sachbezogen und gleichzeitig persönlich!
	B]	Zu wenig klar: Zuerst wird das Negative genannt, danach das Positive. Die vage Aussage «recht gut» hinterlässt einen zwiespältigen Eindruck: War die Präsentation ziemlich gut, mittelmässig, eigentlich nicht zufriedenstellend?
	C]	Nicht sachbezogen: Das Lob (falls es sich um ein solches handelt) bezieht sich weniger auf die Aufgabenerfüllung, sondern auf den Vergleich mit anderen Personen.
	D]	Diese Kritik ist ausgesprochen direkt und hart. Sie missachtet die Anforderungen an das Formulieren von Kritik. Bei einem guten Vertrauensverhältnis ist eine solch direkte Kritik dennoch möglich, weil die kritisierte Person weiss, wie sie damit umgehen muss.
30 Seite 90	A]	Falsch; in keinem Fall ist der Coach für die Problemlösung verantwortlich, sondern immer die gecoachte Person.
	B]	Richtig; die Hauptaufgabe eines Coachs besteht in der Gesprächsführung.
	C]	Falsch; wer diese Meinung von seinen Mitarbeitenden hat, sollte sie keinesfalls coachen. Diese Aussage weist zudem auf ein gravierendes Führungsproblem hin.

31 Seite 90	(Kommentar)	

Ihr Beispiel sollte den folgenden Unterschied verdeutlichen:

- Beim Fachcoaching steht ein Sachproblem im Vordergrund, für das die gecoachte Person um einen Rat bittet. Die Rolle des Coachs ist somit die des Ratgebers.
- Beim persönlichen Coaching geht es um persönliche Fragen. Hier soll ein Coach lediglich die Rolle des Impulsgebers übernehmen und Hilfe zur Selbsthilfe anbieten.

---

32 Seite 90

Unter «Hilfe zur Selbsthilfe» ist Folgendes zu verstehen: Als Führungsperson begleiten wir unsere Mitarbeitenden so, dass sie selbst zum eigenverantwortlichen Handeln befähigt werden. Es geht also nicht um direkte Lösungsvorschläge, sondern um Anregungen, weiterführende Fragen und Gedankenanstösse. Die Selbsteinsicht ist wesentlich.

---

33 Seite 104

Mögliche Auswirkungen der Norm:

- Grössere gegenseitige Rücksichtnahme, da ein egoistisches Verhalten nicht toleriert wird
- Grössere Kooperationsbereitschaft, da die Teamleistung mehr zählt als die Einzelleistung
- Demotivation, da herausragende Einzelleistungen nicht gefragt sind

---

34 Seite 104

- Wir-Gefühl, Zusammenhalt: hohe Identifikation, Stolz, Teil des Teams zu sein, Einzelinteressen zugunsten der Gruppe zurückstellen.
- Teamleitung: Leistungsbereitschaft fordern und Teamarbeit fördern, ein offenes Ohr für Anliegen der Teammitglieder haben, bei Schwierigkeiten unterstützen.
- Teamklima: Spannungen konstruktiv lösen, Offenheit, auch Unangenehmes ansprechen und Fehler machen dürfen.

---

35 Seite 105

A] Missverständnisse werden sogleich geklärt, um Fehlinterpretationen oder Konflikte zu verhindern.

B] Wenn das Gruppendenken dazu führt, Andersdenkende im Team oder Kritik von aussen zu bekämpfen, kann dies zu unvernünftigen Fehlentscheidungen führen.

C] Die Aufgaben sollen auf die individuellen Fähigkeiten zugeschnitten sein und ressourcenorientiert erfolgen.

D] Die Bereitschaft und Fähigkeit, sich in eine Gruppe einzuordnen und die anderen Teammitglieder zu akzeptieren.

---

36 Seite 117

A] Beta

B] Gamma

C] Omega

D] Alpha

---

37 Seite 117

A] Norming

B] Storming

C] Performing

D] Forming

---

38 Seite 117

A] Wegbereiter / Weichensteller

B] Beobachter

C] Perfektionist

---

39 Seite 117

Wenn sich die Individualrollen häufen, kann dies ein Anzeichen für grössere Probleme im Teamklima sein, die früher oder später die Arbeitsfähigkeit stark beeinträchtigen.

40 Seite 117	A]	Distanz
	B]	Wechsel
	C]	Distanz
	D]	Nähe
	E]	Dauer
41 Seite 123	• Veränderte Wahrnehmung von Stimmungen, Nähe und Distanz aufgrund des eingeschränkten persönlichen Kontakts • Risiko geringerer Vertrauens- und Kooperationsbereitschaft • Mangelndes Hintergrundwissen übereinander • Gefahr von Missverständnissen aufgrund von Sprach- und Kulturbarrieren	
42 Seite 123	• Notwendige Medienkompetenz für effiziente Zusammenarbeit sicherstellen. • Konsequente Einhaltung der Arbeitsorganisations- und Verhaltensregeln sicherstellen und Abweichungen sanktionieren. • Qualität der Arbeitsergebnisse verbindlich definieren. • Gründe für virtuelle Teambesprechungen gemeinsam mit dem Team definieren.	
43 Seite 123	Die übrigen Teammitglieder und die Führungsperson müssen sich darauf verlassen können, dass alle sich an die Anweisungen halten und diese korrekt umsetzen.	
44 Seite 141	A] Ja, Anlass zur Sitzung geben Probleme bei der Leistungserbringung. B] Ja, eine gemeinsame Ideensammlung kann gut in einer Sitzung erfolgen. C] Nein, hier wäre eine schriftliche Information effizienter.	
45 Seite 141	A] Wenn Sie die wichtigsten Traktanden zuerst behandeln, verhindern Sie, dass zum Schluss der Sitzung noch wichtige offene Punkte bleiben, die Sie unbedingt hätten klären müssen. B] Legen Sie gemeinsam mit den Teilnehmenden die Verhaltensregeln schon zu Beginn der Sitzung fest und weisen Sie auf die Einhaltung dieser Regeln ausdrücklich hin. Ihre Aufgabe ist es auch, dafür zu sorgen, dass sie während des gesamten Anlasses von allen Teilnehmenden gleichermassen eingehalten werden. Ist das nicht der Fall, müssen Sie die Verstösse konsequent ansprechen und die betreffenden Teilnehmenden nötigenfalls sanktionieren.	
46 Seite 141	A] Sammeln B] Planen C] Einsteigen D] Aussteigen	
47 Seite 141	Typische Gründe, als Führungsperson die Teamsitzung nicht selbst zu moderieren: • Sich uneingeschränkt auf die inhaltliche Diskussion konzentrieren wollen. • Das Thema ist so emotionsgeladen, dass eine Drittperson ausgleichend wirken kann. • Sie sind Teil des Problems. Als betroffene Person sind Sie befangen. • Das Thema wurde bereits ergebnislos debattiert. Eine Drittperson kann die Fronten besser aufweichen und einen Ausweg finden helfen. • Ein offener Meinungsaustausch ist aus hierarchischen Gründen erschwert.	

Stichwortverzeichnis

Numerics
360-Grad-Beurteilung	78

A
Adjourning	107, 109
AKV-Prinzip	72
Alpha-Position (Rollenverhalten)	110
Anerkennung	60, 82
Arbeitsorganisationsregeln	122
Aufbau- und Erhaltungsrollen	114
Aufgabenorientierung	30
Aufgabenrollen	114
Aufgabenverteilung im Team	99
Auftragserteilung	45
Autoritärer Führungsstil	29
Autorität	16

B
Bedürfnispyramide	53
Befehl	42, 46
Belohnung	34
Beschlussprotokoll	129
Beta-Position (Rollenverhalten)	110
Beurteilungsfehler	83
Beurteilungsgespräch	79
Beziehungsebene Teamarbeit	98
Blitzlicht	139
Bombenwurf	42
Bottom-up-Planung	38

C
Coaching	86, 122
Commitment	119

D
Delegieren	60, 71
Demotivation	58
Dezentrale Teamführung	118
Direkte Führung	14
Diversity	13
Durchsetzungsvermögen	44

E
Eindimensionales Führungsstilmodell	29
Einladung	130
Empowerment	65, 96
Entscheiden	40, 99
Entwicklungsmöglichkeiten	61
Entwicklungsziele	67
Erfolgsfaktoren der Teamarbeit (TZI)	95
Erfolgskontrolle	67
Ergebnisorientierung	44
Erwartungen an Führungsrolle	23
Ethik	13
Extrinsische Motivation	56

F
Fachkompetenz	24
Feedback	77, 102, 120
Fehlerkultur	43
Formelle Gruppe	94
Forming-Phase (Gruppenbildung)	107
Führungsfunktionen	37
Führungskompetenz	24
Führungsleitbild	13, 21, 65
Führungsstil	28
Führungstechniken	15
Führungsverhalten	28

G
Gamma-Position (Rollenverhalten)	111
Generationen (Wertewandel)	22
Glaubwürdigkeit	21
Grundstrebungen (Rollenverhalten)	111
Gruppendenken	101
Gruppendynamik	106
Gruppenmerkmale	93
Gruppennormen	100
Gruppenstruktur	101

H
Handlungskompetenz	24
Hygienefaktoren	54

I
Indirekte Führung	10
Individualrollen	114
Informelle Gruppe	94
Integrität	21
Interkulturelle Kompetenz	120
Intervision	87
Intrinsische Motivation	56
Intuition	42

K
Kohäsionsfunktion	14
Kommunikation (Teamklima)	102
Kompetenzprofil	24
Kontinuum-Modell (Tannenbaum / Schmidt)	29
Kontrollieren (Führungsfunktion)	46
Kooperativer Führungsstil	29
Kritik	82, 102
Kultur	12, 58, 96

L
Laisser-faire	31
Leistungsbeurteilung	78
Leistungsmotivation	55
Leistungsziele (MbO)	67
Leitfaden	
– Beurteilungsgespräch	81
– Coachingleitfaden	88
– Delegationsgespräch	74
– Moderation	127
Lokomotivfunktion	14
Loyalität	21

M

Macht	15
Management by Exception (MbE)	15, 34
Management by Objectives (MbO)	15, 34, 64
Managerial Grid (Blake / Mouton)	30
Maslow (Motivationstheorie)	53
Massnahmenplan	133
MbO	64, 78
Mediennutzung	120
Menschenbild	18
Menschenkenntnis	19
Mentoring	87
Methodenkompetenz	24
Mitarbeitende beurteilen	77, 120
Mitarbeiterorientierung	30
Moderationsprozess	131
Moderationsrolle	126
Moderationstechniken	137
Motivation	53, 119
Motivationsdynamik	56
Motivationsinstrumente	59
Motivatoren	54
Motivieren (Führungsaufgabe)	53
Multikulturalität	120

N

Nachhaltigkeit	13
Norming-Phase (Gruppenbildung)	108

O

Omega-Position (Rollenverhalten)	111

P

Pausen (Sitzung)	129, 135
PDCA-Zyklus	48
Performing-Phase (Gruppenbildung)	108
Personalentwicklungskonzepte	61
Planen (Führungsfunktion)	38
Potenzialbeurteilung	78
Präsentationsmedien	129
Praxisaufgabe	
– Coachinggespräch	90
– Delegieren	76
– Führungsfunktion umsetzen	50
– Führungsstil	36
– Leitbilder	17
– Mitarbeiterbeurteilung	85
– Sitzungsnachbearbeitung	141
– Teamarbeit	105
– Werte in der Führung	27
Prioritäten setzen	40
Protokollführung Sitzungen	129
Pünktlichkeit	134

R

Rangstruktur (Rollenverhalten)	110
Raum	129
Reforming (Gruppendynamik)	107
Reifegradmodell (Hersey / Blanchard)	32
Riemann-Thomann-Kreuz (Rollenverhalten)	111
Risikobewusstsein	40
Rollenkonflikt	23

Rollenkonformes Verhalten	109
Rückdelegation	74

S

Sachebene Teamarbeit	98
Scrum meeting	120
Selbstkompetenz	24
Selbstkontrolle	46, 65
Situatives Führungsstilmodell	32
Sitzungen moderieren	124
SMART-Ziele	68, 99
Sozialkompetenz	24
Stimmungsbarometer	139
Storming-Phase (Gruppenbildung)	107
Störungen	136
Strategie	10, 96
Struktur	11, 96
Subsidiaritätsprinzip	42
Supervision	87
Synergieeffekt	94

T

Teamarbeit	93
Teambildung	106, 121
Teamentwicklungsprozess	103
Teamfähigkeit	97
Teamgrösse	94
Teamklima	101
Teamziele	99, 119
Teilnehmerkreis Sitzung	126
Theorien X und Y (McGregor)	19
Top-down-Planung	38
Traktandenliste	127
Transaktionale Führung	34
Transformationale Führung	34

U

Umsetzen (Führungsfunktion)	44
Unternehmensleitbild	12
Unternehmensziele	66

V

Verbesserungsprozess (PDCA)	48
Verhaltensorientierte Rollenfunktionen	114
Verhaltensregeln	100, 122, 136
Vielsprachigkeit	120
Virtuelles Team	118
Vorbereitung Sitzung	125, 128, 130

W

Werte	12, 21, 34
Wir-Gefühl	100

Z

Zeitmanagement	100, 134
Zeitplanung	39
Zielanpassungen (MbO)	69
Ziele	39, 59, 66, 126
Zweidimensionales Führungsstilmodell	30
Zwei-Faktoren-Theorie	54

Bildungsmedien für jeden Anspruch
compendio.ch/mlsvf

compendio Bildungsmedien

Management / Leadership für Führungsfachleute

Das Ende dieses Buchs ist vielleicht der Anfang vom nächsten. Denn dieses Lehrmittel ist eines von rund 300 im Verlagsprogramm von Compendio Bildungsmedien. Darunter finden Sie zahlreiche Titel zu den Themen Management und Leadership. Zum Beispiel:

Betriebswirtschaft I und II
Personalmanagement
Konfliktmanagement
Selbstkenntnis
Prozessmanagement

Management und Leadership bei Compendio heisst: übersichtlicher Aufbau und lernfreundliche Sprache, Repetitionsfragen mit Antworten, Beispiele, Zusammenfassungen und je nach Buch auch Praxisaufgaben.

Eine detaillierte Beschreibung der einzelnen Lehrmittel mit Inhaltsverzeichnis, Preis und bibliografischen Angaben finden Sie auf unserer Website: compendio.ch/mlsvf

Nützliches Zusatzmaterial

Von unserer Website herunterladen:
Professionell aufbereitete Folien

Für den Unterricht, die firmeninterne Schulung oder die Präsentation – auf unserer Website können Sie professionell aufbereitete Folien mit den wichtigsten Grafiken und Illustrationen aus den Büchern herunterladen.
Bitte respektieren Sie die Rechte des Urhebers, indem Sie Compendio als Quelle nennen.

Immer und überall einsetzen:
E-Books

E-Books bieten maximalen Lesekomfort, Geräteunabhängigkeit und die Möglichkeit, Notizen und Markierungen einzufügen. Die E-Version des Lehrmittels lässt sich einfach auf dem Tablet mitnehmen und erlaubt, die Inhalte flexibel zu erarbeiten, zu vertiefen und zu repetieren.

Alle Lehrmittel können Sie via Internet sowie per E-Mail, Post oder Telefon direkt bei uns bestellen:
Compendio Bildungsmedien AG, Neunbrunnenstrasse 50, 8050 Zürich
E-Mail: bestellungen@compendio.ch, Telefon +41 (0)44 368 21 11, www.compendio.ch

Bildungsmedien für jeden Anspruch
compendio.ch/verlagsdienstleistungen

Bildungsmedien nach Mass
Kapitel für Kapitel zum massgeschneiderten Lehrmittel

Was der Schneider für die Kleider, das tun wir für Ihr Lehrmittel. Wir passen es auf Ihre Bedürfnisse an. Denn alle Kapitel aus unseren Lehrmitteln können Sie auch zu einem individuellen Bildungsmedium nach Mass kombinieren. Selbst über Themen- und Fächergrenzen hinweg. Bildungsmedien nach Mass enthalten genau das, was Sie für Ihren Unterricht, das Coaching oder die betriebsinterne Schulungsmassnahme brauchen. Ob als Zusammenzug ausgewählter Kapitel oder in geänderter Reihenfolge; ob ergänzt mit Kapiteln aus anderen Compendio-Lehrmitteln oder mit personalisiertem Cover und individuell verfasstem Klappentext, ein massgeschneidertes Lehrmittel kann ganz unterschiedliche Ausprägungsformen haben. Und bezahlbar ist es auch.

Kurz und bündig:
Was spricht für ein massgeschneidertes Lehrmittel von Compendio?

- Sie wählen einen Bildungspartner mit langjähriger Erfahrung in der Erstellung von Bildungsmedien
- Sie entwickeln Ihr Lehrmittel passgenau auf Ihre Bildungsveranstaltung hin
- Sie können den Umschlag im Erscheinungsbild Ihrer Schule oder Ihres Unternehmens drucken lassen
- Sie bestimmen die Form Ihres Bildungsmediums (Ordner, broschiertes Buch, Ringheftung oder E-Book)
- Sie gehen kein Risiko ein: Erst durch die Erteilung des «Gut zum Druck» verpflichten Sie sich

Auf der Website www.compendio.ch/nachmass finden Sie ergänzende Informationen. Dort haben Sie auch die Möglichkeit, die gewünschten Kapitel für Ihr Bildungsmedium direkt auszuwählen, zusammenzustellen und eine unverbindliche Offerte anzufordern. Gerne können Sie uns aber auch ein E-Mail mit Ihrer Anfrage senden. Wir werden uns so schnell wie möglich mit Ihnen in Verbindung setzen.

Modulare Dienstleistungen
Von Rohtext, Skizzen und genialen Ideen zu professionellen Lehrmitteln

Sie haben eigenes Material, das Sie gerne didaktisch aufbereiten möchten? Unsere Spezialisten unterstützen Sie mit viel Freude und Engagement bei sämtlichen Schritten bis zur Gestaltung Ihrer gedruckten Schulungsunterlagen und E-Materialien. Selbst die umfassende Entwicklung von ganzen Lernarrangements ist möglich. Sie bestimmen, welche modularen Dienstleistungen Sie beanspruchen möchten, wir setzen Ihre Vorstellungen in professionelle Lehrmittel um.

Mit den folgenden Leistungen können wir Sie unterstützen:

- **Konzept und Entwicklung**
- **Redaktion und Fachlektorat**
- **Korrektorat und Übersetzung**
- **Grafik, Satz, Layout und Produktion**

Der direkte Weg zu Ihrem Bildungsprojekt: Sie möchten mehr über unsere Verlagsdienstleistungen erfahren? Gerne erläutern wir Ihnen in einem persönlichen Gespräch die Möglichkeiten. Wir freuen uns über Ihre Kontaktnahme.

Compendio Bildungsmedien AG, Neunbrunnenstrasse 50, 8050 Zürich
E-Mail: postfach@compendio.ch, Telefon +41 (0)44 368 21 11, www.compendio.ch